U0510169

文景

Horizon

# 黄专全集 (卷二)

## 艺术行动者：论当代美术家

# 目 录

# 杜安·麦可斯的启示[1]
## ── 摄影艺术的局限与超越

摄影家杜安·麦可斯（Duane Michals）的世界，和他的所有"摄影串连"的作品一样，每幅作品所标明的具体地点和时间，并不构成整套作品时空序列的逻辑环节。或许真的如麦可斯自己所说，"我的工作总是由我所不知道和看不见的东西着手"。那么，在这些有限的时空中，除了"存在"与"非存在"这样一些形而上学的思索外，麦可斯的摄影机难道没有留下一点别的启示吗？

艺术是人类借助有限的物质媒介达到在精神上超越物理时空的一种运动。人的本质的丰富得以充分展示的自由境界，一方面必须依赖于有限的、不自由的物质媒介才能存在，另一方面又只有在摆脱了这有限的不自由的物质媒介时才能生成，它所揭示的是人存在的可能性，而非它的实在性。一件被称为艺术品的东西，展示给我们的一方面是艺术家克服物质材料限制的技术过程，另一方面是超越这一过程的深层体验，正是这种共时的迹化才使得艺术既区别于没有物化过程的幻象，也区别于没有幻象的物化过程。

艺术就其本质而言是"直验的"，艺术创作和欣赏的全部价值都体现在人的直接性体验活动的过程中，"它是物质的存在，但又是人格的存在，是其他东西所不能代替的一次性的获得。因为艺术价值是在超越一般经验感觉现象的基础上，再次超越的双重超越。因此，艺术是与现实世界隔着双重障碍的高级存在"。（今道友信）在以摄影机为媒介的"间验艺术"产生以前，人类艺术主要是通过眼、手直接体验而完成的"直验艺术"（如造型艺术中的绘画、雕塑等），艺术创作和欣赏都是以肯定人的意识的时间性本质为特征的，在物理的时空中，艺术的体验暗示着人超越物理时空的无限和永恒的存在。摄影术成为阻隔和联系人与现实的中介，一方面极大地拓展了人的视野，另一方面又使这种视野向非人化、非艺术化发展。如果说，以扩大空间成果而尽量缩短其所需时间为特征的现代科技手段对人类的物质生产是一个进步，那么对人类的艺术生产就正好是一个反动。

迅速和真实——摄影术的优点构成摄影艺术的局限。前者通过技术上的发明减少过程的艰辛，对结果进行抽象，使过程与结果分离，后者则需要保持艺术价值两个基本因素——时间和艰辛，使过程与结果融为一体；前者以界定有限的时空为旨归（纪实性），后者以有限的时空作为超越的基点；前者展现人与现实关系的实在性，后者则昭示这种存在的可能性。摄影只有在克服了它作为媒介的局限时才能成为艺术，使有限的变为无限的，这一悖论的实在意义构成了所有以现代科技手段作为媒介的"间验艺术"存在的依据。

麦可斯并没有给我们更多的东西。他选择了"摄影串连"作为他与世界交流的"内在方式"，是想说明在摄影机械给我们界定了的有限时空中，怎样扬弃物理时空给我们的限制，展示人的本质超越时空存在的可能性。麦可斯的摄影三联作《安迪·沃霍尔》，以安迪面貌由清晰到幻化的戏剧性变化过程来说明这样一个完整的意念："我不认识安迪，我也不认为安迪认识他自己，我不认为任何人认识他……"它使人与人之间难以沟通的困惑在存在（安迪的肖像）和不存在（安迪肖像的幻化过程）中找到一个得以表达的中介。摄影机垂直地切断了时空的流逝，把可能性确定为实在性，而麦可斯的"摄影串连"是不是以美国人特有的直率幽默在暗示，并不需要更多的技法，摄影机本身的局限就能成为克服这种局限的手段呢？的确，麦可斯从来不用花哨的暗房制作和骇人听闻的画面效果来实现他"把不存在的东西变成影像"的追求。

所以，也正如《人性的条件》给我们的启示一样，人有可能在摄影机限定的时空中，以超越历史为线索，向与现实不同的方向升腾。

麦可斯的世界不是"超现实"的，但毕竟是"非现实"的。

1986 年

注释：

[1]原文载《现代摄影》，1986 年 2 期，第 39 页。——编者注

# 魏光庆的模拟体验及我对它的阐说[1]

凡是赋予人类的一切

我都要在我内心体味参详

——《浮士德》

在海德格尔（Martin Heidegger）由将来流向过去的时间向度中，死亡具有较为深刻的进取意义，人只能在属于个体经验的死亡中才可能真正领悟到他的本真的存在，而对死亡的先在的意识又促使人在对生的有限的默认中去追求生命的无限的超越。自杀是一种主动中断生命状态的行为，不过从存在主义的意义上讲，它又同时是对人的生存能力的一种积极的领悟和谋划。

当中国现代美术陷入各种形而上学的沉思冥想状态时，魏光庆搞了《关于"一"的自杀计划的模拟体验》这套非常存在主义的作品，整个构思由文字说明和场景实施两部分组成，据我理解，前者并不是后者的真正计划，正如后者不是前者的直接实施一样，它们分属两个人为构造的情境——文字和"事件"，只是完成自杀体验这一点让它们保持一种戏剧性的联系。"一"这个限定对

我们每个人都有效——只要你故意充当体验者。从食欲到性欲，从空间的失重感到对时间的恐惧……一切体验都是围绕自杀这一具体的物理事件展开的，白色底衬和红色十字架既使事件更富于戏剧性，也使"模拟事件"与真实的事件保持一种微细的距离感。事实上，人永远无法真正意识到自身的本真存在，即便是在痛苦和死亡的体验中，因为说感性的、有限的人能认识到美的超验的、无限的存在，这本身就是一种悖论。尽管如此，人对生与死、有限与无限冲突的内省仍是人肯定自己的一种积极的方式。

图 1 《秘密的节庆》，魏光庆，1986 年，布面油画，141cm×175cm，图片由艺术家提供

图 2-1 《受伤 No.1》，魏光庆，1988 年，布面综合材料，150cm×110cm，图片由艺术家提供

图 2-2 《受伤 No.2》，魏光庆，1988 年，布面综合材料，150cm×110cm，图片由艺术家提供

图 2-3 《受伤 No.3》，魏光庆，1988 年，布面综合材料，150cm×110cm，图片由艺术家提供

　　在当代青年美术界，魏光庆属于那类比较冷静而又具有旺盛探求活力的实验者，与以前那些注重冷峻的意念表达（《秘密的节庆》，图 1）和材料语言运用（《受伤》系列，图 2）的架上画比较，他的这一次实验更加关注对与我们的生存空间息息相关的具体物理事件的体验。我想，这类实验对于我们日益滋长的各种形而上学的高贵感和英雄时代的孤傲情绪应该会起到一点清热败火的作用吧。魏光庆的这句话对我们大家也许都有用："演出允许不断地演下去，关键在于体验。"

1988 年

注释：

[1]原文载何浦林主编，《魏光庆》，北京：国际中国文化出版社，2007 年，第 319 页。——编者注

# 林若熹的艺术实验[1]

我慢慢地发现了自己艺术的奥秘……我以一种更加介入和更为规律的方式,学习着把每种研究推向某一确定的方向。一点点地,绘画是一种表现的手段的观念开始坚持它自身的权利了,而且人们能够用不同的方式表现同一事物。

——亨利·马蒂斯

相信每个真诚的艺术家都曾经历过马蒂斯提到的这个发现自己艺术奥秘的过程。事实上,由于我们过分信赖那些宣称自己的艺术只"表现"某种超验情感的艺术家们的许诺,所以经常忽略了艺术正是从这"一点点"的实验中开始的。

看林若熹的画,我们会很自然地想到这种一点点的艺术实验,在那些制作考究的画幅中,他似乎无休无止地追求着一种完美:精意的构图安排、精意的色调处理、精意的笔墨效果,这些使他的作品有一种十分耐看的成品感。

从技术上看,要使中国画这门古典语汇转变成一种现代表达方式,至少有三种可能的方案:其一,通过研究传统去驾驭传统,在传统笔墨构成中寻找具有现代表现方式的语汇特征,潘天寿的艺术实验属于此类;其二,通过引入西方绘画的时空结构去重新调动、组织传统笔墨的表现能力,使之成为一种新的表现媒体,林风眠、徐悲鸿的实验属于此类;其三,完全放弃笔墨传统的造型性质,从而使笔墨这种传统语汇进入现代派的语境。在这种选择背景中,我们就有可能对林若熹艺术实验的性质做出一些判断。

林若熹的艺术从实验方式上看不属于现代派,而属于传统语汇的转换派,即力图在研究传统语汇的基础上演绎出一种适合现代表现方式的实验。这种实验很容易教人联想起不久前在国画界盛极一时的"新文人画"。严格地讲,"新文人画"只能算是一种"新市民画",无论从趣味格调还是从它所借用的传统语汇上看都是这样,但这种时尚似乎表明近年来国画界面临的一个艺术难题开始以一种实践的方式被提了出来,那就是我们如何从简单的厌恶传统的情结中解脱出来，通过重新理解传统寻找一条超越传统的途径。中国古典艺术传统的多样性决定了选择和解释传统的多样性。林若熹艺术实验的传统参照是宋代工笔系统的花鸟画和近代海派、岭南派（居派）的花鸟画传统，他的作品都是针对这样一些图式传统提出问题和解决问题的。花鸟画自唐代开始成为一门独立画科后，历经了近千年的历史发展，这其中宋代院体花鸟画是一种具有独特的艺术魅力，富有表现力的古典样式，它那典雅饱和的色调气氛，完整谐调的章法布置和提炼对象神韵的高超技能有一种永久的艺术价值，但在文人水墨系统的花鸟画兴起和取得艺术的领导地位后，这类技术传统逐渐丧失了它广泛的欣赏对象，成为一种"死的历史"。显然，在现代欣赏情境中我们应该有勇气清除由传统文人画的价值观带来的心理障碍，用一种现代方式重新研究和解释传统，使它有可能在现代语境中重新获得欣赏价值。林若熹的作品在构图布置上大胆地将繁密周全的传统院体构图方式与现代设计的一些构成原理有机结合起来，在空间铺陈上，他既考虑传统绘画的气脉开合、疏密对比、交叉参差等技术原理，又在稳定中寻求变化，大胆分离组合各母题间的张力关系，使画面节奏清晰凝重又富于变化。十九世纪岭南二居（居巢、居廉）通过运用"撞水""撞粉"法对传统用墨赋彩方式进行了一次具有现代启示意义的实验，它使传统的用墨赋彩方法由静而动，极大地丰富了传统语汇的表现能力。林若熹曾长时间地研究这套技术方法，并将它有机地融入自己的艺术实验中，在背景赋色、母题表现中都运用了这种方法，使画面色调气氛更加饱和、丰富。近期，林若熹又将他的实验领地扩展到水墨写意系统中来，题材范围也由花鸟画扩展到山水画，在这些更加情绪化的作品中，他尝试运用积墨积彩的方法和超大面积的画幅效果去深化传统语言的表现能力，反映出他对自己实验方向的自信。

总体来讲，林若熹的艺术实验基本上属于艺术语言范畴而不属于艺术观念范畴，他所关注的中心课题是通过研究调整和重新解释传统语汇去寻找一条超越传统的途径。但这种实验的启示意义有可能是观念层面的，那就是，任何艺术传统，只要我们对它感兴趣，它的欣赏价值就有可能复活，成为我们新的文明中的一部分。我们相信林若熹会从无数次"一点点"的艺术实验中探索一种适合其个性表达的语言方式，也相信林若熹的艺术会在这种探索中获得更大的成功。

1991 年

注释：

[1]原文载严善錞、黄专，《当代艺术问题》，成都：四川美术出版社，1992 年，第 219—221 页。——编者注

# 石冲作品中的原始性倾向[1]

石冲让我看了他最近制作的一批综合材料作品，材料包括麻布、木板、土纸、石膏翻模、丙烯油彩等。看得出，制作十分用心，也十分讲究。其麻布肌理和罩色的处理办法（《序列之陶》，图 1；《作品 1 号》《作品 2 号》）让人联想起劳伦斯（Henri Laurens）的色彩低浮雕或是塔皮埃斯（Antoni Tàpies）的混合手段的效果；土纸等材料的拼贴运用（《有土纸作背景的陶罐》）让人联想起毕加索（Pallo Picasso）、达夫（Arthur Dove）的立体主义的拼贴制作；火烧麻布（《井》）的处理又能让人联想到克莱因（Yves Klein）的实验……当然，这类联想并没有否定作者独创性的意图。事实上，由于现代艺术家对独创性的崇拜已经达到了偏执的程度，这样反倒容易让我们想到一个更为基本的事实：任何独创性的表达都无法摆脱特定的语言族。如果没有我们上面提到的那些大师们建树起来的语言传统和观看背景，重复或运用这些语言就会是一件令人极为不快的事，更不用说让人去欣赏它们了。我们常常听到那些不熟悉这类语言传统的观者提出这样的

问题：我看不出它们好在哪里。

这类诘难是有道理的，我们再也不能忍受诸如心灵表现、精神外泄之类的搪塞之辞，仿佛我们是被剥去衣服的皇帝所戏弄的大臣。回答这类诘难不是一个心理学的课题，而是一个价值问题，一个趣味选择问题，艺术家选择这一种图像语言而不是那一种，这个问题与情境压力的关系要远比与内心冲动的关系密切得多。譬如说，在我们这个时代选择那种具有"原始"意味的图像或制作方法就表明了这样一种价值态度，即对那些完满、细腻而地位显赫的古典写实传统的厌恶，贡布里希将这种态度称为"对腐败的恐惧"。中唐以后水晕墨章的山水画风的兴起恐怕就与对金碧山水这种过分完备的技巧系统的逆反心理有关，而拉斐尔前派则表明了对文艺复兴以来技巧风格的不满，毕加索第一件完整的拼贴作品《静物和藤椅》（1911—1912 年）干脆就是"为了反对文艺复兴绘画老是以矩形为主而进行的试验的形状"[2]。当然，崇尚古朴粗放的原始风格是一回事，从技术上达到原始状态是另一回

事。瓦萨里曾讲述过这样一场有趣的艺术竞赛的故事：一次，米开朗琪罗与他的画家朋友打赌，看谁能完全不顾技巧画一个人体，就像无知的人在墙上乱涂乱画出来的那样，对于这些精通写实技巧的人来说，这是一场艰难的竞赛，结果米开朗琪罗凭借他超人的记忆力默写出他在墙上看到的一个涂鸦人体而赢得了赌局。这则幽默故事告诉我们：放弃你学到的写实技巧甚至比通过努力达到高水平难度更大。当然，我们能从那些具有原始意味的现代图像中获得某种新趣味，并不是由于画家摹仿这些图像的能力或者涂鸦本身的粗放感，这种新趣味来源于与之有关的技巧背景。正是那些精致完美的写实技巧使大师们的涂鸦之作具有了新趣味的价值。在这种趣味转换的潮流中，艺术家通过他们调整语言的机智，获得了一些新的经验和知识，也顺带解决了许多艺术史上的难题，比如如何处理三度空间与平面装饰空间的关系，如何处理平面性与触摸感之间的张力关系等，这些试验拓展深化了我们的知识领域，所以对原始风格的追求并不是一种无谓的视觉游戏。正是毕加索、达夫、塔皮埃斯、劳申伯格（Robert Rauschenberg）这类画

图1　《序列之陶》之一，石冲，1989年，混合材料，60cm×50cm，图片由艺术家提供

家创造了现代原始主义的技术域和语言族，不管你愿意不愿意，它们都已经成为我们的文明生活和经验世界的一部分，没有它们也许我们才真正会感到惊讶呢。

　　我想我已经为我们观看石冲的作品铺垫了一些必要的知识背景，现在该言归正传了。石冲作品的原始性倾向首先体现在这些作品的母题选择具有极强的符号指向：像化石一样镶嵌在石板上的鱼、土纸上凸起的属于石器时代的陶罐……但我想这些作品真正成熟的地方还在于作者在调整这些原始图像过程中所表现出来的平衡能力和语言机智，从这批作品的草图上就能很清楚地见到这个调整过程。显然，石冲不希望看到这

些原始符号被概念化地塞入自己的作品，他通过运用土纸质地肌理和撕裂纸纹等方法，调整人们对这些图像的常规观看方法，使这些图像看起来有一种与现代语境的内在谐调性。在正式的制作中使用石膏、麻布肌理、罩色、拼贴、烧炽效果等现代材料和制作手段，更加强化和丰富了这种意图。石冲接受过正规学院派教育，也熟悉运用光影、质地、透视等再现自然图像的技术，事实上，草图上娴熟的线条运用和综合材料作品上陶罐等母题在造型上的光影处理和罩色效果都流露出这种技能，作者正是通过平均地运用传统造型技能和现代制作手法，使他的这套作品充满一种严肃的文化反思色彩。

记得不久前我经历了一次有趣的知识体验，那是由一则广播引起的，那则广播告诉我，贴邮票的方法可以传达不同的情感信息：邮票向右斜贴表示对对方失礼之举不生气；左向斜贴则表示请对方原谅；倒贴邮票表示爱慕对方却又不敢明说；贴在信封左上方的邮票表示希望对方再次光临，右上方则表示写信人是一个醋劲极强的人；对贴邮票是提醒对方不要轻易与人亲近，连贴则表示荣幸与对方交友。我不知道这类信息规则是否已经在我们的文化中流行，但从那以后，我再也不敢对贴邮票这件小事掉以轻心了。我想这个纯属个人经验的故事或许可以帮助我们解释许多艺术史中的秘密，在这个充满互相矛盾的信息的时代，我们必须具备更多的知识才能真正享受这个社会所给予我们的各种视觉佳肴，因为我想，我们谁也不愿意老是对那些自己不熟悉的视觉图像说：看不出它们好在哪里。那样会显得我们的智商太低。

1991 年

注释：

[1]原文载《艺术与时代》，1991 年第 6 期；严善錞、黄专，《当代艺术问题》，成都：四川美术出版社，1992 年，第 210—213 页。——编者注

[2] H. H. 阿纳森，《西方现代艺术史》，邹德侬、巴竹师、刘珽译，天津：天津人民美术出版社，1986 年。

# 艺术传统与艺术潮流中的选择[1]
## —— 唐一禾素描艺术浅探

我们发现，虽然仅从唐一禾现存的几十幅素描遗作看，我们也能十分有把握地将他列入中国早期素描大师的行列，但令人不解的是，对唐一禾这笔艺术遗产的研究却一直莫名其妙地被冷落，我想把这个现实作为进行这样一次小小的学术冒险的理由。自然，在唐一禾的大部分作品和文献都已散失的情形下，这种冒险的学术价值无疑会大打折扣。尽管如此，我们仍然有信心经历这样一番学术跋涉，因为我相信，正是唐一禾这类不应被历史淡忘的艺术家随时提醒着我们，"历史并不是单维的"。[2]

归根到底，艺术总是这样一种事实：那些在历史中被称为艺术品的东西构成每一个时代艺术活动的起点。艺术一开始就是一种对传统的选择过程，一种调整和修订过程，在这个过程中，每个希望成功的艺术家都会面临两重挑战：一种是来自时尚压力的挑战，即那些随时可能淹没你的艺术潮流的挑战；一种是来自自己心智的挑战，那些喜好将艺术的创造看成前无古

人的孤傲情绪的挑战。应付这些挑战几乎永远是两难的：在自己的创造机制与艺术的传统媒介之间保持一种稳定的张力关系，不仅需要从传统那里获得娴熟的专业技巧，而且需要对艺术潮流中最有价值的艺术问题保持一种持久的敏锐反应。

在唐一禾的时代，西方古典式素描传统作为一种新的视觉图式媒介已为中国的艺术家所掌握，换句话说，那些习惯在画谱、课徒中寻找表现方式的人已能熟练地运用短缩法和明暗法去观察和描绘外部世界的形象了。但是，历史使这一"艺术视觉变异性"[3]的转换过程充满戏剧性：当我们将西方古典主义造型传统作为一种新的选择对象时，这种传统实际上自十九世纪中叶以来，就面临着一场来自浪漫主义和印象派的视觉革命的挑战，这场革命几乎从根本上改变了在西方延续了几百年的古典艺术的价值格局和语言习惯。显然，对于那些在现代情境中接触西方艺术的中国画家而言，他们面临的艺术难题从一开始就是双重的：如何看

待西方艺术传统的变化，以及如何在这种变化的传统中转译出一种既能为中国观者接受又适合个性表达的独特方式。这意味着，每个希望参与解题的艺术家都必须具备两种素质：首先，他们应该是谙熟西方两种艺术传统——古典的和现代的——的人；其次，他们应该是具有开放胸襟和超越胆量的人。我以为，唐一禾就是同时具备了这样两种素质的人。

1930年，在经过一段中国式的西画训练之后，唐一禾来到巴黎，开始在巴黎高等美术学院接受正宗的古典式学院派传统的系统教育。从1932年左右唐一禾的几幅古典式石膏素描作品可以看出，至多在两年时间内他对古典式素描传统已经是登堂入室了：均衡协调的调式处理，准确沉稳的结构理解，都表明他对古典主义理想的造型方式具有驾轻就熟的能力。但是，在这种严格的古典主义造型训练中，我们也能看到在他以后的素描作品中被放大和深化的一些个性特征。在造型处理上他有意避开了古典素描常用的线性塑形的手法，省略了均匀、硬性、清晰的边缘轮廓线，而运用卧笔皴擦的办法去完成他对人体结构和体面关系的理解。按照

学院派规则的要求，石膏模型的明暗调式总是由室内均匀固定的光源决定的，学生必须习惯运用精微细腻的笔触去完成对象由明渐暗的光影变化，使对象获得一种坚实完整的立体感。"公众对于用这种手段表现的事物已经司空见惯，竟至忘记在户外不常看到那么均匀地由暗转明的变化。阳光下的明暗对比是十分强烈的，一旦离开艺术家画室中的人为环境，物体看起来就不像古典作品的石膏模型那么丰满，那么有立体感。受光的部分显得比画室中明亮得多；连阴影也不是一律灰色或黑色，因为周围物体上反射的光线影响了那些背光部分的颜色。如果我们相信自己的眼睛，不相信按照学院的规则物体看起来应该如何如何的先入之见，那么我们就会有最振奋人心的发现。"[4]贡布里希在这里讲述的是西方两种不同的艺术视觉方式的区别：古典的、以我们的所知去描绘对象的传统和现代的（印象派的）、以我们的所见去描绘对象的传统间的区别。从唐一禾素描作品23[5]（图1）我们可以得知他正是力图用一种"我们所见"的方式去处理古典塑像的光影调式的：强烈的室外光源强调了塑像明暗部分的对比，概括的笔触准确地交

代了背光面光线反射的效果，对塑像不同部位（头与足）的虚实处理使这尊静止冷漠的塑像也仿佛进入一种运动和放射的状态中。

唐一禾从学院派出发，但他似乎注定不会成为古典主义标准的学生。从后来他的学生的零星回忆中，我们能够深知，唐一禾对整个西方艺术传统的理解具有一种十分开放的色彩：

> 一禾老师谈到西欧画传统时，他崇尚米开朗琪罗的充沛激情和单纯有力的艺术气质；他喜爱鲁本斯丰富多姿的构图才能，热情洋溢的表现技巧；他称道委拉斯贵兹卓越精湛的写实功夫；他赞美伦勃朗的深沉浑厚的人物刻画。此外，如德拉克洛瓦和安格尔等也是他推崇的大师，他还认为应该吸取印象派绚烂的色彩变化；他也承认即使是后期印象派之类亦有可取之处。但他不同意照抄模仿那些大师，他说，那总是百年前的陈迹了，必须创造今天的时代所需要的艺术。[6]

我想，正是这样的视野不仅为艺术家提供了一条宽泛的选择途径，也为他们带来了一种超越传统的自信。另外一则关于唐一禾

图 1　唐一禾素描作品 23，图片由唐骁提供

的故事可以帮助我们了解唐一禾对西方两种艺术传统的态度。

虽然他在法国巴黎美术学院从劳伦斯学习油画，照说他应该，也很自然地会单一地推行劳伦斯的那种古典、唯美而又学院派的风格，可是他并不那样故步自封。他用老师的风格作画，我仅看到一次，就是他为了纪念他的老师之死，采用他老师的画风，关在他画室内，画了一张盛装的女人全身坐像。当时我们对他那样细腻、写实、美化、浮华的画面感到惊奇，以后也没有看到他再画，他也没有要我们那样画。可是他对印象派的色彩一直是称扬的，

不论在绘画的课堂上，或在西洋美术史的讲授中，他经常提到莫奈的《草堆》，他说画家画画，用色"不是像舞台上的程式用颜色的，而是按物体在不同的天气、时间、地点反映不同的颜色……"。他在课堂作业上，经常布置外光作业，他自己也经常画外光，这样没有使我们对绘画陷入单一的死胡同。[7]

上面我们已经提到唐一禾在古典石膏素描中曾运用过"外光"的实验，这种摆脱古典程式的努力在他的人体素描中获得了一种新的意义。在这里，他所关注的艺术问题明显偏向于这样一个侧面：如何在超越学院派素描传统的基础上寻找到一种与现代造型观念和语境气氛相吻合的个性表达方式。显然，要做到这一步，他必须努力解决两个造型方面的难题：空间关系的处理和造型手法（结构方式）的选择。

在空间关系的处理上，由于唐一禾将人体理解为一种处于变幻不居的运动状态中的对象，而不是一种静止地占有一个固定空间的物体，所以他不强调写实逼真的景深效果和概念化的三度空间，为了消除学院派传统的空间程式对人体表现的限制，唐一禾采

用了尽量淡化背景空间的手法，使对象与背景处于一种不即不离，甚至干脆就是平面化的关系之中，简单地讲，他不再需要借助明晰确定的空间错觉去塑造人体的立体感，因为在他看来，这种立体感反倒是不真实的、概念化的。

如果说在空间关系的处理上唐一禾已经使自己摆脱了学院派的规则与传统，那么，他独特的造型手法才真正使他的素描进入了现代语境。几乎不需要更多的美术方面的专业知识，我们就可以大致描述唐一禾素描的一些造型方式上的风格特征：轮廓线是高度情绪化的，洗练、概括、节制又多少有些游离，像在作品 48（图 2）和 50（图 3）中我们能够看到的那样，人体躯干尤其是小腿部分的轮廓采用了多层次和虚实浓淡不等的线条处理，使对象充满一种内在的律动；形象的结构和明暗调式大都采用他十分精到的卧笔皴擦的办法表现，块状的笔触既坚实有力地交代了人体的结构关系又富有表现力地深化了画面那种颤动、闪烁和无休无止的运动状态，显示出作者对结构与明暗调式卓越的理解力，作品 43（图 4）就向我们展示了这种驾轻就熟的表现力：横卧人体的背

图 2 唐一禾素描作品 48, 图片由唐骁提供　　图 3 唐一禾素描作品 50, 图片由唐骁提供　　图 4 唐一禾素描作品 43, 图片由唐骁提供

部肌群几乎只用了简单几笔交替变幻的皴擦处理，就有力地产生出一种扭动的效果，支撑头部的手臂甚至完全放弃了硬性外轮廓线，仅用几笔飞白式的块状笔触来传达对象一种瞬间的动势。显然，这种理解方式是"绘画性的"（paintarly）[8]——它更接近鲁本斯、伦勃朗以及印象派这类视觉化大师的传统，而不是巴黎高等美术学院所推崇的严谨精致而理想化的新古典主义的素描传统。

　　唐一禾的人体素描表明他已在超越西方艺术传统的努力中找到了一种属于自己的独特语汇，从而也确立了他在中国早期素描艺术中不可替代的历史地位。

　　当我们说唐一禾的素描是一种进入现代语境的艺术时，我们不希望产生这样一种误会：将唐一禾想象成一位现代派艺术的追随者。历史没有使唐一禾成为古典主义理

想的信徒，似乎也注定不会使他成为现代派艺术的实验者。唐一禾没有使自己随着时代的潮流走入现代派的语言实验圈，他的艺术始终保持着一种富有个性的写实主义特征，这多少得归因于他那强烈的人道热情和执着的社会责任感，正是这些引导使他的艺术进入了另一个层面，一个被他称为"到民间去"的层面，在这里，他那娴熟的造型技巧和富有感染力的风格特性不仅没有被减弱和放弃，反而成为刻画那些命运凄惨的下层形象的一种得心应手的工具。如果说在他的人体素描中我们能够看到唐一禾如何为他关注的问题寻找到一种适合个性表达的现代方式，那么在他的素描素材稿《码头工人》（图 5）中他所急切期望的则是将这种方式转化成一种为中国大众接受的波普语言。他塑造的形象是高度个性化的，从那些衣衫褴

图5 《码头工人》，唐一禾，图片由唐骁提供

图6-1 《祖与孙》，唐一禾，图片由唐骁提供

图6-2 《穷人》，唐一禾，图片由唐骁提供

褛、步履维艰、神情质朴而略显呆滞的形象中（图6），我们不难看到伦勃朗在创作《纤夫》《流浪的老人》或是《拄杖老人》的素描稿时所怀有的同情心和观察力。唐一禾在另一个层面上与学院派传统分手了，与那些高傲、冷漠的古典主义理想形象分手了。

我们曾经历一段荒唐难堪的历史：在那种历史中某种造型语言（如徐悲鸿的法式学院派系统或是契斯恰柯夫系统）可以成为审判艺术是革命的、现实主义的还是非革命的、反现实主义的法典，这种历史之所以荒唐，在于它的思考方式是封闭的、单维的，而艺术史几乎每天都在为我们讲述一个一个为超越艺术传统而竭尽全力的艺术家们的故事。我以为，正是这类艺术家养育了人类艺术的生命。唐一禾不仅能够使我们回忆起那个在艺术上有着多重选择机遇的时代，而且能够提醒我们注意一个并不深奥的道理：即使我们推崇的现实主义艺术也永远是多维的。我想，这或许正是我们不应该忘记唐一禾的最好理由。

1991 年

注释：

[1]原文载《美术》，1991 年第 1 期，第 24—27 页；严善錞、黄专，《当代艺术问题》，成都：四川美术出版社，1992 年，第 146—153 页。本文按《当代艺术问题》版本收录。——编者注

[2]贡布里希，《时代潮流中的科柯施卡》，载范景中编选，《艺术与人文科学 ——贡布里希文选》，杭州：浙江摄影出版社，1989 年。

[3]在《艺术与错觉》的开篇，贡布里希通过阿兰的一幅埃及人画素描的漫画，提出了"一直萦回在若干世代艺术史家心头的一个问题。不同的时代、不同的国家再现可见世界时，为什么使用了这样一些不同的方式？"他将这称为"艺术视觉变异性"（Variability of artistic vision）。

[4]贡布里希，《艺术发展史》，范景中译，天津：天津人民美术出版社，1988 年。

[5]本文唐一禾素描作品编号依 1958 年人民美术出版社出版的《唐一禾画集》。

[6]刘国枢，《怀念先师》，载中国美术家协会湖北分会编，《唐义精、唐一禾罹难四十周年纪念文集》。

[7]李家桢，《深切的怀念》，载中国美术家协会湖北分会编，《唐义精、唐一禾罹难四十周年纪念文集》。

[8]绘画性，德文为 malerisch，和线描性（linear）相对，构成一对概念。贡布里希把它解释为 less linear（很少用线描的）。潘诺夫斯基在《艺术史在美国的三十年》中说 malerisch 根据语境在英文中有七八种译法，其中相对 linear 而言，是指"非线描的"（non-linear）。这一术语出自沃尔夫林的理论，指在技法上不是靠轮廓或线条来捕捉对象，而是在描绘对象时用明暗色面来造型，并使所画的形象边缘处或互相融合，或融入背景。提香、鲁本斯、伦勃朗是"绘画性"代表，反之，波提切利、米开朗琪罗是"线描性"代表（见范景中译《艺术发展史》注释）。

# 关于青年画家沈小彤 [1]

1992年初，我去成都为《艺术·市场》第七期组稿，吕澎向我推荐了青年画家沈小彤。那时他刚辞了职，准备做一个职业画家（按中国的现状应该说做一个"失业画家"更准确）。我去了他的画室，他租了一间既做画室又是住所的房，满屋都是一二米左右的作品（这些作品有的参加了当年的"广州·首届九十年代艺术双年展"，并获得了优秀奖，图1）。当时只觉得他干活很认真、很严肃、很地道，和他聊天发现他是一个很敏感、坦诚又不乏幽默的人（这与我接触过的一些自恃很高的"泼皮"画家感觉不同）。他那时的作品给我的印象是有些超过他年

图1　1992年沈小彤参加"广州·首届九十年代艺术双年展"，毛焰、叶永青、沈小彤、周春芽（从左到右）在其参展作品《红红的那些人》前合影图片由艺术家提供，肖全拍摄

龄的老成，也有一些灵气，但在造型上似乎还十分游离，在由具象手法向表现手法的转换上还显得十分勉强、紧张。也许是他的作品中显现的某些潜力使我决定将他作为那一期《艺术·市场》的封面人物介绍，显然，与《艺术·市场》已推介过的封面人物（王广义、张培力、丁方、何多苓、周春芽、尚扬）比较，他的弱点就更加突出：既缺乏学术背景和知名度，也没有明显的商业前景。

使我略感欣慰的是，沈小彤的造型潜力在最近这批进京展览的作品中得到了恰如其分的显示。这批作品似乎已结束了他在造型上的游离状态，虽然在图式和造型技巧上一望而知受到了不少德国新表现主义的影响，但在色彩处理和大面积画面的张力控制上已具一定的个性特质，最精彩的是那种"一笔一刀"的直接画法，十分生动，一般采用直接画法的都有简陋或做作的毛病，而沈小彤的这些画，就显得既比较率意、轻松，也十分耐看，从某种角度讲，有水墨画的感染力。

坦率地说，造型能力并不是沈小彤的

图 2　1991 年沈小彤在工作室，左右两侧为作品《无助的人群》，图片由艺术家提供

图 3　《自画像》，沈小彤，1992 年，布面油画，119cm×69cm，图片由艺术家提供

长处，在稍早一点的作品如《三个吃茶人》、《无助的人群》(图 2)中，这个弱点比较突出，但他对大场面构图的张力关系的把握和色彩感觉还是有一些个性化的东西，在这批作品中他就尽量地发挥这些长处，扬长避短。和其他新生代画家一样，选择造型语言几乎是他们成功的一个必要前提，这恐怕既是一个传统问题也有一个观众接受的心理问题。现在国内搞得有点气候的像"波普艺术"和"泼皮艺术"，语言上都还没过关。"波普"在制作上粗糙了些，但内容上有点文化针对性，比较符合前一时期的国际口味，在海外较受欢迎，基本上属于玩观念、玩题材的东西，有人称它为"政治波普"，是为迎合某些不健康的国际客户而生造的，有点"文化买办"的味道。至于"泼皮"中

的部分作品在造型上确有不少独到之处，对那种病态的感觉把握得很准，但内容上实在"空虚"和"无聊"了点，有些流氓习气，文化品位不高，这两条路现在好像已经看不出有多少太好的前景或行情。在这两条路之外，表现主义在具象画家中还是有一定吸引力，当然，现在比较注重制作的成分，这与塔皮埃斯的影响有关，也可能与商业行情有关，用做底、做肌理、加材料的手法来搞现实主义的东西，是违背语言逻辑的。表现性就是讲究直接性，沈小彤最近的作品在这方面有很大的突破，比如说，他放弃了肌理效果和具象刻画，而加强了直接性画法，使这种表现性语言更加地道，这对他来说是一个不小的超越和突破。

这种突破当然还有一些精神层面的价

图 4-1 《引子 No.1》，沈小彤，1992 年，布面油画，200cm×180cm，图片由艺术家提供

图 4-2 《引子 No.24》，沈小彤，1992 年，布面油画，40cm×30cm，图片由艺术家提供

值，如果说在他的早期作品如《自画像》（图3）、《三个吃茶人》、《引子》系列（图4）、《纹面有影子的日记》系列中，他关注的还是某种私密体验和家庭情结，那么《无助的人群》《红红的那些人》则是一种恰当的过渡，他开始将这种关注提升为一种社会化和具有文化反思色彩的关注。在接下来的作品中，这种关注更明显地具有文化理论的内容，气质上也具有一些英雄主义时代的色彩，这一点很容易让人联想到巴塞利茨（Georg Baselitz）、吕佩尔茨（Markus Lüpertz），尤其是基弗（Anselm Kiefer）这类严肃的、内省性的表现主义大师，当然，与他们比较，沈小彤对社会问题的理解也许还显得表面、稚弱了些。

我想，我们不能总是在调侃和无聊中生活，那些泼皮性的东西如果仅仅作为一种私密的生活态度倒作罢了，若将它作为一种犬儒式的生效工具来展示就显得有点出格。沈小彤的艺术也许可以给我们带来一些值得记忆和留念的东西：严肃、真诚和人文气息。

1994 年

注释：

[1]原文载《美术家通讯》，1994 年第 3 期，第 19—20 页。原文中艺术家名字使用"沈晓彤"，现按艺术家原名改为"沈小彤"。——编者注

# 范勃作品的心理现实和文化品质[1]
## —— 兼评中国具象绘画的回潮

范勃对我说他的作品是对世纪末某种心理现实的记录，他最近的研究生毕业创作草图也是以这个主题为基调的。这个主题无疑具有一定的挑战性，不仅因为中国的文化现实在这个特殊历史阶段混杂了太多难以理清的矛盾，而且因为在玩世不恭的艺术时尚中，完成这类表述需要更多的理性勇气。

近两年，具象绘画的回潮已渐成趋势，我们的批评家似乎未能对这种变化做出反应和判断：它到底是某种保守性或商业化的技术趣味的再现，还是预示着某种新的文化态度和艺术表述方式的兴起？就整体而言，除东北、贵州等地区的具象绘画具有明显的商业动机外，应该说，这种回潮具有一定文化上的设计和针对性。我将这种回潮大致归为两类：其一，设定某种文化象征图像或符号，并对其进行精确模制的"象征具象绘画"或"符号具象绘画"（如石冲、冷军、郭润文等人的作品）；其二，以直接描述和刻画某些文化心理特征和社区状态为主的"心理具象绘画"（如邓箭今、毛焰、忻海州等的

作品）以及借助超现实空间场景陈述某种文化问题的"幻觉具象绘画"（如唐晖、郭晋等的作品）。与九十年代初具象绘画中出现的"新生代艺术""泼皮艺术"比较，它们开始显现出某种完全不同的文化品位和艺术趣味。一般而言，它们开始逐渐摆脱狭隘的、封闭的个体经验和情结，而使这种经验

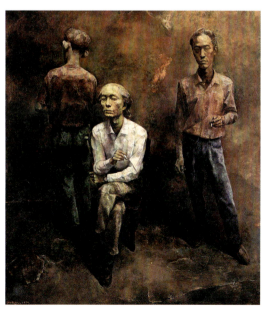

图1 《某日黄昏·房子里的问题》，范勃，1994年，布面油画，175cm×157cm，图片由艺术家提供

图2 《夏至·房子里的朋友》，范勃，1995年，布面油画，175cm×170cm×3，图片由艺术家提供

与某种文化问题联系起来，并希望以一种理性和健康的方式去影响文化问题和艺术现实，虽然就目前的状况而言，这种影响还是潜在的。

范勃的作品至少有两点与我上面提到的"心理具象绘画"保持着某种程度的联系：第一，他采取的是较为严格的具象绘画语言；第二，他对所陈述的主题采取理性的和严肃的态度。显然，在完成对"世纪末的心理现实"进行记录的任务时，他采取的态度不是纯感官的、平铺直叙、随机性和图解式的，他的作品大多是肖像性的，人物造型大多具有某种抽象性和非个性化的倾向，这种倾向不仅表现在那些主题性较强的作品中，甚至表现在纯粹人体作品中。他的人物造型总有一种巴尔蒂斯式的凝重，他喜欢深灰赭、土棕和深蓝色、暗灰绿多种色层关系的转换形成的驳离感，中性偏冷的色彩基调、凝重的造型和古典倾向的光影处理，都使他

的作品具有某种理性时代的完整性。《某日黄昏·房子里的问题》（图1）展示的心理状态与我们现在经常见到的那些嬉皮笑脸、装腔作势、无所作为的人物不同，三个或站或坐、或走或背的人物似乎处于一种毫无联系的冷漠的空间关系中，人物造型具有某种雕塑感，正是这种雕塑感减弱了人的感性特征，而使诸如年龄、身份、情绪这种感官活动服从于一种由作者设定的理性逻辑和话语方式。在这里，"心理现实的记录"不再是单纯个体经验的宣泄，而变成某种具有内省状态的文化陈述，它是对世纪末这个充满矛盾的文化现实的一个恰当的反映。当然，我希望在范勃尚未完成的更为大幅的研究生毕业作品中（图2），这种陈述方式会得到更为成熟、秩序和整体性的表现。

在最近的一些文字中，我一再推崇和提倡那些具有积极健康的文化品位和稳定独立的实验方式的艺术。世纪末并不注定是灰

暗、无所作为和悲剧性的，现实生活的任何矛盾和悲剧都不应成为艺术颓废的依据。在一些青年艺术家的具象绘画中，我们能够看到一些更为积极甚至理想化的态度，正是在这个意义上，我们以乐观的肯定的态度看待我提到的"具象绘画的回潮"，我甚至认为它在文化品质和艺术工作方式上的一些努力会使我们的世纪末变成一个充满理性尊严和理想色彩的时期。

1995 年

注释:

[1]原文载《美苑》，1995 年 3 期，第 36 页。——编者注

# 王天德的《水墨菜单》：
## "观念水墨"及其文化可能性[1]

王天德的近作《水墨菜单》提示了当代水墨艺术进入这样一个问题领域的可能性：即水墨艺术如何摆脱媒介论和形式思维的束缚，以本土方式进入观念艺术层面。

从逻辑上看，王天德九十年代初以来以《圆系列》命题的水墨画作品已经具有装置性水墨的形态特征，也呈现了一定程度的文化思维特性，但由于这组作品更多地纠缠于一些形而上的命题之中，也没有超越抽象主义和传统水墨样式在形式风格上对当代水墨艺术的惯性影响，因此，问题的转换就显得缺乏直接性和切入文化批判主题的能力。

《水墨菜单》来源于"文化餐桌"这样一个基本的命题，它既与"民以食为天"这一东方式的生存概念有关，也与当代文化的世俗特性和波普形态有关，《水墨菜单》意在揭示这两者间的历史和逻辑上的文化联系。《水墨菜单》由这样两组图像志构成：一组以水墨画包裹的中式餐桌（筷子则由毛笔这一书写工具象征或替代）；一部由古体诗集改造而成的菜单，改造方式是，以中国标准的朱砂御批的方法将诗句中的部分内容转译成"菜谱"。作品的"美刺"特征是明显的，甚至过分的讽刺方式使其染有某种文化虚无主义的色彩，但它提示的问题和问题方式又无疑是严肃的和内省性的。从意义范畴看，这件作品进行水墨艺术中由经典化文本（诗集）向世俗化文本（菜单）的转换，官方话语系统（御批）向民俗话语系统（菜谱）的转换，以及历史向度（水墨、书法）向当代问题的转换，它提示的问题是双向性的：既批判了传统文化文本的保守性，也提示了这种文本直接进入当代文化语境的可能性。由于王天德在这一作品中采取的方法不是形态学的，即不是对水墨艺术的具体语言媒介（笔墨造型或文字）的批判和改造，而是从观念层面、整体性地提示了水墨艺术参与当代文化问题的可能性，所以，我们只能在"观念水墨"这一意义向度上理解和解释这一作品。

与八十年代国画领域里的叛逆性的文化思维方式比较，九十年代中国画所面临的主要问题是如何超越"本体论"（将中国画作为一种自足的意义和语言系统）和"媒介论"（将中国画作为西方当代艺术形态史的一种媒介）、东西方、"中心"与"他者"这类二元对立的思维模式，将中国画（或水墨艺术）作为中国当代艺术整体发展阶段上的一种动态性文化问题，既肯定国画应该走入当代艺术这个普遍主义的艺术语境，又肯定它具有自身的问题、问题方式和解决问题的本土特征，"中国画相对于西方当代艺术的'他者'身份，正是它揭示中国文化当代问题的资历和资本，正是这种身份，使它有可能从观念而非形态、意义而非形式层面揭示许多本土问题"，[2] 并使其真正有可能成为人类当代艺术史的一个有机部分。

我正是在上述的问题逻辑中肯定王天德的《水墨菜单》所有可能提示的文化意义，虽然这一作品的形态特征已超越了习惯中的中国画，甚至水墨艺术的范围。

1996 年

注释：

[1]原文载《江苏画刊》，1996 年第 10 期，第 14 页。——编者注

[2]我的这一观点请参见我提交 1996 广州中国水墨艺术研讨会的论文《中国画的"他者"身份及问题》，原文载《国画家》，1996 年第 3 期。

# 从文化中寻找艺术问题[1]

## —— 简论周韶华

作为当代艺术家，周韶华的艺术是从八十年代中《大河寻源》组画开始的，这组气势撼人的巨构现在看来不仅极其贴切地构画了那个时代的文化气氛，而且以造型的方式展示了周韶华艺术的思想轨迹和文化品格：这里既有中国现代文化启蒙时期"宏大叙述"方式的反思激情，也有革命现实主义和浪漫主义相结合的英雄主义气质；既有对新时期艺术自由和创新思想的感性诉求，也有对民族文化和历史的理性观照。这组作品本身所蕴含的深刻矛盾也正是当时中国文化界、思想界普遍探求的课题，即在打破旧式意识形态模式的思想解放运动之后，如何建立新的文化价值模式。而对周韶华个人而言，这种矛盾又成为我们理解他在中国当代艺术界身份和位置的基础：他既是新潮美术和水墨画革命的积极倡导者，又是民族传统文化价值的理性捍卫者；他既推崇艺术的多元化和宽容价值，又相信"民族精神""时代精神"这类古典主义的理论神话；他既是艺术的表现论者，又是一位遵循现实主义创作原则的实践者。

周韶华以他的创作、思想和身份对八十年代以来的中国画坛乃至中国当代艺术发展产生过不可忽略的影响，而现在的难题是我们的批评如何客观地评估这种影响。对于以笔墨和笔墨创新作为艺术判断标准的批评模式而言，周韶华的艺术并没有完成多少笔墨改造的使命，他甚至没有像刘国松那样在中国画中创造出一套完美得足以替代笔墨的造型方式；而对于更为激进的观念主义批评而言，周韶华的思想和工作至多算是国画界现代主义的一种实验方式，并没有进入当代观念艺术的语境。的确，周韶华不是一位风格型艺术家，尽管他的作品有着一种他人无法比拟的风格，即强悍的气势，但就是这类基本的美学品格也不是对传统绘画（如范宽、刘松年为代表的气势性山水画）的语言性借鉴或创新。可以说，他是以文化命题而不是以语言命题进入中国画问题的，虽然他在六十年代就与美学家刘纲纪合作撰文，提出过对笔墨创新的一些卓越见解，但他对中国画当代发展这一问题的思维起点却是文化向度的，他甚至明确地将他的创作称为"文化学研究"：

> 1985 年以来，我的创作进入了文化学研究的新时期，所谓文化学研究，就是要使自己的艺术具有鲜明的文化内涵，独立的文化品格，这种文化色泽、品格是对古往今来、东方西方文化的一种独特理解和反应，同时也是对现代新文化的一种探索，这与过去的诗书画印结合将不大相同，它的本意是把书法的抽象性与广大的空间、无限的时间结合起来，从而把全方位观照提升到一个新的层面。在画面上，意念性、抽象性、符号性的东西将大大增多，写实的、具体的东西将进一步淡化。

他认为所谓"全方位观照"其实是一种审视世界的方式和思维方式，"审视方式、思维方式决定表达方式"，而构成这种方式的两维就是"横向移植"和"隔代遗传"：前者指向对西方的开放性学习，后者指向对传统的超越性吸收，对他而言，"侧重点是吸收西方、关注现代。在这里，一是要寻找古代与现代的转换点，一是要寻找东方与西方的融合点，解决好这两个衔接点，非常重要"。

应该说，"全方位观照"是一种具有文化观念的表述，它不是强调从艺术角度对文化的客观性观照，相反，它强调的是文化视野对艺术的能动观照，或者说，是一种在边缘和非界定状态中两者间的一种互动性观照，这一过程的起点和终点都与文化视野和文化目标有关，而非单纯的艺术行为。这种思维方式在一定的思维层面上与博伊斯的"社会雕塑"观念存在着逻辑联系，博伊斯也正是在考察艺术与社会间的互动关系中提出"社会雕塑"这一艺术史命题的，当然，周韶华并没有像博伊斯那样以打破艺术与文化或社会间的传统界线作为他的文化策略（虽然，在他的艺术实践中不乏采用拷贝纸、综合摄影这类边缘性材料的手法），也没有以社会批判作为实现这一观念的现实前提，相反，在这一观念性表述背后，我们能看见更多具有古典主义理想构成和朴素现实主义色彩的创作态度、艺术功能理论和文化目标。譬如，他一直强调自然和生活是艺术的"摇篮"和源泉，"艺术创造的基本要旨是对主体和客体即内在世界和外在世界的整体把握。艺术是源于人在征服自然、梦想超越自然而被创造出来的"。当然，他认为"体悟生活"的概念应当扩大："在超量信息令人应接不暇的当代，涵盖时空的各种传播媒介都是我们感受生活的信息系统。"八十年代以来，他先后到过黄河源、长江源、喜马拉雅山、唐古拉山、巴颜喀拉山、横断山、岷山、祁连山、二郎山、长白山，体验着古人"行万里路"的创作信条；其次，他还坚信传统对艺术发展的基础作用，当然他概念中的传统是开放和广义的，既有佛家的"养气"说、道家的"抱一"说，也包括"瑰丽奇诡的色彩（楚）、所向无敌的气势（汉）、吞吐大荒的豪情（唐）"。可以说，传统在这里主要是一种精神性和意象性的观照对象，而不是指具体的风格图式，这无疑也与周韶华文化整体主义的艺术观念有关，当然，这种观念导致了周韶华对艺术功能和目标的基本看法，那就是，艺术归根结底是民族精神和时代精神的产物。他曾以典型的八十年代的口吻谈到我们这个时代需要的"大灵魂"：

> 当社会需要修复人类灵魂和重建理性精神时，民族的尊严、自信、自强——民族大灵魂的力量是何等巨大！大美、深邃美和崇高美的形象意蕴是何等沉雄、宏大和宽泛！

在人们普遍重视人物画的笔墨神韵和悠然自得，在形式语言要素上有了相对提高的今天，该到呼唤绘画的内在精神——民族大灵魂的时候了，具有宏大的中国气派的艺术该到出台的时候了。

他一直坚信，他们这一代人从事的工作是完成中国绘画从古典形态向现代形态的转型，而这种转型的文化结果和目标只能是建立具有吞吐天地、容纳古今和涵盖着东西气势的"新东方艺术"或"东方艺术大风格"。

应该说，周韶华这种在文化中寻找艺术问题的理论方案和创作实践，与中国文化的当代发展过程中蕴含的深刻矛盾有关。这是一个既需要开放，又需要某种统一的价值基础作为前提的文化；这是一个背负着太多传统负担又不能不借助传统方能得以发展的文化。事实上，二十世纪以来文化整体主义观念一直是中国思想史的主线，在某种意义上，周韶华的艺术和文化理想正是康有为、梁启超在上世纪初提出的"美术革命"这类文化整体主义观念的续响。从严格意义上讲，周韶华不能算是一位传统主义的艺术家，尽管他一再以振兴传统、发扬传统为己任；他也不能算是一位西方概念上的前卫艺术家，尽管他一再肯定诸如艺术自由、理性宽容这类当代价值和从事着多重实验价值的艺术创新。从更大意义上讲，他着眼的是未来的文化课题和目标。作为一位理想主义者，他力图在艺术自由和艺术价值、艺术的当代文化属性和艺术的传统资源的矛盾关系中寻找到一种具有历史感的平衡，他对中国当代艺术的真正贡献不仅在于他曾以他的身份和思想创造过一个真正具有宽松、开放、宽容等当代品质的艺术环境，而且在于他从文化价值入手寻找艺术问题的方案对我们这样一个正在逐渐丧失所有价值和标准的时代具有某种警示和启迪作用。

对于周韶华这类既崇尚艺术创作自由，又向往伟大、恒久艺术的人来说，生活在我们这样一个时代不知道属于幸运抑或不幸。这个时代的确为我们提供了一个艺术上充分开放和多元发展的空间，但另一方面这个空间又是以抛弃许多恒常价值和标准作为代价，这种矛盾构成了我们这个时代——尤其是九十年代——特殊和基本的历史性情境。也许只有在这个情境中，我们才能充分理解周韶华这类具有文化理想主义色彩的艺术家及他们的工作。

1997 年

注释:

[1]本文为邵宏、黄专共同写作，黄专执笔。原文载《美术观察》，1997 年 12 期，第 15—16 页。——编者注

# 神圣的欢乐和逍遥的沉思[1]
## —— 看崔进的近作

　　我们生活在一个充斥着先成性、消费性图像的世界中，现代主义抛弃了视觉艺术的叙事性和情节性功能，我们几乎不再理会那些潜藏在图像背后的历史隐喻，对图像的直觉经验代替了对图像的视觉阅读，而崔进的作品似乎在努力恢复我们的这样一种视觉功能，即恢复我们"阅读"绘画的能力。

　　表面上看起来，崔进的作品是超现实主义、象征主义、表现主义（在他的油画作品中）和夏加尔式幻想、抒情、纯朴风格的综合，但如果更深入地阅读，我们就会发现，他的兴趣其实始终都在为画面营造一种东方式的泛神论气氛。他的作品基调是乐观主义和浪漫主义的，它们总漾溢着一种民俗性的欢愉，为了避免使这种欢愉流于纯感官的刺激，他又总是小心地将其控制在一种诗性的和历史化的背景之中。在几幅为他的艺术带来声誉的工笔画中，如《欢乐今宵》《温馨花房》《游春》，"欢乐"被处理成为这样一种主题：它们总是在历史与现实、神话与生活、世俗与宗教、自然与人文间的巨大张力关系中产生，仿佛只有这样它们才能既是现世的又是持久的，既是感观的又是人文的。《欢乐今宵》中遨游天际的祥云瑞鸟、奇花珍禽与优雅静穆的少女、缓步行进的仪仗队伍、纵横驰骋的喜剧人物共同营造着一种富于历史底蕴和东方格调的"欢乐"。由于在人物形象、色调敷染和空间节奏处理上直接吸收了六朝《洛神赋图》和佛教经变图的象征手法和图式，更增加了画面神话般的叙事特征，它反映了人的欢乐本性在一种历史和美学沉思中所获得的那种超越性自由，在这类场景面前我们很容易想起诗人济慈（Keats）在《希腊古瓮颂》中对人类自律性的、神圣的欢乐所进行的那种赞美：

　　　　听见的旋律固然美妙，未曾听见的，
　　　　更美妙……
　　　　勇敢的情人，你永远永远也不能
　　亲吻，
　　　　尽管目标已经临近……
　　　　更幸福的爱，更幸福、幸福的爱！
　　　　永远温馨，精神欢畅，

永远年轻，胸怀激荡；

超脱于一切使人痛苦和餍足的

人类急切的热望……

如果说《欢乐今宵》《温馨花房》这类场面宏大、寓意明确的作品反映了画家一种理想化的浪漫冲动，那么《隐遁者》《逍遥空间》（组画）这类的小品则反映了画家亦庄亦谐的幽默和沉思。《逍遥空间》取典于《庄子·逍遥游》，但很显然作者并不意在创作一幅历史题材的作品，而是希望在历史隐喻中寻找到与我们生存现实相关的视觉意义，作品以超现实的手法描绘了畅游于溟海天地间的大鹏、野马，象征无待、无己、无功、无名的自然；而盛装美貌的神人和形影相吊的裸体则象征着肉欲与灵魂的争斗，象征着意识的分裂。同样是象征和哲理，这些小品性作品所构造的意象显得更为内在和个性化，它是以一种现代方式对"逍遥游"这类古典精神境界和历史语境进行的视觉诠释和意义再造，它们的目的或许并不在劝喻遁世，而在于以"游无穷者"的态度表达作者对生存现实的一种反思性领悟。

丹尼尔·贝尔（Daniel Bell）曾经悲观地称我们这个时代是"文化言路断裂"的时代，现代人无限制地扩张和实现自我的态度已使我们丧失了与自己的历史和文化相联系的纽带，"我们时代感情语言的贫困反映了一种没有祈祷、没有仪式的生活的贫困"[2]。我们虽然可以不赞成贝尔以宗教观念代替我们现存的世俗意义系统的方案，但我们无法不去以文化史的态度反思和考察现代主义以来在自由创作精神和大众消费文化双重腐蚀中我们视觉图像意义的逐渐贫乏、萎缩和丧失的过程，重新确立当代艺术中具有历史张力的意义系统和视觉语汇，从而在一种新的起点上保持我们文明的丰富性和持久价值。崔进的作品之所以能给我留下某种持续的印象，也许正是因为那里保存着许多我们的文明中已经丢失掉的欢乐、仪式、民俗和精神文本。

1998 年

注释：

[1]原文载《美术观察》，1998 年第 12 期，第 54 页。——编者注

[2]丹尼尔·贝尔，《资本主义文化矛盾》，赵一凡、蒲隆、任晓晋译，北京：生活·读书·新知三联书店，1989 年。

# 石冲艺术中的古典遗产与当代问题<sup>[1]</sup>

石冲艺术的性质和他所从事的工作的意义，已愈来愈成为批评界讨论的话题，这种讨论有时属于学术性质，有时属于意识形态性质，而有时则纯粹属于名利场的竞争，但无论如何，他的作品能如此广泛地进入不同的认读系统这一事实，也许已经说明了它的重要性和挑战性。

其实，石冲的艺术到底属不属于"观念艺术""前卫艺术"，抑或仅仅是一门"手艺"并不重要，重要的是他的工作有没有为当代艺术带来一些有价值的问题，或者用一句批评界用滥了的行话说，他的工作有没有针对性。我相信，如果生活在两千年前的希腊，石冲肯定会作为宙克西斯（Zeuxis）或是阿佩莱斯（Apelles）那类的"神性艺术家"被载入史册。但在一个崇尚"表现"和"观念"的时代，石冲的艺术反倒成了一个问题：那些精湛的写实技艺和超凡的再现能力对我们的文明和艺术到底还有多少意义？古希腊人说，知识始于惊奇，我想，即使在人类制像手段已经达到无所不能的今天，石冲创造的那些逼真的形象仍然能够使我们感到惊奇，那么，这些惊奇能够给我们带来怎样的知识呢？在我看来，石冲艺术的最大价值也许在于：在一个充满着虚无主义、玩世主义、颓废主义的艺术环境中，不仅使我们重新领略到人类再现艺术的制像魅力，而且重新唤起了我们对艺术中一种古老的价值传统和人性因素的尊重。

## 一

从塔皮埃斯式的综合材料实验到"摹本改造"是石冲艺术的一个转折，<sup>[2]</sup> 这种转折既改变了石冲所要解决的艺术问题的性质，也确立了他的艺术目标：

架上绘画能够对当代艺术予以补充并使之产生活力的因素，应是其观念上的当代性，当前卫艺术已逐渐丧失了其可供衡量的价值标准时，更是如此。我试图在不丢开架上绘画的知识和技能的同时，以当代性与这种现实对抗，对抗的方式是观念形态的设置，即在以具象方式呈现"第二现实"中，输入装置、行为艺术的创造过程和观念形态，从而创造出所谓"非自然的艺术摹本"。在摹本转换中，装置、行为艺术的观念性导入，绝对技术的极端发挥不仅增添了平面绘画的视觉信息容量，也为架上绘画注入新的"前卫性"，复合性观念和技术所构成的结构互补关系，为架上绘画和现有艺术的意义传达提供了新的挑战和可能。[3]

从表面上看，石冲提出的问题是架上绘画在"观念艺术"时代生存的合理性问题，而当他将这一问题与前卫艺术丧失了"可供衡量的价值标准"这一现实联系起来时，实际上已无法避免地使这一问题产生了价值学上的含义。"架上绘画的知识和技能"这一古典艺术遗产的当代价值成为石冲艺术问题的一个有力支点，这个支点不仅为他以后拟定的艺术方案进行了必要的逻辑铺垫，也促使他为自己设置了一个富有挑战性的课题：如何通过导入古典艺术的知识和技能，提升当代艺术的理性批判含量，抑制它的虚无主义和非理性倾向，从而为当代艺术日益衰竭的"前卫性"注入新的知识内容和价值活力。石冲这一艺术方案的独特性在于，一方面他肯定了当代艺术中各种观念性实验方式的艺术价值，另一方面又提出对这些实验方式进行理性的限制。他将艺术的"前卫性"理解为一种综合性的实验过程，前卫艺术毫无节制地自我扩张和反叛反而使它丧失了自己的创造力和批判性，就像奥克塔维尔·帕斯（Octavio Paz）描述的那样："现代艺术正开始丧失它的批判力量。近年来它的攻讦像仪式一样重复自己：反叛已经成为程序，批判也沦为空谈。我们正经历现代主义艺术思想的枯竭。"[4] 显然，要恢复当代艺术的持久价值和批判力量，我们就必须学会控制我们的情感以及我们对传统价值的厌恶态度，在石冲看来，我们只有在对美术史成果的种种反应中，才能"保证艺术问题的延续性"和思想活力。[5] 这一思想很容易让我们联想起贡布里希对"伟大的艺术品"的定义，即它"一方面总是强烈冲动的产物，另一方面又是作者更强烈地配合和控制这种冲动的结果"。[6]

## 二

人及人在信息时代的生存状态是石冲艺术的一个基本前提，问题的关键是，他既不愿意以表现主义狂放和涂鸦的办法去呈现它，也不满足于波普艺术对待这一主题的那种中性的、平面的和非意义的态度，他试图以一种更为理性的方式来审视这种状态，为这种状态寻找到一种具有历史依据的解释方式，这些听起来像是马尔库塞（Herbert Marcuse）或是丹尼尔·贝尔（Daniel Bell）这类哲学家、社会学家的工作，但石冲决定试着用视觉艺术的方式完成它。

石冲艺术方案的步骤是：预先设计制作一个"观念性"的摹本，然后以古典式摹写手法转移、复制和改造这个摹本，这个方案过程似乎是对"先制作后匹配"这一再现艺术理论的一种当代诠释，只不过在这里"制作"的对象不再是自然，而是我们这个时代流行的那些"非自然"的图式——"装置"和"身体"。不管你愿不愿意，装置（或现成品）和身体（作为行为艺术载体的身体而不是作为"纯理性"化身的人体）已经成为我们这个时代新的"视觉隐喻之源"，艺术家依靠这些象征代码"表现"和"象征"他

们的"情感"和"观念"，就像古典时代的艺术家借助"渐隐法"、空气透视和光影效果这类的自然代码描绘他们世界的神灵一样，不同的是，我们的时代拒绝了那些稳定的、便于解读和交流的图像志，有关"表现"和"观念"的理论说教已经废止了理性地解读图像的可能性。

当石冲将"装置"和"身体"作为他的艺术摹本时，他考虑的也许是如何使这种全新的图式成为更具理性色彩的视觉隐喻，而事实上，一旦"装置"和"身体""行为"成为设计元素，它们就丧失了现成性和偶发性的语言特性，所以我们与其说石冲是在做"装置"或做"行为"，不如说他是将它们作为当代问题的一种信息代码，或者用他自己的话说："第二现实"。通过这些代码他寻找到了一个推进自己工作和问题的支点。

## 三

如果说，设计、制作"装置"和"身体行为"的摹本为石冲提供了一个当代问题的语言支点，那么，接下来的工作，即以摹真技术绘画性地再现这些摹本就成为解决这

个问题的具体手段，虽然石冲一再强调他的原创性主要在摹本的观念性制作而不在"技术性较强的绘画"，但事实上，正是那些古典性的摹真过程使他的观念真正得以实现。

在艺术的古典时代，真实摹写自然的手艺作为视觉艺术的基础获得了广泛的尊重，这种尊重的理由是柏拉图式的（尽管柏拉图并不尊重艺术），那就是艺术通过对自然的摹真传达超自然的神性理念和理想。这一点在瓦萨里对米开朗琪罗《最后的审判》的赞美中体现得最为具体，这种赞誉被称为一种"基督教式的柏拉图主义的语言评论"：

> 在我们的艺术中，这是伟大的范本：上帝把这幅伟大的画作赐给下界的人们，以便使他们领悟到，当充满知识的恩典和神威的智者们以最高天界莅临人世时，命运女神决定了什么事情。[7]

应该说，这类观念不仅构造了古典艺术的神性基础和艺术家的神性身份，而且构成了艺术品卓越性的标准。不幸的是，我们的时代中止了人类"通过艺术征服现实"的实验历程，也废止了维系艺术世界的那个源远流长的伦理价值和标准。在一个崇尚"表现"和"视觉"的时代，再现的技能只能被视为一门陈腐和迂阔的手艺，或许正是这种巨大的历时性反差使石冲领悟到再现技能这一古典遗产在表达古代问题时所可能制造出的一些价值功能：它不仅可能唤起我们新的视觉惊奇，而且可能令我们恢复对文明价值的信心。

《行走的人》（图1）的摹本是一具西格尔（Segal）式的活体翻模人像，[8] 人体姿态虽然具有一种古典式雕像的庄严，但人体表面概括性的肌理处理又暗喻了它的非生命性，人体手执的干鱼不仅加强了这些暗喻，而且表明了这件作品与作者材料实验阶段的语言联系。当使这具摹本进入画面时，石冲完全放弃了西格尔式的波普手法，而为它设置了一个典型的、封闭式的古典空间，强烈的室内侧光效果、沉着的背景基调、清晰的轮廓处理和色调层次为这具躯壳般的人体营造了一种古典雕塑式的神性气氛，对人体表面肌理和质感精细入微的逼真摹写，因服从于整体肃穆冷峻的理性基调而显得尤为动人心魄。这幅作品的语言特质很接近一些新古典主义的作品，如大卫的《马拉之死》，只不过它呈现的图

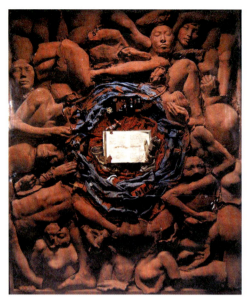

图 1 《行走的人》，石冲，1993 年，布面油画，180cm×80cm，图片由艺术家提供

图 2 《行走的人》之二，石冲，1993 年，布面油画，180cm×80cm，图片由艺术家提供

图 3 《综合景观》，石冲，1994 年，布面油画，180cm×165cm，图片由艺术家提供

像意义更为复杂。在《马拉之死》中，人物古典浮雕式的造型处理与抽象性的空间结构有机统一地陈述了死亡的崇高性和永恒性这一人道主题，而在石冲的作品中，波普性质的摹本与古典表达方法间则呈现出一种令人压抑的、异化性的矛盾关系，深度化的象征处理方法改变了波普原型的意义指涉，从而暗喻了人的理性价值在当代文化中的一种实际处境。在《行走的人》之二（图2）中，强调摹本的"躯壳感"和偶然性（如悬置的画）使这种暗喻显得更加残酷。

在石冲同类性质的作品中，《综合景观》（图 3，原名《红墙叙事》）引起的争论最大，不仅由于这幅作品的寓意手法和意义指涉更为复杂，而且因为它更为具体。《综合景观》的摹本虽然取消了古典式的三维空间结构，而且直接加入了许多现成品因素，使它更接近于"装置"作品，但画面仍具备了一些古典要素，均衡的构图、室内侧光效果、统一的色调方式和高浮雕性质的处理都使作品呈现出一种古典纪念碑式的庄重，但与这种纪念碑方式形成强烈视觉反差的是那些残碎无序的躯体、血迹斑斑的书籍和与消费文明有关的各类现成品。也许对这幅作品的视觉隐喻做出新的猜测是多余的，我以为，构成这幅作品意义的寓言手法和语言方式也许已经说明了石冲艺术问题的批判特性和文化价值，也许只有与我们"前卫艺术"中流行的那些泼皮玩世、艳俗轻浮的图像相比较，石冲所选择的问题和他所从事的工作才能显现出它的"前卫性"。

# 四

从 1995 年创作《欣慰中的年轻人》(图4) 开始,石冲将他的"摹本"由翻模人体转变为真实的身体,我们只能猜测这种变化与这一时期"行为艺术"在中国(主要是北京)的流行有关。九十年代中叶,国内当代艺术在经历了一段相对沉寂之后出现了一次以"行为艺术"为特征的新的躁动,"行为艺术"以其偶发性、实效性、争议性和超过其他媒介的直接性视觉强度成为中国现实环境中的一种易于扩散和流行的前卫艺术样式,批评家钱志坚曾这样描述北京地区这种"非架上艺术活动"的状况:

> 九十年代以来的北京在为期不长的沉寂之后重又成为中国新艺术力量的中心发生地,这股潜伏着沉寂之前的躁动和不安的力量,尽管存在着明显的多向性和不明确性,但显然正在形成一个逐渐明朗且不断扩散的漩涡,不仅席卷着越来越多的艺术家自觉、半自觉甚或不自觉地投身于其中,而且

图 4 《欣慰中的年轻人》,石冲,1993 年,布面油画,152cm×74cm,图片由艺术家提供

这种新力量所关注和引发的问题也正在不停地扩散。[9]

架上艺术肯定不具备与行为艺术挑战和竞赛的能力,但行为艺术的偶发性、时效性、多义性特性又使它自身面临着一种无法摆脱的情境性危机:那些缺乏一定的文化上下文和学术背景的"行为"往往只能成为一种徒具新闻效应的丑闻竞赛或是沦为一种抽象而简单的智力游戏,无法产生它所期待的批判价值。而在"后殖民"文化情境中,中国前卫艺术中"行为艺术"的泛滥又使它面临着沦为一种纯粹机会主义策略手段的危机。[10] 我想,或许正是这类情境压力诱发了石冲艺术中的一个新的课题,那就是,能否将行为艺术中的身体媒介方式转换成一

图5 《外科大夫》，石冲，1996
年，布面油画，195cm×65cm，
图片由艺术家提供

种架上绘画语言。这一课题的挑战性在于排除了偶发性、时效性和特殊场景要求这些元素外，架上绘画还能否保持甚或增添"行为艺术"的信息容量。对于将架上绘画视为古典方式的唯媒介论者而言，这项工作肯定是毫无意义的。但石冲始终认为，所谓"前卫艺术"身份并不在于材料和媒介的选择，而在于问题的针对性和作品的意义指向，或者说作者的"观念出发点"，事实上，安塞姆·基弗（Anselm Kiefer）这类"新表现主义"画家或是恩佐·库基（Enzo Cucchi）这类"超前卫"画家已经证明了早期观念主义反绘画倾向的肤浅性，决定艺术家身份和他工作性

质的绝不是他所选择的手段，而是他要处理的问题，这种情形居然适合贡布里希有关古典艺术演进过程的那条著名公式："功能决定形式"。

人们对石冲的艺术方案存在着一种善意的误会：认为石冲将装置和行为艺术"架上化"，不过是在记录和储存"装置"和"行为"。[11] 其实，如果用绘画与照片和电脑进行一场记录信息的竞赛，那肯定将是一场毫无价值和毫无意义的一边倒式的竞赛，显然，在石冲的艺术方案中肯定存在着一种比"实录"功能更有价值的成分。与石膏摹本创作方式稍有不同的是，在以"身体"为摹本的方案中，石冲先设计出一套身体行为模式，然后将现场行为拍摄成照片，再经过对摄影图像的筛选和剪辑确定进行绘画制作的摹本，这一过程的性质更接近于绘画中的母题和题材的选择，"身体"和"行为"在这里只不过充当了一种语言元素和信息媒体，相当于古典艺术中的"图式"，作品的意义是通过制作过程的观念态度和图像的绘画性效果得以最后呈现的。1996年在"首届当代艺术学术邀请展"上的获奖作品《外科大夫》（图5）可以视为这一方案的范例，在

这幅作品中充斥画面的男人躯干首先使我们产生了强烈的视觉压迫，人体的行为模式是赫尔曼·尼奇（Hormann Nitsch）式的，[12]极度逼真的生物道具（动物内脏）与铜质般的人体肌肤构成强烈的张力关系，听诊器既提示了问题的此在性和真实性，也暗喻着疾病、危机和死亡。它以传统绘画的摹真手法使这一主题既具有安东尼·阿尔托（Antoin Artaud）所谓的"残忍戏剧"的效果，又具有某种理性寓意的特征。与照相写实主义拒绝深度，视作品为照片的"精确而不掺个人情感的视觉复制品"的美学态度比较，[13]石冲的这幅作品呈现了一种在艺术的古典时代才有的理性气氛和人道主题，这幅作品的获奖理由或许可以加深我们对这一主题的印象：深刻的人文性和批判性，对具象艺术语言的观念态度以及作品与本次展览主题（"信息时代艺术的人文义务"）独特的逻辑联系是我们将"文献奖"授予这位具有才华的青年艺术家的主要理由。他的作品以对生理和心理的现实描述提示了人类在信息时代的精神困境，在近乎残酷的技术程度和摹本方式中，他悖论性地否定了具象艺术的语言外壳，从而为架上艺术的观念转换提供

了成功的范例。[14]

# 五

最后我们还不得不讨论一下关于石冲作品颇多争议的另一个话题，也就是石冲以他"精湛的手艺"摹写照片的必要性问题。在现实主义者看来，石冲的架上绘画并没有增加照片的图像信息容量，它只不过是一门"手艺"，而石冲自己也认为他在近乎残酷的"马拉松式的架上绘制"中体会到的只有乏味和紧张。但我认为当他将它们视为一种必要的、与他自己的实在生活意义相关的"手工劳动"时，他使这种图像的制作获得了观念价值的含义。苦役般的劳作曾经是构成古典艺术家神性身份的另一种神话元素，它们不仅象征着某种宗教信念，而且象征着某种伦理价值，在我们熟悉的故事中，米开朗琪罗为绘制西斯廷教堂天顶画而遭受的生理折磨和摧残就是这样一种典型的道德神话。现代主义对个人情感和智力因素的偏执崇拜已经使这类神话丧失了它们的光泽，在我们的艺术竞赛中充斥着以制造点子、制造丑闻和制造机会见长的获胜者。或许正是这

样的情境反衬和凸显了石冲艺术中的价值因素："近乎残酷的技术程序和摹本方式"对石冲而言不仅是一门制图手艺，而且是一种隐性的、行为性的观念手段。当然，不是所有的残酷性劳作或精湛的手艺都具有艺术的观念性质，只有在一定的艺术问题和艺术目标中这些技艺才能呈现为价值的因素。而在我看来，石冲的"手艺"正好具备了这样的问题和目标，正是"手艺"与"问题"的结合才使石冲的艺术具有为当代艺术"增添视觉信息容量"的能力。

石冲以残酷性的技术方式提示了传统视觉遗产在一个机械和数码复制时代所可能具有的人性力量和伦理价值。[15]基于这样的理由，我们必须为石冲的"手艺"辩护。

1998 年

注释：

[1]原文载《艺术界》，1998 年 1 月、2 月号双月刊，第 5—19 页。——编者注

[2]祝斌和鲁虹对石冲艺术的这一转换过程及他在美术史中的一些新的发现做了令人信服的研究，参见祝斌，《石冲绘画作品的艺术价值》（未刊稿）；鲁虹，《对有意义结构的创造与复制》，载《画廊》，1996 年第 4 期。

[3]石冲，《学术自述》，载《首届当代艺术学术邀请展》画册，广州：岭南美术出版社，1996 年，第 58 页。

[4]奥克塔维尔·帕斯，《沼泽的孩子，从浪漫主义到先锋派诗歌》，转引自丹尼尔·贝尔，《资本主义文化矛盾》，赵一凡、蒲隆、任晓晋译，北京：生活·读书·新知三联书店，1989 年，第 66 页。

[5]石冲，《艺术与金钱》，载《艺术·市场》，第 9 辑，第 3 页。

[6]贡布里希，《艺术中价值的视觉隐喻》，载范景中编选，《艺术与人文科学——贡布里希文选》，杭州：浙江摄影出版社，1989 年，第 72 页。

[7]瓦萨里，《名人传》，转引自贡布里希，《理想与偶像——价值在历史和艺术中的地位》，范景中等译，上海：上海人民美术出版社，1989 年，第 239 页。

[8]乔治·西格尔，美国波普主义雕塑家，作品着重雕塑与整体环境间的关系，他的雕塑几乎是一成不变的人体翻模石膏，然后将它们置于真实的生活空间和实际环境中。

[9]钱志坚，《扩散的中心漩涡》，载《画廊》，1993 年第 2 期，第 20 页。

[10]丹尼尔·贝尔将现代主义的艺术特征归纳为三个方面：对秩序的反抗、语言上"距离的消蚀"和对传播媒介的重视。参见丹尼尔·贝尔，《资本主义文化矛盾》，第 31—32 页。

[11]彭德，《石冲集解》，载"中国现代艺术品评丛书"之《石冲》，桂林：广西美术出版社，1996 年，第 4 页。

[12]赫尔曼·尼奇，意大利行为艺术家，六十年代维也纳"行动派"艺术运动的成员，他的作品以裸体和牲畜内脏作为艺术母题，以施虐方式反映了暴力倾向的艺术观念。

[13]梅索尔对"照相写实主义"画家克罗斯的评论，见 H. H. 阿纳森，《西方现代艺术史 80 年代》，曾胡、钱志坚、顾永琦、章燕译，北京：北京广播学院出版社，1992 年，第 53 页。

[14]石冲，《学术自述》，载《首届当代艺术学术邀请展》画册，第 57 页。

[15]关于"数码复制时代"给"知识"带来的悖论性危机，可参见严锋，《数码复制时代的知识分子命运》，载《读书》，1997 年第 1 期。

# 许江：超越游戏的艺术<sup>[1]</sup>

多年以来，许江一直以"弈棋"这一古老东方游戏作为他探寻艺术问题的支点，这种持续、执着的态度显示了一种理性时代的精神气质：节制、理智和内省。荷兰伟大的文化史学者约翰·赫伊津哈在《游戏的人》一书中曾研究过"文化的游戏成分"，在那里，文化中游戏性和严肃性的界线及转换，成为了解人类文明和艺术发展的一种逻辑：

> 因为恰恰是在严肃和不严肃这两种状态被混合为一，甚至被有意识地融为一体时，某些人才能够最生动地表达出内心最深处的思想，这些人的生活表现为一种文化鼎盛时期的行为与思维的平衡。

在许江的作品中，我们也能体会到他为达到这种平衡所做出的努力，在他将一些严肃的文化课题或艺术课题置于他的棋局中时，他考虑的或许正是这种平衡。

从问题逻辑上看，许江的弈棋艺术经历了三个演进的阶段，即由历史—逻辑问题的表达到文化—现实问题的表达，再到历史—文化价值问题的综合表达，它恰好构成了一个黑格尔式的正题、反题、合题的三段式。《将相和》《象棋史话》和《神之棋》是许江在1988年到1989年间的作品，它们贯彻了这样一个主题：历史反思过程的视觉化问题。这个主题显然与八十年代文化开放时期的启蒙思潮有关，从视觉样式来源看，这些作品汲取了包括拼贴艺术、场景艺术、过程艺术在内的诸多当代方式，但作者以象棋棋局及布阵这样一种时空框架使问题牢牢系于一种东方逻辑之上，许江将这些作品称为"寓言式对话"，在这种对话中，吸引许江的是这样一些在历史反思中遇到的课题：

> 对于场景"仪式"气氛的向往，对于中国象棋弈棋特点的感受……真正吸引自己的是整个棋局的动态运行的过程和各阶段之间的结构上的张力，是这一视觉思考的形态本身：将目光投入形成的过程和全局的结构的变化，习惯于将许多"客观事实"看成运作过程中的相互关联、相互制约的流变的整体。实际上，如果说棋盘是一个游戏场，毋宁说是一个展露人的胸襟、人的精神的演练场；如果说整个棋局的演变过程是一种

表现、转释的形式，毋宁说是一个自我观照和思考的方式。[2]

作者没有按当时时尚的做法，从中国文化传统命运、中西文化关系这类空泛的命题上去进行历史反思，反而选择了"仪式""游戏"这样一些与东方思维惯性有关的具体课题作为反思入口，这正好契合赫伊津哈（Johan Huizinga）所说的从一种仪式或游戏中去体会"一个时代的巨大严肃性"的思路。《神之棋》以东方太极思维戏剧化地虚拟了"开局·潜龙""对峙·沉默的行动""中盘·激烈地绞杀""残局·冰海沉船"和"尾声·废墟上的星"五个场景，并通过它们在时序中的偶然性演化，来呈现作者一种具有东方浪漫主义格调的文化游戏态度：对"仪式"和"游戏"的感性向往和理性反思，不仅可以使我们回忆游戏性和严肃性还没有区别开来的时代所具有的文明价值，而且可以帮助我们了解在人类感性与理性之间的平衡遭到破坏时我们文明的处境和危机。在这里，历史的反思成为解答现实焦虑的一种角度。

九十年代以后，许江的艺术就具有更为直接的文化现实性，开放文化处境及问题成为作品的主题。虽然《生生不息》（1991年与施慧合作）依然是展示东方智慧的作品，但在《与伏尔泰弈棋》、《与石膏群像弈棋》、《绿背景上的棋俑》（1992年）中棋局的主角发生了变化。就对中国文化现实的影响而言，"伏尔泰"象征了西方文明的双重性：

一开始的时候，选用"伏尔泰"的动机是：以"伏尔泰"的西方启蒙运动的先驱者的形象，来呼唤中国的文化启蒙教育运动，破除对于封建文化、对于传统的迷信。但在制作棋俑的过程中，在不断面对十六尊"伏尔泰"同样面庞组成的强势之时，原来的思路变得窘迫和沮丧，自己很快便从制作和构想的最初的欢悦中冷静下来，那无法反抗的"西方游戏法则"的制约，越来越令人感到"伏尔泰"那股压抑的力量，这种压抑暗示着"伏尔泰"所代表的欧美文化的强势。"伏尔泰一方面代表着启蒙运动的不朽的冲击力，令我振奋，另一方面暗示了强势文化的跋扈和专断，而令我警觉。"于是，"与伏尔泰弈棋"演变为对于传统文化的反省和对于西方文化霸权批判的交错综合。"伏尔泰"既是鞭策，又是靶子。[3]

对西方文明这种开放性批判态度正反映了九十年代中国知识分子复杂的心理转换和严肃的现实感，它也表明了中国文化问题方位的转移：由对自身传统的启蒙性反思到对现代文明的开放性批判。虽然许江的作品依然围绕"游戏"这一主题，但与八十年代的作品比较，它们完成了这一反题，将历史—逻辑问题推进为文化—现实问题，"游戏"在这里具有了更为深刻的现实性和严肃性。尽管这些作品诚如他的一些善意的朋友批评的那样有些"刻意"和"摆姿态"，但它仍然延续了许江弈棋艺术的内省性气质，更重要的是许江在这些作品中还在努力思索和力图解决另外一个更为扰人的艺术问题，即艺术语言的形态结构与艺术意义及精神表达之间的关系问题：

> 无疑这是一个十分扰人的问题。谁也不能否认视觉艺术语言对于精神的表达、对于观念的转释的过程中的复杂性和局限性……问题不在于是否"语言是存在之家"，而在于什么是视觉艺术语言？……所谓的视觉艺术语言实质上是一个开放的、流变的、不断生成的系统，它的内在的法则是视觉本身，即以特定的看来审视、发现和思

考的基本特性。[4]

正是对"特定的看"，即对视觉语言本质问题的追问，将许江的艺术实验带到了一个更为基本、更为形而上的层面，它超越了对具体历史或现实命题的表述，而开始探究艺术及其文化言说方式的终极目的。1993 年后在以《单手弈》《翻手复手弈》《对手弈》命题的系列作品中，许江以理性主义的姿态对画面的象征符号做了更为简约的处理，而保留了语言上逼真感的陌生化、平面空间的立体化和绘画、雕塑双向度运动等实验特性；棋局似乎被打碎，引退到一种更为抽象的宇宙结构之中（《对手弈·何从何从》《对手弈·时光隧道》《对手弈·黑白乾坤》），只有那些坚韧的手通过棋子，在进行着无望但却不会休止的探寻，"游戏"在这里升华为一种对类似宗教感的渴求，我们或许可以从作者的自述中聆听这种来自视觉领域的理性之声：

> 通过硅胶制成的手、鞋等形成对立互动的双方，当它们被置在一个不明确的底子之上，一个蕴含着冲突和混沌的深度空间之前，就仿佛置身于一片浮空之中。整体脉络的模糊性与

塑模的逼真感，背景的描绘和模具的原生态扭结成一个冲突的整体，在这里，平面和立体的界限清泯了，动势和静态趋向转换，描绘和原生态开始混淆，绘画渐渐隆起，塑模陷入尘烟般的"空"之中，一切在趋向于裂变的同时，趋向于综合。所有这一切之中，最重要的是作为一个视觉主体历经与棋局共进、共退、共同萌生的视觉过程的心理事实。我想说的是：我"在"棋局之中，这就是那个洞穿棋坪的东西，那个蕴含着"真正的生活"的东西。[5]

许江弈棋艺术的历程也许正好应验了赫伊津哈对文化和终极归宿所说的那句话：

> 文化的最终目的必须是形而上的，否则将不成其为文化。

在一种理性价值中，"游戏"或"仪式"不仅可以成为令人沉思冥想的文化主题，而且可以成为使我们的物质价值和精神价值重新恢复和谐和平衡的理想工具，艺术家在这种游戏中获得的将是恒久的价值感、超越感以及由此生发出的持续的道德力量和知识力量，在人类朝气蓬勃的理性主义时代开始的时候，弗兰西斯·培根就以乐观的姿态提到过这种力量：

> 难道不是只有知识，才能清除心灵的困扰吗？世间有多少我们以为不存在的东西实际存在着？又有多少事物被我们过分地推崇和过高地估计了价值？……一个人的心灵能否有幸超越事物的迷惑，居高临下眺望自然秩序和人类的谬误？[6]

1998 年

注释：

[1]原文载《美苑》，1998 年第 5 期，第 33—34 页。标题由主编略做改动，原标题为《超越游戏的艺术》。——编者注

[2]引自许江，《"弈棋"的反思》，载《新美术》，1993 年第 4 期，第 4 页。——编者注

[3]同上。

[4]同上，第 5—6 页。

[5]引自许江，《弈棋学术自述》，载《美苑》，1998 年第 5 期，第 12 页。——编者注

[6]培根，《赞美知识》。

# 大尾象：问题与理想[1]

在中国，严格意义上的"观念艺术"(Idea Art) 出现在九十年代中叶前后，比较其他类型的先锋艺术运动 (如架上绘画)，它的进展似乎缺乏明晰的目标和范式，事实上，它更像是一种没有坐标的运动，力量分散却潜伏着更多的可能性。从技术上看，它已开始广泛使用文本、装置、身体、视像及其他图像媒介，尽其可能地发掘这些媒介在文化、历史、心理、社会和政治方面的意义潜能，从而有效地拓展着中国先锋艺术的社会学和人类学内涵。

也许"观念艺术"在中国的出现缺乏西方那样的艺术史逻辑，而且地区间的发展水平和关注的问题也极不平衡，但这种运动从一开始就十分国际化，这当然不是指它具有更大的风格模仿性，而是指它更加习惯于以国际通行的方式和规则从事艺术工作，并且强调自己所要处理的问题与国际性艺术问题的同步性和有机性；虽然不再保持激进的政治姿态，但这并不意味着它回避和放弃了本土问题，实际上它更强调用一种更为有效和非标本化的方式呈现本土文化矛盾的复杂

性和易变性，从而达到以一种新的政治理解代替旧式意识形态关系的目的。在它看来，中国先锋艺术与它的意识形态现实的狭隘的对抗性关系愈来愈像是一种陷阱，除了为中国先锋艺术获取了一些廉价的国际机会外，并没有真正揭示中国问题中有价值的现实矛盾，更无法赢得中国艺术与国际艺术真正平等交谈的机会。从积极的方面讲，"观念艺术"在中国的出现正是对这种难堪现实进行反思的结果，它表明中国先锋艺术的某种新的人类学意识，从这个意义上看，在国际上渐趋式微的各种"观念主义"反而成为中国先锋艺术富有活力的征兆。

"大尾象"的工作在一定程度上体现着这样一些方向性特征。虽然作为一个观念主义的地方团体，它的成员并没有通常艺术流派和集团在风格和问题逻辑上的一致性，但他们仍认为在他们之间存在着一种神秘的"凝聚力"，如果不将这句话形而上学化，我们大致可以认为这种力量就是在他们之间存在的某种默契的工作态度和理性规则，这种规则既不约束每个人的艺术研究，又为

图 1 《理想住宅标准系列》，林一林，1991 年，青砖、角铁、木板，广州，图片由艺术家提供

图 3 《0 号房》，林一林，1993 年，砖、铁网、斧头，800cm×600cm×360cm，柏林，图片由艺术家提供

图 2 《住器》陈列一，林一林，1992 年，青砖、铁网、卫生泵，180cm×700cm×40cm，广州，图片由艺术家提供

图 4 《墙自己》，林一林，1993 年，砖、塑料袋、水，160cm×400cm×50cm，鹿特丹，图片由艺术家提供

这种研究制造和提供着一种有机的气氛。

我们也许很容易发现"大尾象"的作品与战后一些流行的国际样式间的关联，但意识到这一点与其说使我们对他们的了解更简单不如说更加困难，因为他们总是力图使某种观念性的艺术类型和媒介与他们所要处理的现实问题呈现出一种悖论性的关系。林一林的早期作品至少在材料形态上是"极少主义"（Minimalism）的，如《理想住宅标准系列》（1991 年，图 1）、《住器》（1992年，图 2）、《0 号房》（1993 年，图 3）、《墙自己》（1993 年，图 4），在这些作品中建筑材料自足的空间特质和这些特质的功能转换成为作品的主题，按照作者的说法，在这里"构筑的方式是建筑学上最本分的理解，仅仅是达到作者使各种建材和现成物共处同一空间的做法。这样，简化就成为构筑的方法"，而《墙自己》最能说明这一时期作品的这种自治特性。从《100 块和 1000 块》（1993 年，图 5）、《1000 块的结果》（1994 年，图 6）开始，林一林作品的意义结构明显地发生了变化，处于"极少"状态的砖墙似乎

图 5 《100 块和 1000 块》，林一林，1993 年，行为，50 分钟，广州，图片由艺术家提供

图 7 《安全渡过林和路》，林一林，1995 年，行为，90 分钟，广州，图片由艺术家提

图 6 《1000 块的结果》，林一林，1994 年，青砖、纸币、身，300cm×200cm×50cm，广州，图片由艺术家提供

图 8 《驱动器》，林一林，1996 年，行为，4 天，香港，图片由艺术家提供

成了他为自己设置的逻辑陷阱，他不断以行为、身体、过程等方式向物质材料的这种静态的自治性发起挑战，从而使它们能自动进入到一种社会和政治语态之中。《安全渡过林和路》（1995 年，图 7）既是对某种既定的社会规则的挑衅和测试，又呈现了这种规则与艺术行为间紧张而又开放的矛盾关系；而《驱动器》（1996 年，图 8）更是直接将"香港政治"这一超地域的敏感的意识形态话题有机地导入自己的艺术语境，从而彻底改变了作品抽象和冷峻的极少主义方向。徐

坦的作品几乎都是文字、图像、装置和过程艺术的复杂组合，但他却一直努力地使自己成为一个反形式主义者，甚至反观念主义者，这一点不仅表现在他使用材料的随意性上，而且表现在他对观念主义的戏谑姿态，他说："我的愿望是，如果我还能找到哪一样东西不是艺术，我一定赶快去做，但很不幸，就是找不到这个东西。"显然，这种对杜桑式观念主义逻辑的反讽不仅表达了一种超越观念主义的愿望，也确定了他自己某种反逻辑的工作方式。他的作品涉及的问题甚至比

图9 《进入计划》，梁钜辉，1991年，装置作品，广州，图片由余国庆、博尔赫斯书店艺术机构梁钜辉纪念室提供

图11 《第二度空间》，梁钜辉，1994年，装置作品，广州，图片由余国庆、博尔赫斯书店艺术机构梁钜辉纪念室提供

图10 《行·萌生的胚胎》，梁钜辉，1992年，装置作品，广东省电视大学，图片由余国庆、博尔赫斯书店艺术机构梁钜辉纪念室提供

图12-1 《空》，梁钜辉，1994年，行为装置，广州，图片由余国庆、博尔赫斯书店艺术机构梁钜辉纪念室提供

他使用的媒材更为丰富：从性隐喻到国际政治，从人类的权力关系到大众文化……从关注概念（语言）世界与视觉经验世界关系的角度看，徐坦的作品始终具有"概念主义"（Conceptualism）的痕迹，但他又力图使"概念"摆脱科瑟斯（Joseph Kosuth）式封闭的语言逻辑范畴而进入社会、政治和地缘的现实情境之中。《新秩序》（1994年）、《问题》（又名《二十立方土》，1996年）讨论了包括文化权力关系、国家地缘政治、法律思想体系所构成的复杂的网络环境，这些作品对

汉斯·哈克（Hans Haacke）的某些社会系统方法和博伊斯（Joseph Beuys）的艺术扩展观念进行了新的文化诠释，表达了他一直申诉的一种政治理想：中国当代艺术必须保持对人类共通问题发言的资格和权利。陈劭雄的作品一直具有较强的理论实验的色彩，他的早期作品处理的主题接近于卡瓦拉（On Kawara）和达尔薄文（Hanne Darboven），主要探讨时间的可切割性及它在特定的社会机制和视觉环境中发生意义的可能性，《七天的沉寂》（1991年）、《耗电72个半

图 12-2 《空》，梁钜辉，1994 年，行为装置，广州，图片由张海儿拍摄，余国庆、博尔赫斯书店艺术机构梁钜辉纪念室提供

图 13 《浴缸里的金鱼》，梁钜辉，1994 年，装置，广州，图片由余国庆、博尔赫斯书店艺术机构梁钜辉纪念室提供

图 14 《乐园》，梁钜辉，1994 年，装置，广州，图片由余国庆、博尔赫斯书店艺术机构梁钜辉纪念室提供

图 15 《数字游戏》，梁钜辉，1996 年，行为装置，广州，图片由余国庆、博尔赫斯书店艺术机构梁钜辉纪念室提供

小时》（1992 年）、《5 小时》（1993 年）都是这类分析性的作品。1996 年后陈劭雄的工作方案明显开始具有某种综合性特征，这种方案被他自己称为"视力矫正"，其特征是："以录像装置的形式探讨大脑的视觉神经系统通过接受'视力矫正'而对外部信息（图像）的感知问题，试图对人的意识结构进行肢解。……此方案尝试彻底消除所有的视觉经验，并反对观念艺术的统治，从而将艺术的工作局限于没有结果的视觉实验——视力矫正。"陈劭雄后来的作品如《视力矫正器》和《视力矫正器》Ⅱ、Ⅲ、Ⅴ、Ⅵ（1996—1998 年）、《风景》（1996 年）、《街景》（1997—1998 年）正是从这样的问题向度出发，将"视力矫正"这一中立的生物学实验延伸为对社会伦理、文化环境、意识形态关系的某种批判态度。他的作品对观念主义日益抽象化和技术化的倾向提出警示，力图使它们重新回到人文性和现实性的起点。用他

自己的话说，他的兴趣主要是在真实世界、图像世界和语言世界确定一种新的"观看方式"和"观看方位"，这种对西方艺术史的主动修正态度也呈现了中国当代艺术中一种富有活力的状态。当梁钜辉不断以某种"工艺"方式复制和装饰我们的"庸俗现实"时［《进入计划》（图 9）、《行·萌生的胚胎》（图 10）、《第二度空间》（图 11）、《空》（图 12）、《浴缸里的金鱼》（图 13）、《乐园》（图 14）、《数字游戏》（图 15）、《游戏通道》（图 16）］，他要做的事似乎是杜桑（Marcel Duchamp）问题和沃霍尔（Andy Warhol）问题的某种综合，但很显然他的工作并不在重复使非艺术品成为艺术的过程，也不在使现实沉沦于它的"庸俗状态"。他的作品经常有一种悬念的能力，有一种寓言感，这一点又非常接近杰夫·昆斯（Jeff Koons），只不过他的那些精致制作的动机并不在于使奢华而糜烂的物质呈现出自我异化的状态，

图 16 《游戏通道》，梁钜辉，1997 年，装置，荷兰布雷达，图片由余国庆、博尔赫斯书店艺术机构梁钜辉纪念室提供

图 17 《游戏一小时》，梁钜辉，1996 年，行为装置，图片由余国庆、博尔赫斯书店艺术机构梁钜辉纪念室提供

而是提示我们的消费文化对私人领域潜在和公开的侵犯、影响和压迫，他不仅通过某件具体作品而且通过营造一个有机空间去呈现公共空间与私人空间的紧张关系，以此探讨消费制度的文化专制特性，如《游戏一小时》（1996 年，图 17）中他将自己悬吊在建筑工地的垂直升降机中，然后，"进行 1 小时疯狂式电子游戏活动"，以此体验人在消费制度中心甘情愿的"被动状态"。很显然，这种姿态有很强的实证批判色彩，完全不同于国内正在流行的所谓"艳俗""卡通"之类对大众消费文化的犬儒态度。

同"大尾象"这个古怪的虚拟名词一样，我们很难从语言和概念上完全弄懂这个在中国南方存在了近八年的艺术团体，它在广州营造了一种范围窄小但影响独特的艺术气氛，成为九十年代中国观念艺术运动史中不可或缺的一章，而他们现在面临的挑战或许是在日益纷繁的各种国际机会中保持自己独立的工作逻辑、工作方式和健康的工作态度。

1998 年

注释：

[1]原文载《大尾象》（Big-Tail Elephant），伯尔尼：伯尔尼美术馆，1998 年，第 62—65 页。本文摘自《没有坐标的运动：中国观念艺术十年》。——编者注

# "在视觉的深度中去推进……"[1]
## ——我看张小涛的近作

从 1996 年到 1999 年初两年间，我曾三次看过张小涛的作品，三次风格迥然不同。1996 年 5 月在重庆的"个人经验展"上，张小涛的作品基本上是马克斯·贝克曼（Max Beckmann）式的表现主义风的中国版本，作品画得很帅，也很老成，和他本人略显腼腆的性格有些不符。1997 年我去成都，张小涛已任教于西南交通大学，在他的画室中我见到的是被他称为《蜜语婚纱》系列的那批画。很明显，他的作品已经由一种风格化的方式进入一种观念化思考的过程，这批作品在语言上也有了更多个性化的东西，但由于所处理的图像和图像方式过分接近同期流行的"艳俗""卡通"之类的时尚，反而从另一个方向上减弱了他的个性化创造的努力。今年初，我因看"视觉的力量"展再去成都，使我惊讶的是张小涛又画出了一批称作《快乐时光》（图 1）的作品，正是这批作品彻底改变了我对张小涛艺术的印象。

在"视觉的力量"展中，我将张小涛归入"充分发掘图像自身的异在潜能，调动、篡改和深化图像的文本属性和意义类型，进而建立新的视觉叙述模式"的那类艺术家，这种归类的依据也正是这批作品。很显然，张小涛这批作品的基本语言结构仍是新表现主义的，尤其接近西格玛·波尔克（Sigmar Polke）、戴维·萨利

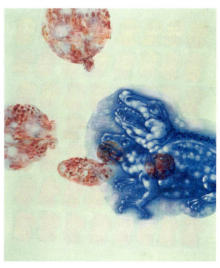

图 1-1 《快乐时光——幻听》，张小涛，1998 年，亚麻油彩，135cm×115cm，图片由艺术家提供

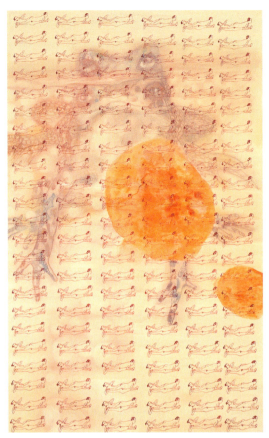

图 1-2 《快乐时光 —— 悬浮》，张小涛，1999 年，亚麻油彩，240cm×150cm，图片由艺术家提供

图 2 《蜜语婚纱》，张小涛，1997 年，亚麻油彩，180cm×150cm，图片由艺术家提供

(David Salla) 和马丁·基彭贝格尔 (Martin Kippenberger) 这类新表现主义传统。这批作品采取了异质混成的图像处理手法和绘制技巧，这种手法虽然在《蜜语婚纱》(图 2) 中就已采用，但是在《快乐时光》中，这种手法才真正获得了某种极富表现力的视觉效果和历史张力。在《快乐时光》中，意义类型上相异甚至相斥的各种视觉图像以一种非有机的方式混杂于画面：史前的怪兽、春宫版画、婚纱人物、各种水族动物，

甚至马克·夏加尔 (Marc Chagall) 式的精灵构成了一种生态学、人类学和民俗学上的离奇的隐喻效果，在特定的视觉方式中每一种图像资源都远离了它的语言环境，而进入一种由作者设定的意义组合之中，在多半是油彩平涂的"轻佻色彩"的底衬上，春宫图像的波普方式的复数排列，青花瓷器的写意性绘制手法和表现性的造型空间、多层次透明画法进行着一种难以置信的排列，为作品营造了一种深度化的综合性的气氛。

对异质图像和手法的混合运用应该说源于罗伯特·劳申伯格 (Robert Rauschenberg) 式的波普方式。在波普艺术中，使用这种手法主要在于制造一种现成性的和非意义化的图像结构，而在波尔克和萨

利新表现主义绘画中，异质混成明显地具有某种社会学上的象征寓意。如萨利作品中某些十分抽象的视觉因素，像耳朵、裸体，和某些异质的图像文本，像矿工和钻石、色情与神话都具极强的戏拟色彩和隐喻性，阿纳森（H. H. Arnason）称萨利："以令人惊叹的明确和文采表达一个酸楚的、支离破碎的世纪末时代。"我想，张小涛在作品中使用的这种新表现主义的视觉方式也在于制造一种视觉上的隐喻感，一方面他利用古代和当今的流俗图像，另一方面他又极力使它们摆脱"平面化"的叙述逻辑，使它们进入一种矛盾的戏拟的状态之中，从而提示出新的社会化的语义。在他的画面中，历史与当下、优雅与流俗、超验的与感官的各种视觉因素之间的离奇配置和组合构成了内省和分析的气质，它们是视觉化的而非图解性的，是荒谬的但却不是非理性的，它们所有的目的也许都在于建立一种新的视觉反思逻辑："我感兴趣的是对传统的误读和对当代浅表生活的误读，把传统和当代作为一种资源和符号来消费，在语言和课题上相互悖谬。这种荒谬的错位感，特别是对莫名其妙的水渍和血渍蚀剂、破坏感的符号的选择，更能表达我的长期思考，在古往今来的肤浅而快乐的浅表化生活中，其实我们正遭受着无影无形的浸蚀和伤害……把苦难与伤害化解成美丽的图像，浸蚀得如此芬香动人，这才是我想在画面中所要表达的意义。在视觉的深度中去推进！"[2]

九十年代是一个图像制作极度丰富的时代，同时也是一个权力和机会支配控制图像的时代，是一个对图像进行了大量通俗社会学和工具论解释的时代，各种流行的图像样式要么是对旧有意识形态的图解式"反抗"，要么是对民俗志传统的矫饰式赎买，这使中国当代艺术的图像创造愈来愈远离它应有的目标——视觉力的创造。在九十年代末，我们乐观地看到一批更为年轻的艺术家开始重新对艺术的功能和价值进行定位，他们要求图像摆脱对伪文化、伪社会和伪政治命题的功能性依附，要求以一种非潮流、非主题、非观念化的态度从事独立的图像创作，我将这一动向称作"视觉自治"或"视觉的力量"，它是对权力至上、功能至上的艺术生态环境的一种批判性的反应。在张小涛的作品中，在我与他的交谈和通信中，在他自己撰写的一些文字中，我都明显地感受到了这种诉求，他将自己的创作称为建立"个人话语方式"，他和我一样对那些趋炎附势的潮流集体主义和权力窥视者嗤之以鼻。正是在他和他那些创作伙伴身上，我看到了恢复中国当代艺术独立性的一种力量。

1999 年

注释：

[1]原文载《江苏画刊》，1999 年第 6 期，南京：江苏美术出版社，第 20、27 页。——编者注

[2]张小涛，《美丽动人的浸蚀 ——时代之中的个人话语方式》，载 *Musik-, Tanz-und Kunstteraphie*，1999 年第 2 期，第 86—88 页。

# 王广义：一种文化的乌托邦[1]

王广义的作品在中国当代艺术中一直占有某种特殊的位置，这种位置是由他自身的矛盾性构成的。虽然那些以《大批判》命名的作品几乎再也唤不起我们的视觉惊奇，但无可否认，那些图像——确切地讲是那些图像的处理方式，曾经十分准确地传达出我们这个时代各种矛盾的经验：从莫名的信仰到愤怒的解构，从英雄主义的气概到消费主义的时尚噱头……他喜欢不断创造视觉悬念，又在人们来不及猜到谜底时将它们打破，对于艺术史而言，他属于那种充满力量但又无法捉摸的艺术家。

二十世纪八十年代王广义曾经是一个标准的文化乌托邦主义者，他曾相信一种健康、理性和强有力的文明可以拯救丧失信仰的文化。他早期的作品如《凝固的北方极地》系列也的确达到了他幻想中的这种文明的风格：富于秩序，冷峻和简练。然而，这种理想化的风格很快就被一种强烈的分析性图像所代替，在《后古典》系列、《黑色理性》、《被工业快干漆覆盖的名画》（图 1）中，古典艺术、经典文本成为分析的对象，

产生这些图像的理念后来被他归纳为"清理人文热情"，我们可以将它理解为他希望在抽象空泛的激荡热情和冷峻理性的现实批判态度之间保持某种紧张感，照他自己的话说：一种缺乏实证批判的艺术是不会产生力量的。当然，真正为王广义获得艺术史声誉的是九十年代的作品《大批判》。在《大批判》中王广义似乎真正找到了一种具有"实证力量的图像方式"，他放弃了一切完善语言和风格的努力，直接将两种完全异质的图像——"文革"式的政治招贴和消费广告并置在画面中，这种方式更像是一场风格的赌

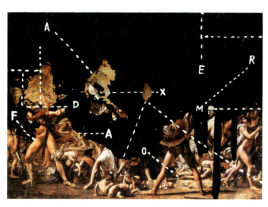

图 1 《被工业快干漆覆盖的名画》之一，王广义，1989 年，综合材料，20cm×16cm，图片由艺术家提供

图2 《24小时食物的变质过程》，王广义，1997年，装置，有机玻璃、水、水果以及图片等，可变，图片由艺术家提供

图3 《两种政治体制下的关于食品保质观念的异同》，王广义，1996年，装置，中国官方出版的关于卫生法的宣传图片、石块、泥土、欧洲食品等，可变，图片由艺术家提供

注，它以矛盾的态度叙述了在消费时代中，文化所面临的真空状态。1993年后王广义陆续创作了《东欧风景》《VISA》《毒品》和《卫生检疫：所有食品都可能是有毒的》，在这些装置形态的作品中他所制造的危机感由文化领域转移到国际政治、心理和社会学领域。1997年王广义采用蔬菜、水果、货架和卫生检疫招贴等现成品完成了《卫生检疫：所有食品都可能是有毒的》、《24小时食物的变质过程》（图2）、《两种政治体制下的关于食品保质观念的异同》（图3），以社会心理、意识形态、历史等角度研究后冷战时期在我们的观念和心理投下的阴影，这组作品也成为他向新的艺术问题和过程转向的过渡。

以2002年创作《唯物主义时代》（2000年"社会：上河美术馆第二届学术邀请展"，成都上河美术馆）为标志，王广义进入了某种新的维度，在接下来的《基础教育》（图4）、《唯物主义者》（图5）、《一份报

图4 《基础教育》，王广义，2001年，装置，20世纪60年代中国出版之反战宣传画一套、施工铁架、军用铁锹等，可变，图片由艺术家提供

图5 《唯物主义者》，王广义，2001—2002年，雕塑，玻璃钢、小米，约180cm×120cm×60cm，图片由艺术家提供

纸的历史》（图6）中，他以旧式意识形态时代的各种物质和精神产品呈现物质世界、社会体制和意识形态记忆对我们的社会心理实现产生的持续影响。2001年王广义为"第四届深圳当代雕塑艺术展"提供的两套方案，同样源于他对社会主义意识形态的历史和精神发展史关系的兴趣。第一套方案《劳动者纪念碑》（或名《自然的力量》）的灵感来自街头印有广告的废旧水泥预制板，这套方案计划在坝场翻制20块印有20年来深圳华侨城劳动模范和死伤劳工姓名的水泥预制板，然后罩上有机玻璃罩，使每块预制板都具有另类纪念碑的意义，以探讨和表达"在一片完美的人生风景背后的某些东西或'关系'"。这件作品暗含着在王广义作品中政治—消费、东方—西方这类二分逻辑开始被一种更为复杂的现实生产关系和文化逻辑关系所代替。在《劳动者纪念碑》中他

图6 《一份报纸的历史》，王广义，2002年，装置，铁制的信报箱、报纸、印刷品等，可变，图片由艺术家提供

直接复制和挪用了传统劳动者纪念雕像，通过安置玻璃罩柜，使这种在中国人记忆中十分熟悉的形象产生了一种疏离和异化的视觉效果，提示人们在一个消费主义的现场重新关注"劳动"和"劳动者"的含义。如果说八十年代王广义是一个传统意义上的文化乌托邦者，九十年代初他用波普主义的因果方式消解启蒙时代的理性神话并代之以一种文化反讽态度，那么，以新世纪开始的

《唯物主义》系列中，他开始将意识形态时代的文化记忆、精神遗产与物质主义时代的物欲置于一种更为复杂的文化逻辑关系之中，他以观念主义的方式记录了一个充分物质化的社会中某种残存的英雄主义幻觉及其没落，在这种新的问题维度中，我认为他潜藏着某种更为复杂的文化乌托邦情结。

2001 年

注释:

[1]原文载何香凝美术馆编，《图像就是力量 —— 王广义、张晓刚和方力钧的艺术》，长沙: 湖南美术出版社，2002 年，第 220 页。另载《东方艺术》，2007 年第 3 期，第 147—153 页。刊发时标题为《一种文化的乌托邦》。——编者注

# 《文化翻译：谷文达〈碑林—唐诗后著〉》序[1]

谷文达是中国当代最具代表性和影响力的海外艺术家之一。二十世纪八十年代他是中国"八五"现代艺术运动的代表艺术家，其活动及作品以本土文化反省为主题，成为中国现代艺术的重要章节。九十年代他赴美国后创作了《联合国》等一大批以国际政治、文化为主题的作品，气势恢宏，蜚声海内外。《碑林—唐诗后著》是艺术家从 1993 年开始构思创作，至 2004 年在西安的碑林工作室完成的一组大型装置作品，历时 12 年。作品以 50 块中国传统碑石为媒材，以 50 首唐诗的中英对译文本为碑文内容，通过语言轮番转译过程的"不精确性"，论证文化间的"不可翻译性"，揭示当代人类文化全球化过程发生的种种困境和问题，作品具有艺术家惯有的历史感和史诗性气质。《联合国》和《碑林—唐诗后著》堪称谷文达艺术的双璧。

翻译是人类交流的最基本手段，中国文化在其所经历的数千年文明史中，完成过两次大规模的与外文化的交流，而这两次交流都是以文献翻译为基础的。第一次是古代东方中印两大文明的交流，以公元一世纪东汉王朝开始、迄公元八世纪而达高潮的佛学翻译为标志；另一次则是自近代"西学东渐"开始，迄今还在进行的中西文化交流，而这个交流的起点被学者们认定为 1811 年伦敦会传教士马礼逊（Robert Morrison）在广州出版的第一本中文西书。与第一次交流比较，在中西交流中，中国文化一直处于某种被动接受的境地，西方汉学（Sinology）中"冲突—反应"模式长期为西方学者接受从一个侧面说明了这一现实，而这一现实在经济日益全球化的今天尤显突出。谷文达是一位受传统文化浸染极深的艺术家，二十世纪参与中国现代艺术运动和移民西方的经历，都使他对当代文化交流中的种种复杂现实有着更为敏锐和深刻的认识，这一方面形成了艺术家对西方和母语文化双重的批判意识，另一方面又表现为对重建母语文化强烈的责任感，在《碑林—唐诗后著》中，艺术家以当代艺术中惯用的反讽手法完成了对当代文化交流现实的一次视觉再现。

《碑林—唐诗后著》完成后只在澳大利

亚、美国和中国香港地区进行过零散展出。这次展览是这组作品在海内外的第一次完整展出，同时，它也是 OCAT 这个中国国家级当代艺术机构自成立以来举办的第一个个展。展览以"文化翻译"为题，一方面点明作品的文化意寓，另一方面以此为契机引申出文化界、艺术史界、艺术批评界对这一命题的学术关注，本书收集的中外著名学者的论文和展览期间召开的"翻译与视觉文化"国际研讨会使展览的价值远远超出了我们的预期。

2005 年 8 月 31 日

注释：

[1]原文载黄专主编，《文化翻译：谷文达〈碑林一唐诗后著〉》，广州：岭南美术出版社，2005 年，第 13—14 页。——编者注

# "涂画的觉醒——王川油彩近作展"前言

王川的艺术有一个不变的主题,那就是:有还是无。用道家和儒家语说是庙堂还是山林;用佛家语说是空还是非空;用基督教语说是灵魂还是肉身。总之,他的艺术探讨的就是这类大问题,或者说根本的问题。当年丰子恺说他的老师弘一的出家"不是'走投无路入空门'的,是为了人生根本问题而做和尚的",王川的艺术也应归于这类。艺术本是一件世俗之事、感性之事、此岸世界之事,但王川总试图用自己的方式将它变成一件超验之事、理性之事、彼岸世界之事,从这一点看他很接近于卡拉瓦乔(Caravaggio)、贝尔尼尼(Gian Lorenzo Bernini)或是王微、王维这类相信艺术有"神示"作用或"畅神"功能的艺术家,只不过他的艺术经历表明:他更热衷于在与世俗欲望永无休止的牵扯、抗争和博弈中展开宗教的沉思,他与死亡有关的经历使这一点变得更加触目惊心。海德格尔在"世界图像的时代"中称我们这个时代是一个制造"世界图像"的时代,"弃神"是它的特征之一:"'弃神'这个表述的意思并不是彻底把神消除掉,

并不是粗暴的无神论。……弃神乃是对于上帝和诸神的无决断状态……弃神并没有消除宗教虔信,而毋宁说,唯通过弃神,与诸神的关系才转化为宗教的体验。"艺术只有作为一种体验、作为一种沉思和追问才能成为真正意义上的当代表达。考虑到由现代性产生的无神论和科学主义现实,在我们的艺术中恢复人文性的努力理当包括这类宗教沉思和超验追问的内容,在我看来,王川的艺术也正是因为具有这类内容才显得格外单纯和透彻。

2002年10月12日在尼泊尔波卡拉鱼尾峰闭关的王川给在北京治病的我寄来一封信,其中有这样一段表述可以作为他艺术的阐释:

> 尼泊尔之行,这种经验一直潜伏在我的身体内部,我被开示:一个健康的人一直是往未来走的,无常也是确定的;但一个患了绝症、死过多次的人是反过来走的……这是一种证悟之旅,它了脱生死、充满智性……开始的时候什么都不会来,中间的时候什么都留

不住，最后的时候什么都会在。我们用生命能量闯关，闯一关就是一个层次，体悟的事竟然如此不同：生命并不重要，重要的是我们如何赋予它意义！

我想，在中国艺术界王川是离上帝最近的人，如果我们把上帝看成能够真正赋予我们平凡人生和欲望肉身以意义的东西。

2006 年 5 月 2 日

# 《点穴: 隋建国的艺术》序[1]

隋建国是中国最重要的当代艺术家之一, 也是在观念主义方向上走得最远的中国雕塑家。在整整二十年的时间中, 他的工作志具有个人实验的意义, 而由于他的特殊地位和影响, 这种实验在某种程度上又可视为中国雕塑界在这个巨变时代的一种标志。

隋建国的艺术历史经历了现代主义 (1987—1989 年)、材料观念主义 (1990—1996 年) 和视觉文化研究 (1997—2007 年) 三个时期。第一时期时逢二十世纪八十年代中国现代艺术运动的高潮期, 这一时期以《平衡》《失重》和《卫生肖像》(图 1) 三个系列为代表, 突出了他运用各种现代主义雕塑语言进行 "自我" "生命意义" 的哲理陈述和反省, 挑战对象主要是古典主义学院传统。

九十年代初随着中国文化巨大转型期的到来, 他调整了自己的艺术问题与方向, 开始把本土性的材料实验与观念主义的创作方法有机融入他的工作, 代表作品有《地罣》(图 2)、《闭锁记忆》、《沉积的记忆》系列、《碑林》(图 3)、《记忆空间》(图 4)、《庆典》、《开发计划》、《沉积与断层》(1995 年) 直到 1996 年的《殛》(图 5)。他对雕塑艺术中观念、行为、时间诸要素的把握, 尤其是对不同材料物质性能的转换构成了这一时期作

图 1 《卫生肖像》系列, 隋建国, 1989 年, 石膏、木, 高 40cm, 图片由艺术家提供

图 2 《地罣》, 隋建国, 1992—1994 年, 天然卵石、钢筋焊接, 70cm×40cm×50cm×26, 图片由艺术家提供

图 3 《碑林》(石膏模型), 隋建国, 1992 年, 石膏、铁, 高 40cm, 图片由艺术家提供

图4 《记忆空间》，隋建国，1994年，枕木、铁，250cm×450cm×60cm，图片由艺术家提供

图5 《殛——欢乐英雄》，隋建国，1996年，工业橡胶、枕木，1200cm×700cm×80cm，图片由艺术家提供

图6 《衣钵》，隋建国，1997年，玻璃钢喷漆，240cm×160cm×130cm，图片由艺术家提供

品极具震撼力的视觉效果。在延续了以组合现成材料传递心理经验和文化经验的逻辑方法的基础上，这一时期的作品还强化了材料间的侵入性和互动性，将工作程序和技术过程的残酷性作为一种观念手段，从而极大扩张了雕塑这一艺术门类概念。文化、历史甚至各种当下问题虽然已进入他的视野，但对这些问题的探求还是在如何完成本土性材料的观念主义实验这一前提下进行的，这一时期主要挑战对象是各种现代主义材料语言和方式，以及如何在这种挑战中形成一个当代艺术家所必须具备的独特气质和方法。

以1997年的《衣钵》（《中山装》，图6）和1999年的《中国制造》（《恐龙》，图7）为标志，隋建国真正将自己的艺术推进到一个无法用雕塑限定的疆域，这一突变过程也使他完成了由一个优秀的雕塑家向一个杰出的当代艺术家的身份转换。在这一时期中，他将自己的视野和工作性质定位为对视觉文化的结构性、全景性的考察，他对中国当代视觉文化的历史神话来源（《衣钵》，1997；《睡觉的毛主席》，2002年）、政治仪式符号（《底座研究》，2003年）、日常空间与神圣空间以及在这些结构性关系中显现

图7 《中国制造》，隋建国，1999 年，
玻璃钢涂漆，320cm×430cm×170cm，
图片由艺术家提供

图9-1 《张江艺术摆渡车》，隋建国，2006 年，改装巴士、雕塑模型，
图片由艺术家提供

图8 《衣纹研究——垂死的奴隶》，隋建国，1998 年，玻璃钢喷漆，
230cm×80cm×80cm，图片由艺术家提供

图9-2 《张江艺术摆渡车》说明，图片由艺术家提供

的意识形态方式投入了极大的研究兴趣，他的课题还包括现代化话语下中西跨文化交通的诡异性（《衣纹研究》，1998 年，图8）、中国作为"世界加工厂"的地位和代价（《中国制造》，1999 年）、消费文化对塑造中国人精神人格和世界的价值重估（《再搅伴—行走》，2001 年；《张江艺术摆渡车》，2006 年，图9）、对地产开发中的明星效应的反讽（《新掷铁饼者》，2005 年）。这些工作摆脱了中国当代艺术在处理这些问题时的常有的图解态度，从而使这些问题具有历史分析的色彩，而在空间与体量的实验中，"雕塑"已成为一个无限扩展和不断移动的艺术概念。在最近的作品《大提速》（2007 年）中雕塑的疆界甚至延伸到视觉影像的领地，而《偏离 17.5 度》（图10）成为艺术家最大规模的一件公共艺术作品。它涉及公共与私人、艺术与资本、空间与时间，甚至生命与

图 10 《偏离 17.5 度》，2007 年至今，耐候钢，120cm×120cm×620cm（吴淞高程海拔）

死亡这一系列更为复杂的多维课题。

　　隋建国是一位具有强烈知识分子气质的中国艺术家，这不仅指他作品中不时流露出批判立场和道德良心，更指他善于在中国本土的知识谱系和文化经络中寻找问题和解决问题的途径与方式，这一点尤其体现在近十年来他以自己的独特方式所进行的视觉文化研究中。视觉文化研究把各种视觉图像或符号聚焦为一种意义生产的历史过程，

"视觉文化的主要任务之一是去理解这些复杂的图像是如何汇聚在一起的"（尼古拉斯·米尔佐夫），从而对视觉权力、视觉快感及各种视觉现象间的建构性关系进行显现和说明。这一过程类似中国传统观念中的"切脉"和"点穴"：面对一个庞杂的经络系统，只有对其整体结构谙熟于心，才能指随心运、命中穴道。

2007 年 6 月 28 日

注释：

[1]原文载黄专主编，《点穴：隋建国的艺术》，广州：岭南美术出版社，2007 年，第 11—13 页。——编者注

# 持伞之手：
# 方少华新表现主义绘画的精神和语言特质[1]

方少华的绘画才华几乎是天赋的，这不仅指他对复杂绘画技法的驾轻就熟，也指他对画面表现良好的控制能力和直觉感悟。

二十世纪八十年代中期刚刚大学毕业，他就成为"八五新潮美术运动"中湖北地区的现代艺术团体"部落·部落"的重要成员，并以一种德库宁式的粗放而敏感的表现性画风崭露头角。在九十年代初"湖北波普"的画风中，他又显示了在表现性语言中运用历史语汇和波普图像的高超技巧，批评家严善錞评价他这一时期的代表作、参加"广州·首届九十年代艺术双年展"的《八面来风》时提到："以趣味主义的眼光，从古代的风水图和现代的地理图中提取符号和色彩，将其组合成具有波普艺术特征的画面，富有韵律的白色风向示意线和清新雅丽的色彩给人以一种轻松之感。"[2] 这幅作品在某种意义上可以视作他艺术方向上的路标：他可以沿着趣味主义、形式主义的道路成为一个优秀的表现主义画家，也可像大多同行一样运用波

普主义图像在当时的艺术竞争中获得一席之地。但后来的事实表明，他选择了一条独特的中国式的新表现主义的道路。

作为德国精神复兴的重要内容，战后德国新表现主义的兴起曾深深影响了几代德国人，正是它将追求纯粹个体精神的表现主义发展成一种对自然、民族、国家、社会、历史进行深刻反省的绘画潮流，它表明，新表现主义既具有独立的艺术史意义，又是一种新型的人道主义。在中国，表现主义绘画一直是八十年代以来的现代主义运动的重要内容，但却从来没有真正形成一种具有独立精神品质和深刻思想内容的思潮，九十年代后中国表现主义绘画甚至开始逐渐沦为一种矫饰主义的形式技法，我们可以在这种背景中来观察方少华的作品。

记得 1994 年我在一篇谈论湖北艺术家的文章中这样评价过那一时期方少华的新表现主义绘画："方少华似乎重新恢复了他擅长的表现性绘画，不过工作态度与方式稍

有变化。一方面他选择了古建筑和现代空间节奏的张力对比,改变了表现主义语言纯粹个性和内省性的隐喻传统,提升了表现性语言的文化想象力,这点颇接近战后在德国出现的新表现主义;另一方面厚涂法加重了画面的表观力度,色调更加单纯、凝重,富有历史感。"[3] 这一时期的代表作品是 1996 年参加"首届当代艺术学术邀请展"的《防潮》系列(图1,这一系列的作品几乎延续了五年),在这组作品中,他将迁徙到广州后个人生理、心理的感官体验与同期发生的"香港回归""金融危机"等重大政治、经济事件置于一种复杂的历史框架中进行表现,从此形成了一种成熟的独特的新表现绘画风格,这种风格通常流露出一种基弗式的凝重气质。纪念碑性质的朱红色古建筑门廊与零乱、灰暗、涂鸦式的现代空间形成一种巨大的时间落差,自由洒脱的笔触、单纯沉着的色调,尤其是天际上永远悬浮的那只持伞的手都赋予作品一种启示录性质的寓言效果,在这些作品中,历史遗产、社会、性等视觉元素常常呈现出一种混乱而非图解化的配置状态,仿佛是对一个缺乏方向感社会的视觉质询。

方少华不习惯用语言表述自己的艺术,在为数不多的几篇谈论自己绘画的文字中他的表述也几乎都是直觉性的,类似于禅语,例如他谈到过"骨化现象":"紫外线太强时涂抗皱美容霜会导致骨化现象。……我的生活经验告诉我,紫外线太强时会晒得男人黑得更像男人,涂了抗皱美容霜后女人嫩得更像女人,而导致的骨化现象不知道是不是我所理解的那样,可以用'坚挺'来形容,如果是这样的话,骨化现象就太令人向往了。……我唯一不敢说有绝对把握的就是骨化现象了,不知道'骨化'是不是让人更硬,也不知道硬的部位到底在哪里,会不会是指精气神硬朗,也就是有骨气。抑或是指缘木求鱼,食古不化呢?会不会指只有身体的某一部位硬呢?那样的话,倒也不错。怕就怕是全身心都发硬,那就是一件挺吓人的事情了。"[4] 如果要在这种非理论的表述和他的画面意义间建立某种联系,我们也许可以说这是一种希望在自然现象与历史记忆、生理欲望与社会表情间建立某种同构感的尝试,艺术家也许无心对这些视觉符号做出明确的道德判断,但它总能通过那些极富表现力的笔触和色块传达某种紧张感,极具悖论性

图1 《防潮——回声》，方少华，2000年，布面油彩，183cm×238cm，图片由艺术家提供

图2 《保护好身体》，方少华，2000年，布面油彩，173cm×256cm，图片由艺术家提供

图3 《喜马拉雅的紫外线强度》，方少华，2002年，布面油彩，183cm×238cm，图片由艺术家提供

的是：这种紧张感往往来源于艺术家十分轻松甚至略带调侃的态度。在方少华的作品中还有两个稳定的视觉符号"雨"和"伞"，像谈论"骨化"一样，艺术家也使用了跳跃性的语言来谈论这两种几乎在他的所有画面中都必然出现的图像元素："我实在是喜欢伞。有了伞，我们可以于瓢泼大雨中跋涉时如于闲庭中信步，有了伞，我们可以让女人躲开紫外线肆无忌惮的照射而永葆青春美白；有了伞，天无所谓荒与不荒，地无所谓老与不老，沧海桑田，袖里乾坤，伞可以只手遮天。这么好的东西，我实在想不出有谁会不喜欢？于是，我对佛说'我不下地狱谁下地狱'？有了更深层次的理解，我不媚俗谁媚俗？"[5] 在这里，艺术家为"持伞之手"赋予了某种宗教性能，同时又在"雨""阳光"和"伞"之间设定了某种喻言性关系，而所有这些几乎毫不相关的图像元素成了我们理解他作品意象的关键词。在《离合器》、《保护好身体》（图2）、《喜马拉雅的紫外线强度》（图3）、《骨化现象》、《人有兽性，兽有人性》、《禁止裸体淋雨》、《一首用图像组成的爱情歌词》和更具自传色彩的作品《自画像——吞服风湿丸的表情》中，"骨化""雨""伞"的图像意象往往是飘忽不定的，无论是极度官能性的描述，还是对自然历史的想象，这些图像都能给我们一些直觉性体悟，这正反映了新表现主义绘画的意义特质：新表现主义并不需要制造意义，因为"表现"本身就是一种意义，一如批评家特奥·克诺比勒（Theo Kneubuhler）评价巴塞里兹时所言："绘画是除它本身以外与其他事物毫无联系的一个独立的、受制的感觉实体，所以我们必须将它看作世界的一部分，而不是有关世界的文本或评论。"[6]

值得讨论的还有方少华的一批"变体

画"近作,"变体画"即对经典作品的改画,是印象派以来各种现代绘画和观念艺术重构或颠覆传统的表现手段之一。至少从1995年开始方少华就在自己的作品中使用了"变体"画法(《源自1593年的体温》),在最近的作品中"变体"似乎开始变得越来越重要,在这些作品中,艺术家选择了从文艺复兴、新古典主义到后期印象派等各时期的经典作品,将它们置于古典式拱形建筑、持伞之手和雨这样一些艺术家惯用的意象背景中,很显然,艺术家既不希望改变这些经典的本来意义,更不想颠覆它们,对他而言,画面中的这些经典元素也许只有一种功能,即作为某种视觉文本为画面带来某种我称为"历史质感"的东西,并使它与画面的其他图像元素间构成某种时间落差,如在《草地上的快餐》(图4)中"快餐"对"午餐"的词义替换,《安格尔〈泉〉纯净水》(图5)中"纯净水"对"泉"的词义替换,《进入"土耳其浴室"谨防血压高》、《用梵·高的DNA克隆的耳朵》(图6)中在"浴室"与"血压高"、凡·高割耳与现代克隆技术之间建立的某种诡异的语义关系,都使这种表现主义的绘画语言获得了穿梭于历史与现实之间的幽默感和讽喻性。

2007年,方少华的新表现主义绘画呈现出另外一种视觉特质:他放弃了古典柱式和回廊这类概念结构,开始运用新表现主义常用的另一种图像手法,即在各种神话叙事和历史记忆中去寻找塑造意义世界的元素。在《用蝴蝶孵化的梁山伯和祝英台》中,蓝黑色基调、急促的笔触和滴洒效果使这个优雅伤感的古典故事浸润在一种现代人才有的焦躁不安的气氛之中。《我们都是向阳花》、《横渡长江》(图7)和《似水流年》系列(图8)取材于艺术家的童年记忆,但在极富感染力的表现性笔触中这种记忆往往演化出一种新的视野,从而使它成为超越个体经验而与一个时代的精神世界相贯通的"历史类像",当然,这种超越与其说源于严肃的理性思考还不说来自艺术家某种随兴的艺术态度,它正好体现了新表现主义绘画在个人自由表达与历史分析之间保持某种平衡状态的理想气质。

在方少华的新表现主义绘画中我们能够发现这样一些精神和语言上的特质:他善于以轻松和略带趣味化的姿态,洒脱甚至有些华丽的笔触在画面营造出某种历史

图4 《草地上的快餐》，方少华，2006年，布面油彩，138cm×180cm，图片由艺术家提供

图5 《安格尔〈泉〉纯净水》，方少华，2006年，布面油彩，180cm×138cm，图片由艺术家提供

图6 《用梵·高的DNA克隆的耳朵》，方少华，2006年，布面油彩，163cm×112cm，图片由艺术家提供

图7 《横渡长江》，方少华，2007年，布面油彩，180cm×276cm，图片由艺术家提供

图8-1 《似水流年——双节棍》，方少华，2007年，布面油彩，233cm×160cm，图片由艺术家提供

图8-2 《似水流年——收录机》，方少华，2007年，布面油彩，233cm×160cm，图片由艺术家提供

质感，但却不轻易对画面的图像符号进行价值判断，他宁愿通过表现性语言在不同视觉元素间制造矛盾的办法，来呈现他对物质世界与精神世界、历史与现实的反思状态。他是一位可以使画面自我描述和自我表达的艺术家。

2007年12月8日

注释：

[1]原文载冯戈主编，《方少华》，上海美术馆出版，2008年，第27—30页；《中国艺术》，2011年第3期，第28—30页。——编者注

[2]《理想与操作：中国广州·首届九十年代艺术双年展（油画部分）》，成都：四川美术出版社，1992年。

[3]黄专，《"新介入"的文化态度》，载《江苏画刊》，1994年第8期，第36页。

[4]方少华，《紫外线与抗皱美容霜导致的骨化现象》，载《艺术界》，2003年第5、6期，第6页。

[5]同上。

[6]克劳斯·霍内夫，《当代艺术》，李宏、滕卫东译，南京：江苏美术出版社，1995年。——编者注

# 《方少华：为伊甸园寻找无公害的苹果》前言[1]

方少华是二十世纪"八五运动"美术新潮中湖北"部落·部落"艺术团体的重要成员，在那以后二十多年的艺术创作中，他的绘画成就使他成为以新表现主义风格进入中国当代艺术史的为数不多的几位当代艺术家之一。

方少华是位艺术目标专一的艺术家，他相信艺术创造几乎是一项神授的事业，它既依靠天赋也依靠感悟，在他的笔下无论风景、静物、神话还是历史记忆都首先是艺术家某种独立状态下的自动产物，而不是思想或观念的简单载体；当然，他同样相信对艺术家而言，艺术的创造与艺术的责任几乎同样重要，他精湛的绘画才华和营造场景的能力常常使他的绘画充满想象而又发人深思，中国古代城门、回廊、立柱和各种古典艺术杰作、神话叙事都常常成为他作品的基本母体，它与各种不同的现代场景往往形成一望而知的视觉冲突，而这种冲突又总是恰如其分地传达了他对当下世界的复杂想象和隐喻。也许正是这两种信念成就了方少华新表现主义绘画的某种矛盾性的性格特征：一种浸透着凝重的洒脱。

在方少华的新表现主义绘画中我们能够发现这样一些精神和语言上的特质：他善于以轻松和略带趣味化的姿态，洒脱甚至有些华丽的笔触在画面营造出某种历史质感，但却不轻易对画面的图像符号进行价值判断，他宁愿通过表现性语言在不同视觉元素间制造矛盾的办法，来呈现他对物质世界与精神世界、历史与现实的反思状态。他是一位可以使画面自我描述和自我表达的艺术家。

我们身处浮华盛世，艺术的方向和目标都发生了很大变化，一个对艺术怀有宗教般热情而又视之为自由表达之物的艺术家在这样的时代中有时会体会到孤独，但若着眼于更长远的历史视野，艺术史总是由那些特立独行而又方向明确的艺术家写就的，我希望方少华也能成为这样一位艺术家。

2007 年

注释：

[1]原文载冯戈主编，《方少华》，上海：上海美术馆，2008 年，第 19—20 页，标题为《策展人前言》。——编者注

# 魏光庆：一种历史化的波普主义[1]

> 我们被迫从自己的流行影像或历史的类象（simulacra）中去寻找历史。
>
> ——詹明信（Fredric Jameson）

在1989年"中国现代艺术展"的第一展厅，魏光庆展出了他在一年前创作的《自杀计划》，它被后来的批评家评价为"具有独特的中庸色彩的自残性作品"。[2]这件作品不仅是对加缪那句哲学名言的视觉注解，还几乎包揽了那个时代中国现代艺术作品所有的性格特征：形而上学的含糊语义、虚拟的悲剧场景和情节以及存在主义式的戏剧体验。不过随着九十年代中国由启蒙时代向消费时代的急剧转型，这件作品也成为魏光庆艺术中现代主义的绝唱。

1992年的"广州·首届九十年代艺术双年展"上魏光庆展出了他的第一幅波普风格的作品《红墙——家门和顺》（图1），这幅作品作为"湖北波普"的代表作和王广义的《大批判》在展览上同时获奖，从而标志着九十年代中国当代艺术转型期的一个重要

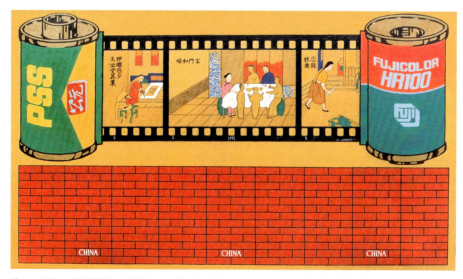

图1 《红墙——家门和顺》，魏光庆，1992年，布面油画，300cm×175cm，图片由艺术家提供

艺术时期的开端，即中国式波普艺术风格占主流时代的开始。后来的批评家根据使用图像的不同将王广义的绘画称为"政治波普"，而将魏光庆的绘画称为"文化波普"，其实，王广义使用的"文革"图像未尝不是一种"文化符号"，而魏光庆使用的传统图像也一定具有某种"政治意图"。这种极端表面的划分在一定意义上掩盖了我们对中国波普艺术的本土意义的真实追问：对波普艺术的"误读性挪用"为什么会成为九十年代初中国当代艺术的一种主流性绘画思潮？

"二战"后在美国兴起的"波普艺术"有文化史和艺术史两个背景：就前者言，它既受美国文化的大众化、实用主义的美学血统的滋养，又是战后碎片化、无深度和感官性的大众消费文化的生理反应；就后者言，它是对"抽象表现主义"这种精英式现代主义的一种逆反。它以风格上挪用、平面化、去意义、去价值这类语言策略解构和消除现代主义的启蒙神话，成为与后现代主义哲学同构的文化思潮。八十年代初沃霍尔（Andy Warhol）访华，1985 年劳申伯格（Robert Rauschenberg）在北京和拉萨举办个展开始了美国波普主义在中国的传播，而这时正值中国"八五美术新潮运动"的高潮，启蒙和反叛是这一运动的主题，正是这种语境使这种传播产生了十分吊诡的意义落差：波普主义很轻易地被理解为一种达达式的破坏性艺术，而它的文化解构主义色彩反倒不易被体会。九十年代初中国社会急促地完成了由启蒙文化向消费文化的转型，艺术家们还沉浸在文化启蒙运动失败的悲壮气氛中，突然发现自己已深陷在一个完全陌生的经济世界中，理想的失落和批判身份的丧失使他们的思想开始混杂于现代主义的启蒙建设和后现代主义的解构观念之间，于是，波普主义成为这个时代的一种自然的风格选择。当然，这种选择是建立在对波普主义明确误读基础上的：它既被视为一种批判的武器，又作为一种解构的工具。

"广州·首届九十年代艺术双年展"对魏光庆作品《红墙——家门和顺》的获奖评语就这样写道：

> 这件明显带有象征与喻义的波普语言的作品，以中国传统木刻读本图式和强烈的色彩以及充分的尺寸，改变了波普语言原初的性质——对意义的消解。它为我们今后一段时期里对西方

当代艺术语言在新的情境中的变异的研究，提供了一个有价值的范例。[3]

这是一段有预言性的评语，而"变异"是这一评价中十分准确的关键词。的确，除了现成图像挪用和异质图像叠用这类技术语言的袭用外，中国早期波普艺术中的确存在着与西方波普主义完全不同的"变异"。首先，它对图像的现成挪用是"历史化"的，并不限于"当下"，这就不同于西方波普艺术"平面化""随机性"或"中性化"的图像选择方式。其次，由这种方式出发，"去意义"的语言策略被重新组合意义的态度所取代，这就形成中国波普艺术最为矛盾的语义特质：它以重新构造图像意义的方式去解构原有的图像，它以文化批判的态度去消除文化的重负，或者说，以一种"平面化"的方法去进行"深度化"的批判。王广义的《大批判》正是由于重组了中国政治史与西方消费史这样两种异质的图像而使图像自身产生了某种新型的批判力量。而在魏光庆的《红墙——家门和顺》中图像的选择显得尤为精心和富有"意义"："红墙"这一具有中国文化和政治含义的符号构成作品结构性背景，"胶卷"也许是对影像虚拟或复

制化时代的隐喻？左右两边由中美两种品牌组成胶卷盒又或是某种文化冲突的暗示，当然，最重要的是主题图像，他采用了《朱子家训》这种民间道德寓言图像，更使画面图像产生了复杂的意义错位。这种异质、异时图像的重叠不仅加剧了图像的意义冲突，也使图像"意义"被高度泛化：它既包含了艺术家对中国两种文化转型期无法厘清的现实困惑，甚至也残存着他八十年代作品中那种愤世嫉俗的文化情结。他自己后来谈到这种图像选择的文化原因："中国的文化历史悠久，有一种内在的独特性，应该把它们强调出来，所以我的'波普'与西方'波普'的区别就应该在这个方面。"[4]

批判与消解的并置使中国波普艺术有了"历史"这一在西方波普艺术语言中不存在的文化维度，在这里，历史既是一种语言要素，也是一种文化态度。2000年的《红墙——增广贤文》（图2）延续了"红墙"系列的基本历史结构，其历史化的方式仍然是从中国明清以来的民间版刻中寻找图像资源。明代以后雕版技术的发达使中国传统精英文化得到了最大限度的普及，官刻、私刻和坊刻三大刻印系统的共存，使这个时代图

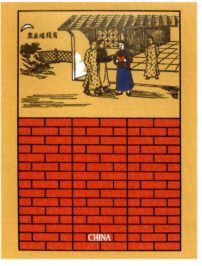

图 2-1 《红墙——增广贤文 No.1》，魏光庆，1989—1999 年，布面油画，146cm×114cm，图片由艺术家提供

图 2-2 《红墙——增广贤文 No.12》，魏光庆，1998—1999 年，布面油画，146cm×114cm，图片由艺术家提供

像的生产，上至礼教纲常、中至格致博物、下至民俗春宫几乎无所不包，这就使雕刻印刷品成为全社会从官府到文人、从市商到信众共同使用的公共媒体，而且由此产生了中国历史上一个特殊的大众文化的复制时代。魏光庆的波普绘画巧妙地并置了古代和当代两个大众文化时代来设置他的意义系统，换句话说，他不是借用某个单独的古代图像，而是借用整个传统的文化语境来构造他画面的历史感。他借《红墙——增广贤文》的图像设计提出了"增广"这个概念：

　　我觉得艺术家的作品给观众制造的是一种视角，甚至是一个盲点，其过程应该是互动的。比如，尽管图式和我最早做的一套《朱子家训》几乎没有什么大的变化，但是我觉得我展示了

一些观念上的变化。"增广"，是"扩充"的意思，于是我把一些元素赤裸裸地并置于画面，告诉观众我在"增广"，你也可以"增广"，这就是互动。那么回到"红墙"的感觉：你可以拆，也可以建，这也是互动。[5]

　　从更宽泛的意义看，魏光庆作品所能引起的这种"增广"正是来源于他对本土传统大众文化资源与当代大众文化资源图像的冲突性重组，这种重组既是一种有意识的文化误读，也是一种有意识的意义"扩充"。

　　但这种"增广"在他的近作《中国制造》（图 3）或《金瓶梅》（图 4）中更多是通过并置异质符号而不是呈现图像冲突来完成的，在这些作品中，"红墙"这种政治符号背景被琼斯（Jasper Johns）或是印第安

图3 《中国制造》No.7，魏光庆，2007 年，布面丙烯，120cm×300cm，图片由艺术家提供

纳的作品所代替，画面色调和结构更富装饰性质和广告色彩，文字开始成为作品中新的形式和意义元素，春宫性图像代替了教化性图像……所有这些图像变化使画面意义更为单一，反倒使作品看上去更像地道的波普风格的绘画，虽然还保留某些历史化的符号特征，但总的来看，它对图像意义具有更为彻底的消解性，也与高度感官化、娱乐化和符号化的消费文化形态有了更多的对位性。这种转向也许是个人的，但宏观地看，它与中国当代艺术完成了向消费文化的时代转型有关，这种转型不再表现为文化逻辑与消费逻辑的离奇混交，而表现为伊丽莎白·埃文在《欲望的通道》（1982 年）中所说的"今天已没有风格，只有时尚"。在这样的背景中，中国波普艺术的那些"历史化"倾向会不会成为一种纯粹的图像游戏甚至一种文化累赘，或者说，一种空洞的"历史类象"？我想，

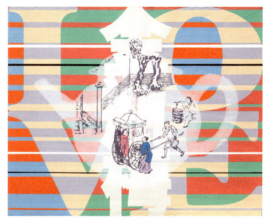

图4 《金瓶梅》No.49，魏光庆，2009 年，布面丙烯，120cm×150cm，图片由艺术家提供

这该是魏光庆面临的一个真正的硬问题。

萨义德（Edward Said）把不同文化间的思想交流看成一种"理论旅行"，它们一般要经历四个旅程：

> 首先，存在着出发点，或者似乎类似于一组起始的环境，在那里思想得以降生或者进入话语之内。其次，存在着一个被穿越的距离，一个通过各种

语境之压力的通道，而思想从较早一个点进入另一种时间和空间，从而获得了一种新的重要性。第三，存在着一组条件——称之为接受的条件好了，或者是抵抗（接受过程必不可少的一部分）的条件——而抵抗着被移植过来的理论或思想，也使得对理论与思想的引进和默认成为可能，无论它们显得多么疏远。最后，现在已经完全（或者部分）被接纳（或吸收）的思想，在某种程度上被其新的用法及其在新的时间与空间中的新位置所改变。[6]

波普艺术在中国的移植和变异也大致遵循了这类的思想逻辑和路径，而魏光庆则为我们理解这种理论旅行提供了一个合适的个案。

2007 年 5 月 18 日

注释：

[1]原文载乐正维主编，《左图右史——魏光庆：一种历史化的波普主义》，广州：岭南美术出版社，2007 年，第 1—4 页。另载何浦林主编，《魏光庆》，北京：国际中国文化出版社，2007 年 10 月第 1 版，第 1—3 页。《湖北美术学院学报》，2014 年第 1 期，第 21—22 页，标题为《一种历史化的波普主义》。《中国艺术》，2015 年第 1 期，第 58—61 页。——编者注

[2]吕澎、易丹，《中国现代艺术史》，长沙：湖南美术出版社，1992 年。

[3]《中国广州·首届九十年代艺术双年展（油画部分）作品文献》，成都：四川美术出版社，1992 年。

[4]沈伟，《坚守图像——与魏光庆谈〈增广贤文〉》。

[5]同上。

[6]萨义德，《世界，文本，批评家》，转引自刘禾，《跨语际实践》，宋伟杰等译，北京：生活·读书·新知三联书店，2002 年。

# 观念艺术的信息能量[1]

传媒对王友身而言有两重含义：既是他的职业，也是他艺术工作的方式。1989年在"中国现代艺术展"上他与杨君合作的作品《√》（图1）就是以传媒的基本信息载体——新闻图片为主题的。为了制作一幅"人的广告"，他们用带三脚架的相机自动测光及每隔一分钟拍摄一张的随机性的"新闻"程序，记录了在中国最著名的闹市区北京王府井单位时间里进入相机取景框范围的人群图像，在放大制作完成上百幅图片后，他们在作品表面用油漆涂写上巨大的√字符号，并覆盖上一张真正的法院

图1　王友身、杨君合作创作的作品《√》在"中国现代艺术展"展览现场，1989年，图片由王友身提供

图 2 《清洗·我奶奶去世前后》，王友身，1994 年，图片由艺术家提供

图 3 《清洗·1941 大同万人坑》，王友身，1995 年，图片由艺术家提供

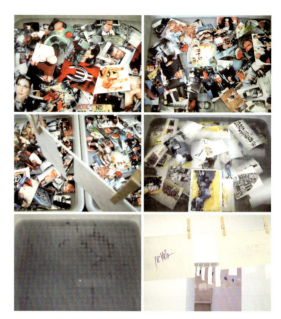

图 4 《清洗》，王友身，2003 年，图片由艺术家提供

布告。这幅作品强烈的批判性的社会学指向虽然在王友身以后的作品中并不常见，但发掘摄影图像自身巨大的信息能量开始成为王友身工作的基本方向，这种努力也使他成为中国当代艺术中使用摄影图像最富个性和最为深入、成功的艺术家之一。

以 1994 年的《清洗·我奶奶去世前后》（图 2）为标志，王友身开始形成自己对图像处理的完整的工作形态，在这组以家族图像为素材的作品中，他利用照片的成像和清洗这两种截然相反的化学程式，使图像的真正呈现处于某种暧昧和矛盾的状态之中，这也成为王友身处理图像信息的最为独特和最具专利性的观念主义手法，在这观念手法中，不仅图像本身的信息，包括成像和去像（清洗）的化学过程都可以强化和改变图像的信息能量，后来他又加入了"清洗空间"——暗房，这个三维因素。1995 年在日本举行的中日韩三国"新亚洲艺术展"上王友身使用这种手法成功地处理了一个反战题材，在《清洗·1941 大同万人坑》（图 3）中艺术家以大同万人坑惨案图片的成像和清洗的悖论过程探讨历史的记忆和遗忘间的复杂情愫。近年来他大量使用现成新闻和私人图片在作品中涉略到一系列性质各异的重大题材：从人的家族意识到自然与城市的关系，从人的社会身份认同感到信息时代对人的行为和心理的潜在压迫作用，这些都体现了中国观念艺术的一种社会、人文和历史性关怀，在《清洗》系列 (图 4) 中这些问题都在这种独特的观念手法中得到了有效的视觉阐释。

2007 年

注释:

[1]原文载《王友身》，香港: 季丰美术出版社，2007 年，第 8 页。——编者注

# 《图像的辩证法：舒群的艺术》序 [1]

二十世纪八十年代以来中国当代艺术运动中出现了一批具有极高理论素养和思辨能力的艺术家，如谷文达、黄永砯、吴山专、陈箴、徐冰、汪建伟、徐坦等，他们在各自的视觉实践中，以独立的问题意识和独特的思维方式延伸着二十世纪初中国知识界对中西文化进行双向改造和批判的思想路径，使当代艺术保持着与中国思想史的有机联系。在实用主义和反智主义成为中国当代艺术的主流性话题时，对这种思想文脉进行史学整理无疑具有极强的理论价值。

舒群是二十世纪八十年代新潮美术最早的运动团体"北方艺术群体"的组织者之一，也是"理性绘画"这一主流性艺术思潮的最早倡导者和实践者，在二十多年的中国当代艺术实践中，他的艺术一直保持着鲜明的理论先行的特征。在他看来，一切艺术的至高无上的问题归根到底都是哲学问题，一切视觉问题如果不承载思想史逻辑就无权成为真正意义上的文化问题。迄今为止，他的艺术经历向我们演绎了一种奇特的三段式的"图像辩证法"，而他也因此可以称得上是中国式形而上画派真正的代表画家。

在"绝对原则"时期 (1983—1989)，寻找中国文化的整体解答方案是艺术思考的中心课题，柏拉图—黑格尔式的形而上学的宇宙论模式、尼采的超人哲学、卢梭的新权威主义和雅斯贝尔斯、海德格尔的存在主义混合熔炼出了"北方寒带文明"这种浪漫主义的文化方案，而中世纪教堂的造型理念、基里科的"形而上绘画"和蒙德里安的"新造型主义"则孕育出了"理性绘画"这种抽象冷峻的视觉匹配形式 [《无穷之路》(图 1)、《绝对原则》(图 2)、《涉向彼岸》(图 3)]，由于这一绘画理论正好契合了八十年代启蒙主义的时代需求，因而成为"八五美术新潮"运动的主流性绘画思潮，按艺术家自己的说法，"理性绘画"完成了中国绘画由"情态写作"向"意态写作"的转向。

从 1990 年开始将近 15 年的"走出崇高"时期 (1990—2004 年) 是舒群"理性主义"艺术履历的反题阶段，他自己称之为"神圣的下降"。随着九十年代中国现代艺术运动的退潮和传统人文主义在新的文化场景中

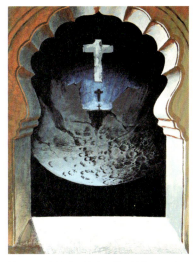

图1 《无穷之路》系列12号，舒群，1983年，纸本水粉，36cm×26.5cm，图片由艺术家提供

图2 《绝对原则》系列3号，舒群，1986年，布面油画，195cm×200cm，原作已毁，图片由艺术家提供

图3 《涉向彼岸》系列1号，舒群，1987年，纸本素描，39cm×30cm，原作遗失，图片由艺术家提供

图4 《同一性语态·一种后先锋主义？》系列3号，舒群，1993年，纸本素描，39cm×27cm，原作已毁，图片由艺术家提供

（主要是后现代解构思潮和消费主义的文化现实）遭遇困境，舒群进入他的"理性主义"的修正阶段，对语言分析哲学和批判理性主义甚至解构主义的阅读，使他的思想履历发生了重大变化，分析哲学对传统人文主义批判的理论意义促使他开始关注话语与话语情境这类现实问题，按他自己的说法：他已由一个存在主义者转变为一个实证主义者进而转变成为一个结构主义者。这种思想转变体现在艺术上出现了分析性甚至波普主义的语言图式［《绝对原则消解》《同一性语态·宗教话语秩序》《同一性语态·一

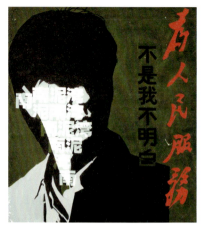

图5 《文化POP·崔健C》，舒群，1991年，布面油画，130cm×120cm，图片由艺术家提供

图6 《世界美术全集·中国卷1》，舒群，1991年，布面油画，110cm×100cm，图片由艺术家提供

图7 《单色工农兵4号》，舒群，2002年，丙烯，120cm×120cm，图片由艺术家提供

种后先锋主义？》(图4)、《四项基本运算》、《文化POP·崔健》(图5)、《世界美术全集》(图6)]，这些作品意味着"由《绝对原则》这种意识形态修饰向《同一性语态》这种零度修饰的转移"，但所有变化并没有改变他的"理性主义"的理想色彩和宏观思维模式，"绝对原则"这一思想正题阶段就在1994年"向崇高致敬"这种表演性的宣示中落幕，他称这一时期是由"意态写作"向"语态写作"、文化批判向语言批判的转向时期。

从单纯形而上学的思维路径上的这种出走，不仅源于对政治波普和玩世思潮这类"肤浅的认识论无政府主义"的深深失望，更源于对"理性主义"这种古典人文主义理想立场的自省和反思，在对法兰克福新马克思主义的批判理论实践、福柯话语理论和德里达解构主义的研究中，本质主义和整体主义的古典理想主义暴露出意识形态上极权主义的思想本质，他的艺术也因这种理论思维的变化而进入个人理想主义的微观生活实践，这成为他走出"理性主义"这种抽象思维的一次精神逾越和解放。在将近八年时间里他甚至放弃了绘画，从事经营、设计和参与民间美术馆的建设，理论阅读也由哲

图8 《象征的秩序·涉向彼岸1号》，舒群，2008年，布面油画，215cm×195cm，图片由艺术家提供

学扩展到管理学和设计史，直到2002年，"回归原初经验的冲动"和对知识考古学的兴趣才使他重新创作了《单色工农兵》(图7)和《红色毛泽东》这类具有表现主义风格的作品，而正是这一反题过程使舒群的艺术思考完成了由本体论、认识论向语言学的转移。

2005年以后对以"符号秩序"为特征的消费文化现实的思考使舒群的艺术获得了一个返归形而上之途的理由，也使他的艺术进入"象征秩序"时期(2005—2008年)，他开始重新思考"理性主义"的现实批判价值。这一阶段的作品《象征的秩序》(图8)从图式上看是对"绝对原则"时期的复制，但针对的问题却由构筑抽象的文化模式转移到对消费主义这种具体现实的社会批判，它正好构成了舒群"理性绘画"的一个合适的合题：重新思考中国现代化的历史遭遇，以及面对这种遭遇时所必需的理性对策，当然，和第一阶段一样，在"象征秩序"中舒群艺术所营造的问题逻辑仍然具有明显的"图像乌托邦"的特征。

舒群的艺术个案将使我们面临一个无法回避的反省性课题：中国当代艺术还需要形而上学吗？

2008年

注释：

[1]原文载黄专主编，《图像的辩证法：舒群的艺术》，广州：岭南美术出版社，2009年，第1—2页。——编者注

# 视觉政治学：另一个王广义 [1]

> 他不关心作为政治的艺术，他只
> 关心作为艺术的政治。
>
> ——题记

王广义在中国当代艺术中一直占有某种特殊的位置，这种位置是由他自身的矛盾性构成的。虽然那些以《大批判》命名的作品几乎再也唤不起我们的视觉惊奇，但无可否认，这些图像——确切地讲是这些图像的处理方式，曾经十分准确地传达出我们这个时代各种矛盾的经验：从莫名的信仰到愤怒的解构，从英雄主义的气概到消费主义的时尚噱头，从对国际政治关系的严肃批判到民族主义的情绪发泄……他喜欢不断创造视觉悬念，在人们来不及猜到谜底时又将它们打破，对于艺术史而言，他属于那种充满力量但又无法捉摸的艺术家。

## 一、被误读的《大批判》

一直以来，从艺术批评到大众传媒、从艺术史写作到艺术市场，王广义都被视为中国波普艺术的标志性人物，这种定位源于 1992 年在广州举行的"广州·首届九十年代艺术双年展（油画部分）"，在那次展览上他以作品《大批判》获得了中国批评家给予的最高学术奖项：文献奖。颁奖评语这样写道：

> 在《大批判》中，人们熟悉的历史形象与当下流行符号的不可协调却一目了然地拼接，使纠缠不清的形而上问题悬置起来，艺术家用流行艺术的语言启开了这样一个当代问题：所谓历史，就是与当代生活发生关联的语言提示。而《大批判》正是九十年代初这种语言提示的最佳范例之一。[2]

与这种语焉不详的评价相比，次年在香港举行的艺术展上，《大批判》被明确地冠以"政治波普"之名。"政治波普"按它的发明者栗宪庭的解释是二十世纪八十年代末，"'八五新潮'的一些代表人物纷纷放弃形而上的姿态，不约而同走上波普的道路，而且大多数以幽默的方式去解构对中国最具影响力的对象和政治事件"。他认为它与"玩世写实主义"是当时中国解构主义文化中的孪生兄弟，只不过前者的灵感来源是"大的社会和文化框架中的现实"，而后者"多来自对自身和自身周围的现实的体验"。[3] 王广义的《毛泽东》和《大批判》在这里都被视为"政治波普"的代表性作品。从此，王广义于1989年创作的《毛泽东》和1990年开始创作的《大批判》就一直是在这样的解释系统中生效的。1992年权威的西方艺术传媒 Flash Art、Art News 以显著方式介绍了《大批判》，他也因此参加了同年在意大利举行的"Cocart 国际艺术邀请展"和次年的"第45届威尼斯双年展"。从此以后，以《大批判》为代表的"政治波普"不仅成为西方认识中国当代艺术的主要途径，《大批判》也几乎成为批评界对王广义艺术成败毁誉进行评断的主要依据。批评者认为"这种作品在艺术上是价值不大的双重照抄"，反映的是"艺术家们的浮躁的创作心态，是我们的历史发展到商业社会时的世纪病态"，[4] 另一种更为严厉的批评则认为"政治波普"迎合了西方战后以冷战战略钳制中国的需要。[5]《大批判》因"政治波普"的归类而成名，它也必然承受这种成名所必须付出的代价：对它的旧式反映论方式的误读。

应该说对王广义《大批判》的定位和批评大多是将其从它自己的艺术史发展逻辑中抽离出来的结果，也是将其从中国现代艺术发展语境中抽离出来的结果。我在一篇谈论中国波普艺术产生的文化语境及其性质的文章中曾提到：

> 战后在美国兴起的"波普艺术"有文化史和艺术史两个背景：就前者言，它既受美国文化的大众化、实用主义的美学血统的滋养，又是战后碎片化、无深度和感官性的大众消费文化的生理反应；就后者言它则是对"抽象表现主义"这种精英式现代主义的一种逆反。它以风格上挪用、平面化、去意义、去价值这类语言策略解构和消除现代主义的启蒙神话，成为与后现代主义哲学同构的文化思潮。八十年代初沃霍尔访华，尤其是1985年劳申柏格在北京和拉萨举办个展开始了美国波普主义在中国的传播，而这时正值中国八十年代现代主义运动的高潮，启蒙和反叛是这一运动的主题，正是

这种语境使这种传播产生了十分吊诡的意义落差：波普主义很轻易地被理解为一种达达式的破坏性艺术，而它的文化解构主义色彩反倒不易被体会。九十年代初中国社会由于政治的原因急促地完成了由启蒙文化向消费文化的转型，艺术家们还沉迷在文化启蒙运动失败的悲壮气氛中却突然发现自己已深陷在一个完全陌生的经济世界中，理想的失落和批判身份的丧失使他们的思想开始混杂于现代主义的启蒙建设和后现代主义的解构观念之间，于是，波普主义成为这个时代的一种自然的风格选择。当然，这种选择是建立在对波普主义明确误读基础上的：它既被视为一种批判的武器又作为一种解构的工具。

……

中国早期波普艺术中的确存在着与西方波普主义完全不同的"变异"，首先，它对图像的现成挪用是"历史化"的并不限于"当下"，这就不同于西方波普艺术"随机性"或"中性化"的图像选择方式。其次，由这种方式出发"去意义"的语言策略被重新组合意义的态度所取代，这就形成中国波普艺术最为矛盾的语义特质：它以重新构造图像意义的方式去解构原有的图像，它以文化批判的态度去消除文的重负。王广义的《大批判》正是由于重组了中国政治史与西方消费史这样两种异质的图像而使图像自身产生了某种新型的批判力量。[6]

显然，看不到中国波普艺术在文化品质上的双重性，而简单地将它视为西方后现代主义的直接产物就很难对它与八十年代文化启蒙性和社会批判性的逻辑联系做出中肯的判断。

另外，对《大批判》的评价还应将其置于艺术家本人的艺术方法和历史逻辑中去解读才能得到合理的结论。

二十世纪八十年代初王广义曾经是一个标准的文化乌托邦主义者，他曾相信一种健康、理性和强有力的文明可以拯救丧失信仰的文化。他早期的艺术活动"北方艺术群体"和早期作品《凝固的北方极地》系列，都呈现了一种对泛文化追求的热情和幻觉，这种文明的风格表征是：富于秩序、冷峻和简练。然而，这种理想化的风格很快就被一种强烈的分析性图像所代替,在1987年前后开始的《后古典》系列中他放弃早期艺术中的泛人文热情而采用了一种改写历史文本的方法去完成他的"文化分析"和"图式批判"工作,如果说在《黑色理性》(图1)、《红色理性》(图2)中,分析的对象主要还限于古典艺术和经典文本,那么,在《毛泽东AO》中他首次采用了政治性图像作为"分析"的材料。事实上,也许我们不能过分认真地看待"分析"这个词,因为在作品表面的那些虚格和字母并不是某种真正分析的结果,更不表明任何政治性的立场和态度。

在这一期间产生的这些图像理念和方法被他归纳为"清理人文热情",我们可以将它理解为他希望在抽象空泛的人文热情和冷峻理性的现实批判态度之间保持某种张力。应该指出的是,这一时期无论是借用古典艺术、经典文本还是政治性图像,它主要针对的是"八五美术新潮"运动中泛人文热情所造成的意义"亏空",并不是一种政治性立场,也与波普主义解构图像意义的策略无关,虽然它使用了现成图像的方法。王广义曾提及他使用毛泽东政治图像的动机:

图1 《黑色理性——神圣比例》,王广义,1987年,布面油画,150cm×100cm,图片由艺术家提供

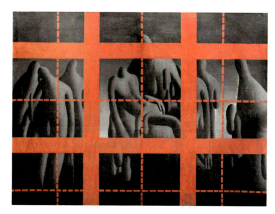

图2 《红色理性——偶像的修正A》,1987年,布面油画,150cm×200cm,图片由艺术家提供

我本意是想通过《毛泽东》[7]的创作提供一个清理人文热情的基本方法,可是当《毛泽东》在"中国现代艺术展"中展出后,审视者却以百倍的人文热情赋予《毛泽东》更多的人文内涵……《毛泽东》关注到了政治问题。虽然我当时回避了这个问题,但确实是涉及

了。但我当时想用艺术方式来解决，中性态度好一些，中性态度更是艺术的方式。[8]

在这里，应当引起我们高度注意的是"中性态度"的提法，因为在他以后的艺术中我们还会看到他对政治和意识形态历史的这种"中性态度"，这种中性态度并不是置身事外，而是指只有抽空某种具体的政治立场和人文热情后，艺术才有可能真正对所关注的政治事件和历史做出有效的判断，使它们自然呈现出自在意义和价值，这种态度既构成了王广义"视觉政治学"的基本方法，也是我们理解他的那些"政治性"作品的有效途径，而这种方法源于他对"古典"和"当代"两种艺术的基本判断。

《后古典》时期是王广义的艺术由现代主义走向当代主义的重要过渡阶段，在这期间他已明确区分了"古典艺术"与"当代艺术"，他认为前者包括了"古典时期的艺术"和现代艺术，"它们是由古典知识的整体结构赋予其意义的，它们是由人文热情的投射而产生的准自然的艺术"，主要表现的是神话幻觉、宗教热情和个人的一般性世俗情感；而当代艺术则是抛弃对"人文热情"的

依赖和对艺术意义的追问，而"进入对艺术问题的解决关系之中，建立起以以往文化事实为经验材料的具有逻辑实证性质的语言背景"。[9]

当然，真正使王广义由一个现代艺术家转换为当代艺术家并获得艺术史声誉的是1990年的作品《大批判》。在这里他似乎真正找到了一种既有"以往文化事实为经验"而又具有"逻辑实证性质"的图像方式。在《大批判》中他放弃了一切完善艺术风格的努力，直接将两种完全异质的图像——"文革"式的政治招贴和西方消费广告——并置在画面中，这种方式更像是一场风格的赌注，它以矛盾的态度叙述了在启蒙时代和消费时代相交替的诡谲场景中文化所面临的真空状态。很显然，如果说在《毛泽东》中"政治"不过是一种图像处理方式，在《大批判》中"政治"真正开始成为一种经验性的逻辑实证材料，但与"政治波普"原义中狭义的政治现实、政治事件和政治权力不同，将"文革"中"大批判"这种唯物主义时代的"图像"与消费文化的"符号"并置，也许并不是为了对两者做出什么价值判断，而是为了构造某种可

以进行多义解释的想象性关系。简单地说，如果说《大批判》"解构"或"批判"了什么，那么它解构、批判的也许只是我们在某种泛人文热情中的政治思维定式；如果说它创造了什么，那么它也许只是创造了一种"中性"的图像方法，一种可以不断引人注目和解释的方法，他自己经常为此得意：

> 我想，其实我的《大批判》让人们记住的原因——哪怕不喜欢它，但是记住它的原因，我想可能与"无立场"有关——现在我用这个词，当时我并不知道这个词：它是由于"中性"的立场决定的，所有人都以为我在"批判"什么，好像我有一个明确的立场，其实慢慢地人们发现我并没有干什么，也许只是各种偶然的原因倒恰恰是赋予了我"大批判"的意义。后来赶巧我和一个哲学家交流，他说这种态度在哲学中有个词叫"无立场"。

"无立场"不是指"没有立场"，而是指反对某种固化的思维定式和偏好，指通过构造某种"中性"的关系使事物呈现出更为多重和开放的"可能性"。王广义提到的那位哲学家朋友赵汀阳是这样表述"无立场"

的："无立场说的是所有立场都各有各的用处，所以必须在不同的地方用不同的立场，而不是拒绝任何一种立场。也就是说，无立场仅仅是剥夺任何观点的绝对价值或者价值优先性……""'无立场'思维首先是反对自己偏好的思维，当把自己的偏好悬隔起来，使之不成为证明的依据，然后才能看见别人、听见别人进而理解别人。"[10]

也许我们还可以相信批评家严善錞对《大批判》所做的"心理分析"：

> 王广义的《大批判》巧妙地把握了沃霍尔的"浅显易懂"和博伊斯的"深奥晦涩"之间的张力。我想这种艺术趣味也是最符合他的个性：像猴一样灵活应变——沃霍尔的"欣然接受"，像虎一样的勇猛出击——博伊斯的"无情批判"。把两种相悖的艺术形象扭合在一起，也大概正是他在当代艺术中所要创造的那种特殊的"幽默"。[11]

而另外的批评家则从思想路径上指出了这一时期作品体现了"将贡布里希的图式修正主义同德里达的解构主义结合起来的思想"。[12]

这些都为我们观察王广义的"视觉政

治学"提供了逻辑参考。

# 二、危机预感

1989 年 3 月，也就是参加完 2 月在北京举行的"中国现代艺术展"后，回到珠海的王广义似乎并没有沉溺于大展"成功"的亢奋中，而是着手创作了他的第一件装置作品《易燃易爆》[13]（图 3），这件作品材料形态极其简单，只有炸药包似的形状表面的条格和无意义的字母可以使人联想起它与《后古典》时期作品的联系。后来我开玩笑说，它更像是一件真正的"贫穷艺术"作品，因为它与他当时窘迫的生活境况刚好一致。

批评家对这件作品做出了不同的解读，但都认定这是一件"转折性"作品。严善錞认为这件作品是"博伊斯艺术的一种比较粗糙的变异"，而它的意义相当于《格特鲁德·斯坦》和《亚威农少女》对毕加索的意义。[14]

吕澎则对这件作品做了这样的解读：

（它能使人）联想到不久前艺术家声称的"清理人文热情"……艺术家

面临的课题是，潜在的冲动（这里面包含着极其复杂的精神内容，其中不乏非常个人的东西）如何能得到有效的控制，而使符号的呈现不给予人们以明确的意义延伸的可能性。不像过去的几个绘画系列，《易燃易爆》看上去并没有一种明显的艺术文化史上的图式延续性，因而增加了判断的难度。然而，很可能是由于艺术家对未来的一种敏感性所致，这个系列的作品在1989 年下半年之后便被赋予了使人不难判断的含义。这个系列是从 1989 年3 月开始的，无论如何，即便 1988 年下半年至 1989 年初的现实是那样地混乱、骚动、不安和危机与生机的令人不解的交织，但对于观众来说《易燃易爆》是难以解释的，是令人困惑的。它是个"谜"，它在意义开端处就解体了。也就是说，艺术家在切入现实的同时又将现实问题化解了。所以一开始人们会觉得作品有明显的波普痕迹——平淡无奇。只是由于现实的变化，人们对一件作品的判断有了新的参照和上下文，语境发生了变化，《易燃易爆》系列就自然移向一个收回

图3　1989年王广义在珠海，创作《易燃易爆》，图片由艺术家提供，刘金枝拍摄

和暴露它的最初意义的位置上。结果，"盲点"似乎消失了，作品的象征意义凸现出来。[15]

也许真正经历过那个历史时段的人，才能体会那个时代"危机"的性质、程度和难以言喻性，它是全面性的、具体的，是当时中国文化、经济、政治、社会和心理、信仰的混合性的现实危机，这也许是《易燃易爆》产生的语境诱因，但很显然，艺术家并不希望表现这种经验世界的"危机"，更不在于对它进行某种直接的政治表态，他对这种危机采用的似乎依然是某种分析性的姿态：把它置于他的艺术逻辑中来考察，这种逻辑正是"在切入现实的同时又将现实问题化解"。人们在这个政治课题的严肃性上看到了博伊斯式的愤世嫉俗，而在对待这些课题的"中性"态度上又似乎能够看到沃霍尔式的玩世不恭。的确，对待"危机"他更习惯用《易燃易爆》这种"预感"式的方式呈现，而不希望它附着任何更为确凿而实际的现实意义：阻止人们对危机意义的具体解读和线性思维，是为了使人们对危机的性质有更为多义的体会。

如果说这件作品真有什么转折意义的话，那就是：从中我们不仅可以了解艺术家在一年后的《大批判》中所使用的波普主义方法的真实动机，更可以判断九十年代后他的那些更为政治性课题的方法论价值。

## 三、体制研究

1990年是一个可以为王广义艺术划界的年份。

这一年他由珠海调至武汉工作，在那里他不仅开始创作使他后来声名显赫的《大批判》，而且创作了两组鲜为人知的装置作品《中国温度计》（图4）和《中国与美国温度比较》（图5），从某种意义上说，正是这两组作品真正使王广义的艺术进入现实政治学思考的轨道，因为，在这里，真实具体的各类意识形态课题才开始真正代替历史——政治符号成为他视觉分析工作的重点。值得我们关注的是：在几张标明1993年7月24

图4 《中国温度计》，王广义，1990 年，实物、石膏、黄土、电线等，80cm×38cm×20cm，图片由艺术家提供

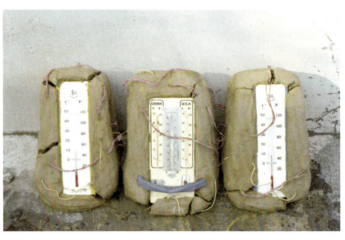

图5 《中国与美国温度比较》，王广义，1990 年，实物、石膏、黄土、电线等，80cm×38cm×20cm，图片由艺术家提供

日"去日本福冈美术馆个展计划"的草图中，"大批判"与"温度计"是作为并行的视觉元素放置在草图上的，说明艺术家曾经考虑过这两个主题的相关性，但不知什么原因这种思路被搁置了。

"意识形态"按路易·阿尔都塞（Louis Althusser）的解释是指那种控制我们现实世界的"想象性关系"，它体现为一套由国家机器（宗教、伦理、法律、政治、审美等）操控的"幻象信仰系统"。马克思将这种关系视为人的异化过程的产物，认为它是存在环境的物质性异化使人对自己的环境做出的"变异"的（想象性的）反映，恩格斯称它是一种"伪思想"。而阿尔都塞对意识形态考察的兴趣则在于制度与国家机器对人们的控制过程，照他的话说是它的"物质化的实践"。他觉得要进行这种考察首先要搁置

我们的伦理立场，不对特定思想、观念、信仰的"真"或"伪"做出价值判别，而首要的是对考察对象，譬如各类意识形态文本进行"症候阅读"：在那些文本"不可言"和"不能言"的"沉默""空隙"和"省略"处读出意识形态控制者的身影和声音。王广义这一时期的作品就极具这类"症候阅读"的特征。

"温度"是个多义的中性词，他后来曾开玩笑说，也许是武汉的酷热使他产生了《中国温度计》和《中国与美国温度比较》的灵感，假如真是这样，那么，"温度"的考察也许就与天气无关了。事实上，温度和气候经常成为我们生活中的政治性隐喻，譬如"改革的春天"或是"冷战"，正是这类我们熟悉的意识形态话语所营造的想象性语境，却常常使我们有意无意地忽略和中止了对它背后复杂而又严酷的权力操控机制

图 6 《毒品》，王广义，1995 年，人造毛、图片、木箱、丝网印刷等，160cm×120cm×80cm（20 件），图片由艺术家提供

图 7 《国际政治——必要的文件》，王广义，1991 年，布面油画，120cm×100cm，图片由艺术家提供

的思考。这两件作品也许在于用"温度"提示我们一个事实：温度常常是有政治叙述功能的。我们可以将这件作品视为《易燃易爆》向具体的意识形态体制考察的一种适当的过渡。显然，它提示的问题和方法与《大批判》完全相同，虽然与使用明确政治图像和消费符号的《大批判》相比，它无法获得广泛的公众传播效应和多义读解，但同时也就避免了不必要的误读。

1993 年后，王广义陆续创作了《东欧风景》、《VISA》、《毒品》（图 6）、《验血——每个人都可能是病毒携带者》、《两种政治体制下的关于食品保质观念的异同》、《物种起源——欧洲文明史》、《基础教育》等一批"国际政治"题材的作品，在这些装置

形态的作品里，他将在《易燃易爆》中制造的危机感转移到国际政治、心理和社会学领域。事实上，同期他还创作了一批同题材的平面作品，如《国际政治——必要的文件》（图7）、《国际政治——必要的签字》（图 8）、《国际政治——必要的会谈》（图 9）和《签证》等。这批作品的形成有一个十分现实的背景，那就是从"第 45 届威尼斯双年展"后，中国艺术家有了与国际当代艺术同场竞技的机会，而在大多数海内外中国艺术家忙于运用传统文化符号确证自己的文化身份和熟悉国际艺术权力机制的时候，王广义却开始了对"国际政治"中"意识形态体制"的考察，他自己将这一时期的工作称为"将内部问题推向外部问题"，它有两层含义：其一，

图 8　《国际政治——必要的签字》，王广义，1989 年，布面油画，120cm×150cm，图片由艺术家提供

图 9　《国际政治——必要的会谈》，王广义，1991 年，布面油画，120cm×150cm，图片由艺术家提供

将艺术问题延伸到政治和社会问题领域；其二，将国内问题延伸到国际领域。

在关于《VISA》的说明中他清晰地提到了这一点：

> 《VISA》来源于世界各国大使馆签证处的"国家意象"。从这个意义上来讲 Visa 将所有人都置于国家之间权力问题的阴影之下，在此所有人都是

被审查者，也许在当代文明社会中，人从诞生到死亡所办的所有文件中，Visa 是最具"意识形态"性质的。意识形态在塑造人的感情、信仰和国家身份等所有微妙的问题，都在 Visa 这里得到了呈现。[16]

在我们司空见惯、习以为常的签证程序中，王广义读出了国家权力审查者的"阴影"。同样，在《验血——每个人都可能是病毒携带者》中，他读出了验血程序所体现的国家医疗制度"对个人生命的审查"；在《两种政治体制下的关于食品保质观念的异同》中他读出了食品管理制度对人民生活进行操控的权力本质；在《基础教育》中他读出了"冷战"双方在进行国民备战教育时所共同遵循的恐吓逻辑……而这些正是一种对意识形态文本"空隙"进行"症候阅读"的方法。我在 1995 年曾对这类作品进行了这样的解读：

> 《VISA》和《东欧风景》涉及的是一个国际题材，它与世界范围内的"非主流文化""非意识形态化"和"非边缘化""后殖民文化"的政治文化格局有着相关性和同步性。王广义也许已

经意识到将他的前一段工作简单地称为"政治波普"无疑将使他面临一种价值判断上的危机：它将使中国当代艺术的实验永远都只能是一个狭隘的、冷战性的和具有边缘色彩的"中国话题"，或者至多是一种"东方话题"，这也等于阻断和葬送了当代中国艺术中最富挑战性的部分：将中国问题纳入世界问题。《VISA》和《东欧风景》讲述的是一个关于国家和政治的故事，但它再也不是犬儒式的、封闭的和冷战性的，而是开放的、人类学意义上的故事。这些作品也展示了作者惯有的一些工作特性：符号的直接性、果敢性和材料张力处理上的机智。[17]

尽管这些作品参加了各种级别和类型的国际展事，但也许由于其题材的敏感性和当时国内环境的局限，这类"体制研究"的作品直到 1997 年北京"首届当代艺术学术邀请展"才获得在国内展出的机会，正是在这次展览上王广义开始将他的"体制研究"运用到本土的社会实践中（尽管这个展览被官方取缔，使得展品最终没能见诸公众）。他为展览提供的最初方案是《每个人都可

能是病毒携带者》，方案说明写道："我的这件作品讲述的是关于'他人即地狱'这一古老而严肃的命题在当今社会被迅速大众化的心理故事。在今天一种普遍的怀疑精神似乎已成为人人接受的'文明时尚'。当我们将这种怀疑精神置于当下语境之中，我们确实有充分的理由认为所有人都是可疑的，所以我们每个人都在这一'大众化的心理故事'中不自觉地成为这一'文明的时尚'的推动者。"[18] 这个方案是《验血——每个人都可能是病毒携带者》的延伸，它将医疗制度对身体实行监控的权力批判扩展成对整个社会监控体制的读解，呈现了当代文明中监控者与被监控者互相控制的悖论关系和心理现实，这点与福柯对"驯顺的身体"进行的理论分析有异曲同工之妙。在这个展览上，王广义实际展出的是《卫生检疫——所有食品都可能是有毒的》，它采用蔬菜、水果、货架和卫生检疫招贴等现成品材料完成，使这种体制提问落实到一个更为具体的环节：由卫生检疫制度和卫生检疫宣传所共谋的公共监控关系。在这以后他又创作了《两种政治体制下关于食品保质观念的异同》《24小时食物变质的过程》等同类作品，探讨后

冷战时期各类文明体制现实对我们的社会和心理投下的阴影，这些作品也成为他向新的艺术问题转向的过渡。

在"体制研究"中，王广义对具体的意识形态课题进行了类似"症候阅读"的工作，这使他的视觉政治学真正具有了某种方法论的意义：它往往通过预设一个具体的意识形态命题引起人们的视觉兴趣，但却避免对它做表面性的价值判断或"批判"，他宁愿运用一些强烈的视觉图像（如《VISA》《验血——每个人都可能是病毒携带者》）和具有语境提示作用的综合材料（如《两种政治体制下的关于食品保质观念的异同》《卫生检疫——所有食品都可能是有毒的》）去形成某种若即若离的心理暗示，诱导人们放弃对图像和材料意义的直接读解，而去关注那些我们有意无意"省略"掉的东西。

## 四、唯物主义

阿尔都塞的意识形态理论提醒我们，每一种强有力的意识形态的想象性关系背后除了国家机器的生产实践外，还必须通过构造一套完备的仪式场景、图像生产和故事叙述建立一种主客体支配关系，"所有意识形态都通过主体这个范畴发挥功能，把具体的个人呼唤或传唤为具体的主体"。[19] 如果说，在传统的社会主义实践中，"人民"就是这样一种被传唤出来的主体，那么，在资本主义消费文化体系中，"消费者"就是被虚构出来的另一个主体。在社会主义意识形态中起支配作用的是历史唯物主义这种决定论性质的社会目标，而在后一种意识形态中起支配作用的则是市场和消费所构造出的"文化资本"规则。二十世纪九十年代后，中国就走入这种双重意识形态的混合型社会：一方面，社会主义意识形态仍是控制国家体制和政治生活的基本价值，一套具有强烈精神性内容的图像象征体系仍维持唯物主义的正统性和合法性；另一方面，消费文化以个人主义、自由选择的市场价值影响着中国人的日常生活，尤其是经济生活，同样它也通过传媒、网络、广告、娱乐等一系列物质性象征符号系统建立起一种大众文化神话。这种意识形态双重控制的状态构成中国当前社会的基本现实。

以 2000 年创作《唯物主义时代》（2000年"社会：上河美术馆第二届学术邀请展"）

为标志，王广义的艺术进入了某种新的问题维度，这件作品以旧式意识形态时代的奖状和各种物质生活必需品来呈现物质世界、社会体制和文化记忆对我们的社会心理现实的持续影响，唯物主义时代的文化记忆与消费主义时代的世俗欲望则被置于一种更为繁杂的关系之中。

在接下来的《唯物主义者》《劳动者纪念碑》《一份报纸的历史》《东风·金龙》中，对唯物主义意识形态史的考察成为他工作的重心，他将这一时期作品的课题称为对"社会主义视觉经验"的研究，[20] 这似乎是一个重新回到"内部问题"的过程，但这时的"内部问题"已经有了更为丰富的含义。他尤其重视在这部神话史中"人民"这个主体的图像和仪式化的形成过程。

从表面上看，《唯物主义者》似乎延续了《大批判》的图式和形象，只不过"人民"图像由平面绘画转移成为立体雕塑，但这件作品却暗示着《大批判》中政治—消费、东方—西方这类二分逻辑开始被一种更为复杂的现实生产关系所代替，与《大批判》将唯物主义时代的"图像"与消费主义时代"符号"平面并置的波普主义方式不同，它突出

了"人民"图像的主体性特征：它既是历史性的又是现实性的，既是自主的也是"屈从"的，它是权力的象征体又是权力控制的对象。在这里，神话记忆与现实力量的共存呈现了这一典型的意识形态图像的多义现实。这件群雕作品在 2002 年的"广州首届当代艺术三年展"展出时，他曾对它进行了这样的自我解读："在这些新的'雕塑'作品中，我试图除掉显而易见的对立，将其自身的那种带有模糊性的朴素力量，或者说，我想重新组建社会主义经验化的视觉因素所具有的力量及意义。这种力量和意义与我的生存经验有直接的关系，而且和构成我们文化最基本的某些东西是一致的。"[21]

2001 年王广义为"第四届深圳当代雕塑艺术展"提供的方案，同样源于他对社会主义意识形态的生产和精神发展史关系的兴趣。《劳动者纪念碑》最初方案（或名为《自然的力量》，图 10）的灵感来自街头印有广告的废旧水泥预制板，这套方案的计划是：在现场翻制 20 块印有 20 年来深圳华侨城劳动模范和死伤劳工姓名的水泥预制板，然后罩上有机玻璃罩，使每块预制板都具有"另类"纪念碑的意义，以探讨和表达"在

图10-1 《劳动者纪念碑》（最初方案），王广义，2001年，纸上草图，30cm×21cm，图片由艺术家提供

图10-2 《劳动者纪念碑》（修订方案），王广义，2001年，纸上草图，26cm×30cm，图片由艺术家提供

一片完美的人生风景背后的某些东西或'关系'。[22] 在最终展出的《劳动者纪念碑》中，他直接复制和挪用了传统劳动者纪念雕像，通过安置玻璃罩柜，使这种在中国人记忆中十分熟悉的形象产生了一种疏离和异化的视觉效果，提示人们在一个消费主义的现场重新关注"劳动"和"劳动者"的含义。

《东风·金龙》（图11）是王广义为

图11 《东风·金龙》展览现场，2009年

2009年在英国曼彻斯特举行的"国家遗产：一项关于视觉政治史的研究"展而提供的方案，这个展览旨在探讨中国近现代"国家"概念形成的思想史和视觉史意义，探讨国家由文化实体向政治实体、精神实体转换中的视觉形式、图像元素（符号、产品、仪式、空间）。"东风"是五十年代新中国建立后由中国人自己设计和生产的第一辆汽车，它展现了汽车在中国由一种工业产品演绎为一种文化、政治和消费符号的过程。王广义在"东风"车的名称上发现了一个几乎被历史遗忘了的细节：在生产这辆车的工人中这辆车有另一个称呼"金龙"，而车身头部的标志也的确是一条金龙。这一发现为这一件工业产品的意识形态解读提供了契机，而现代化工业产品作为权力幻觉符号和消费符号之间的历史关系正是《东风·金龙》这件作品所要探讨的意义：

　　"东风·金龙"是中国工业革命时期梦想的产物……在今天我将它以艺

术的名义复制出来，以此表达信仰与物质欲望之间的冲突。"东风·金龙"作为国家遗产的物质证明，同时也呈现了权力与人民的意志之间的关系。"国家遗产"恰恰包含了这两个层面，我按照原来尺寸的大小，并用铸铁方式还原"东风·金龙"，使其具有一种博物馆化的感觉，它包含了历史的沉重感——一个民族要成长的强大欲望，或者是欲望的多重性。

简单地说，《东风·金龙》是一个信仰的产物，或者说它本身就是一个关于中国工业革命的"方案"。[23]

如果说二十世纪八十年代王广义是一个传统意义上的文化乌托邦主义者，二十世纪九十年代初他用波普主义的图像方式消解启蒙时代的理性神话并代之以一种文化反讽态度，那么，在《唯物主义》系列中，他开始将唯物主义时代的文化记忆、精神神话与消费主义时代的疯狂欲望和视觉奇观作为双重考察的对象，从而使两种意识形态并置于一种更为复杂的历史逻辑之中，他以观念主义的方式记录了一个充分物质化的社会中某些残存的英雄主义情结，在这种新

的问题维度中，它潜藏着某种更为复杂的文化乌托邦情结。

# 五、冷战美学

作为中国最善于挑战的当代艺术家，王广义在艺术史的每一个节点上几乎都能出招：从《凝固的北方极地》时期的"理性绘画"到《后古典》时期的分析主义，从"清理人文热情"到《大批判》，从对中西两种政治体制的研究到对本土唯物主义视觉经验的重塑……正是在不断提问的艺术史实践中，他逐渐形成了一套独特的视觉政治学，在这种政治学中，历史和政治资源与其说是表达特定政治观念的母题，不如说是某种视觉策略和话语机锋。他不轻易对历史和政治做出价值上的判断。他以高度游戏的态度使那些高度严肃的政治话题始终保持着某种超越性，这一点上他很接近博伊斯对待政治的态度：不关心作为政治的艺术，只关心作为艺术的政治，而正是这种超越性和游戏感的统一使他在中国当代艺术中扮演的角色更像是一位历史咒师而不是单纯的批判者。也许正因如此，他

图12 《冷战美学——恐惧状态下的人群》，王广义，2007 年，玻璃钢、着色、影像等，雕塑: 215cm×30cm×30cm/ 件，图片由艺术家提供

才会被中国批评家视为同时具备了博伊斯和沃霍尔双重气质的艺术家。

2007 年王广义打出了他视觉政治学中的另一张牌: 《冷战美学》（图12）。这项大型视觉方案同样运用了历史和政治双重资源，它以二十世纪六十年代冷战高潮时期在中国发生的一项全民性军事备战事件为背景，展开他对现实世界的视觉幻想。"三防"（防核武器、化学武器和生物武器）是上世纪六十年代中国与苏联交恶时期在中国发生的一场全民国防教育运动，它具有冷战时期几乎所有的政治特征: 高度具体的假想敌、高度意识形态化和高度的全民性。与同期在中国发生的"文化大革命"这种"内部革命"比较，它具有某种更为特殊的国际性特征。很显然，与《大批判》这类使用政治图像资源的作品一样，《冷战美学》并不是为了唤起我们对这场运动的视觉记忆，而是为了某种现实论证。艺术家自己这样描述这件方案:

冷战带有残酷的方面，当然这是想象中的，它也有游戏的一面，同时，影响了我们对世界的看法。到今天，我们仍然在以冷战思维看待这个世界。这个世界的政治格局仍然是冷战时期埋下的种子的结果，"9·11"事件如此，基地组织也如此，这些都是冷战的另一种表现方式。[24]

当然，我们不能过于认真地看待他对这件作品意义的描述，事实上，也许他真正感兴趣的是，"冷战"为他提供了另外一种激活他的视觉机制和话语机锋的机会，这很符合他的艺术性格——让自己游离于自己创造和模拟的视觉世界之外，从而使这个世界在人们的谈论中随遇而安地衍生出更大的意义能量，而这正是被他称为"美学"的东西:

在我看来，我的艺术是在寻找一种相对立的东西，冷战思维和我的想法正好吻合。冷战思维构成了我对世界和艺术的看法。比如，我们会假想出敌人，这个敌人是我们一切行为的出发点。反过来也一样，我们的敌人也将我们假想为他们的敌人，这个世界的魅力就在于此，在于这种对立的美，和有对立的东西存在。[25]

《冷战美学》在视觉上具有和《大批判》《唯物主义者》和《信仰的面孔》（图13）同样的方法论特征，不过他复制的不再是狂热的历史图像而是冷峻得令人窒息和着迷的历史场景，这种被放大和凝固化的场景更像是一种视觉催化剂，为我们提供了理解现实生活和世界意义的新的视野。也许，这件作品从一个更为广阔的思维向度上又回到他前面所提到的"外部问题"上来了。

冷战是二十世纪留给人类的一笔政治遗产，它与其说是某种"历史终结"，不如说是为人类历史植入的新种子。朝鲜战争、越战、核试验、中国"文化大革命"、1968年欧洲"五月风暴"、披头士摇滚运动、太空军事竞赛……所有这些真实的历史镜像都不仅影响着我们的心理方位和文化性格，而且左右着未来的世界格局和走向，在这个意义上，《冷战美学》是中国艺术家为世界新历史提供的一种视觉预言。

图13 《信仰的面孔》，王广义，2002年，布面油画，200cm×200cm，图片由艺术家提供

在这篇文章的行文期间，王广义正遭遇他一生中少有的一次个人性"政治危机"，危机源于3月份他退出法国巴黎马歇尔美术馆主办的一个中国主题展的声明，声明表明了他对北京奥运圣火在法国传递遭遇干扰事件的愤懑，他因此成为网络暴力的攻击对象。

在这篇文章中我们读出了另一个王广义，与那个被称为"中国政治波普之父"的王广义比较，或是与那个被新闻炒作、市场神话所塑造出来的王广义比较，我们不知哪个更加接近真实的王广义，或许，"真实的"王广义不曾存在。

2008年

**注释:**

[1]原文载黄专编,《视觉政治学:另一个王广义》,广州:岭南美术出版社,2008 年,第 13—28 页。另载黄专,《当代艺术中的政治与神学:论王广义》,北京:中国青年出版社,2013 年,第 31—87 页,标题改为《艺术中的政治学》,内容稍做修订。本文按《艺术中的政治学》版本,内容有删节。——编者注

[2]《理想与操作:中国广州·首届九十年代艺术双年展 (油画部分) 》,成都:四川美术出版社,1992 年,第 104 页。

[3]栗宪庭,《"后 89"艺术中的无聊感和解构意识 ——"玩世写实主义"与"政治波普"潮流析》,载《批评的时代:20 世纪末中国美术批评文萃》卷一,桂林:广西美术出版社,2003 年,第 386 页。

[4]段炼,《世纪末的艺术反思》,上海:上海文艺出版社,1998 年,第 142 页。

[5]同上,第 12 页。

[6]黄专,《魏光庆:一种历史化的波普主义》,载《左图右史》,广州:岭南美术出版社,2007 年,第 1 页。

[7]这里谈及的《毛泽东》指的是《毛泽东 AO》。——编者注

[8]吕澎,《图式修正与文化批判》,载《当代艺术潮流中的王广义》,成都:四川美术出版社,1992 年,第 36 页。

[9]王广义,《清理人文热情》,载《江苏画刊》,1990 年第 10 期。

[10] 赵汀阳,《论可能生活》,北京:中国人民大学出版社,2004 年,第 7 页;《没有世界观的世界》,北京:中国人民大学出版社,2003 年,第 3 页。

[11]严善錞,《当代艺术潮流中的王广义》,载《当代艺术潮流中的王广义》,第 20 页。

[12]吕澎,《图式修正与文化批判》,载《当代艺术潮流中的王广义》,第 42 页。

[13]这件作品最早定名为《易燃易爆物品》,为了与同名绘画作品区分,艺术家之后改为《易燃易爆》。——编者注

[14]严善錞,《当代艺术潮流中的王广义》,载《当代艺术潮流中的王广义》,第 21 页。

[15]吕澎,《图式修正与文化批判》,载《当代艺术潮流中的王广义》,第 40 页。

[16]王广义,《我近期的工作情况》,载《画廊》,1994 年第 4 期。

[17]同上。

[18]《首届当代艺术学术邀请展》画册,广州:岭南美术出版社,1996 年,第 122 页。

[19] 阿尔都塞,《意识形态和意识形态国家机器 (研究笔记) 》,载《哲学与政治:阿尔都塞读本》,陈越译,长春:吉林人民出版社,2003 年,第 364 页。

[20]《关于社会主义视觉经验》(查尔斯·梅若威瑟对王广义访谈录),载《王广义》,香港:汉雅轩画廊,2004 年。

[21]《重新解读:中国实验艺术十年》,载《北京青年报》,2002 年 11 月 28 日。

[22]《被移植的现场:第四届深圳当代雕塑艺术展》画册,第 119 页。

[23]王广义,《对皇权的最后礼赞》(未刊稿)。

[24]王广义,《王广义:发现"冷战"之美》,载《广州日报》,2007 年 12 月 29 日。

[25]同上。

# 张晓刚：一个现代叙事者的多重世界[1]

> 他是一个自述性的"个人主义者"，
> 而不是一个道德性的"个人主义者"。
> ——题记

张晓刚是一个自述性的个人主义者，我用这个词把他与那些将个人主义和自由主义视为一种道德信仰的人区别开来。当然，作为一个个人主义者意味着他相信这样一些价值：人是世界和自己的主人，人不仅天然具有沉思、选择和创造的自由，而且具有自我救赎的能力，不过，他相信这种自救应该是一种内在的承受和呵护，一种喃喃低语，而不是任何形式的说教、宣传和规劝。更具体点讲，他希望自己是一位具有克尔凯郭尔（Søron Aabye Kierkegaard）气质的个人主义者：真诚、内敛、敏感、忧郁、孤独和悲天悯人，虽然他从来没有信仰过真正意义上的宗教。作为艺术家，他依然相信艺术最大的价值是表达个人内在情感和灵魂，从这个意义上看，他又始终是一个现代主义者。但事实远没有这么简单，他渴望的生活是远离尘世喧器，"在神的世界漫游"；他崇尚像卡夫卡或是凡·高那样用生命和灵魂创作的人，但他现在的生活却充满着尘世的虚荣，他创造的那些忧郁而孤独的形象不仅被高度地公共化和政治化，而且在西方的后殖民凝视和解读中成为有关现代中国的典型"类象"，与此相伴，这些形象也已成为资本主义商业链条俘获的"消费符号"，而他本人则正在成为大众传媒和时尚工业极力包装的"文化偶像"。正是在这种"后现代"生活中，那个伤感、沉思的张晓刚常常被隐藏和遮蔽起来，也许只有在密友的聚会、私人的日记，甚至只有在寂静的画室里面对着画布，或是凝听巴赫、肖斯塔科维奇时，那个真实的张晓刚才会重新回来：

> 2007年5月1日　晴　无云
>
> 今天开始重读一些克尔凯郭尔的书，这位认为哲学的起点是个人——"孤独的个体"的存在的人，是曾经在八十年代的岁月中给予我力量和慰藉的知己。他的著名的三段式理论：人的一生需经审美、伦理和宗教。而后的归

宿是通往上帝（这点不太明白）。下面是他的部分日记："什么我都喜欢不起来。我不喜欢骑马，这运动太狂烈。我不喜欢散步，它太吃力。我不喜欢静卧在床上，因为一这样，我不是死活得躺在那儿了——而我是不爱这样的。我得起身，而这，我又是不高兴的。结论是：我压根儿不知喜欢什么。

"我，我相信具有怀疑一切的勇气；我，我相信，具有与一切搏斗的勇气。人人都抱怨这世界太平淡，嫌生活不是罗曼司，机会总是太偏心。我也总是抱怨生活不是罗曼司，嫌它没有铁石心肠的父母，女水妖和洞穴巨人需要你去对付。没有中了魔法的公主待你去解救。可是与我所奋战的，并为之付出生命的本质的苍凉的冷森的不息的夜一般的形形色色相比，即使全部的敌人加在一块，又算得什么呢？

"我的灵魂和思想荒芜已久，他们经年经日地受着空空汹汹的阵痛和折磨，痛快而又噬人的折磨，难道我的精神必须永远闭住嘴，而我却是须得永远地唠叨下去么？"[2]

2008年5月6日　夜于北京东四环北路6号　有点闷热

我从一个城市搬到另一个城市，从一个小区搬到另一个小区，环境越来越"好"，也越来越陌生。"故乡"终于成为一个无法查阅的词典。时间究竟意味着什么呢？是关于不断地装修和丢弃一件件"过时"的随身物品？是关于女儿的成长还是父母在沙发上坐的时间越来越长？是关于在"历史"的口袋中胡乱摸出一块石头，镶嵌到今天的一个戒指上，匆匆登场赶赴一个又一个的开幕酒会？或许我们根本就没有生活在"今天"，一切不过是"昨天"的盗版而已。

也许我究竟在哪里也已不重要了。反正我们希望在哪里也无法控制。关键似乎在于我们已经在哪里了——这让人觉得有些残酷和无奈，也让人不时地会突然有点兴奋起来——仿佛置身在一个魔幻电影的开场：我们奔跑在一个灰色的石头世界中，说不清是满怀着惊喜或是充满憧憬。我无法去判断我的方向，因为我的经验和知识没有提供给我关于未来的想象。我只

图1 《草原组画：天上的云》，张晓刚，1981年，布面油画，69.4cm×118.5cm，图片由艺术家提供

能就这样地奔跑，手里握住双刃的利剑，在砍掉路上的荆棘时，也把自己弄得鲜血淋漓。空气中不停地可以呼吸到过去与现实混合之后发出的异样的气味，在我们的前方，天边不时划过一道道闪电。[3]

张晓刚就一直生活在这样一种他自己描绘的多重世界里，在纷乱的现实中他更像是一个充满乡愁的逃亡者，而孤寂的彼岸沉思和喧嚣的浮世荣华却往往如影随形。

## 一、深渊：
## 从彼岸世界到此岸世界

二十世纪，至少在整个八十年代，像那个时代的大多数中国年轻人一样，张晓刚的生活一直被一个现代主义的哲学问题困扰：存在与生命的意义。在某种意义上，它也成为纠缠他以后几乎所有艺术经历的主题。

1982年张晓刚从四川美术学院油画系毕业，四年严格的现实主义绘画训练既没有使他走入正统的学院派，也没有使他像大多数师兄那样成为一位"伤痕"画家。他最早的创作《草原组画：母与子》、《草原组画：暴雨将至》、《草原组画：天上的云》（图1）就表明了他的现代主义美学兴趣：阿坝草原和藏民几乎就是孤独的凡·高笔下阿尔郊外的风景和农妇的翻版，只不过色调处理较为统一和内敛。凡·高对他的精神影响甚至在他20多年后的一篇日记中仍十分清晰：

2007年6月13日

重新翻开凡·高的书信，但仍被真诚所打动。想想现在咱们的命运，真是比他的那个时代不知幸福多少倍！在凡·高和高更看来，艺术与生活几乎是一种对立的东西，正如凡·高所体验到的：对艺术的爱导致对实际生活的叛离，而实际生活的爱却导致对艺术的厌恶！现在看来难免太极端、太不可思议了，也许在那个浪漫主义的、崇尚创造的时代，从事艺术常常就意味着某种宗教般的牺牲？我们重读那段历史的时候，不像在读艺术史，反而会有一种错觉，仿佛在读一本"宗教史"——"殉道者的历史"。这种精神在那个特殊的年代被强化了，甚至被"神话"了，以至于影响了一百年人们对艺术和艺术家的理解。它们已经深入到我们的意识之中或激励着我们去以一种彻底的精神态度面对艺术，或使今天的人们产生了许多的疑惑，无论如何，凡·高的精神成为了许多人心目中最后的一处避难所。[4]

两年后，动荡窘迫的生活境遇，以及常年酗酒导致的一场突如其来的大病不仅使张晓刚的身体和精神状态跌到谷底，也使他对艺术和生命的思考加入了新的内容——孤独和死亡，而这个主题对他后来的创作几乎形成了笼罩性的影响。在将近两年被他自己称为"幽灵时期"的时间里，他画了大量即兴式的素描和油画，它们几乎延续了一个共同的主题——对死亡的焦虑与恐惧，而引导他走入这个彼岸世界的不再是凡·高，而是另一位精神先知格列柯。出生于十六世纪文艺复兴晚期的格列柯以夸张的激情和戏剧性手法表现《圣经》场景，被视为手法主义的叛逆者和现代表现主义绘画的先驱。对张晓刚而言，格列柯既是他这一时期极度夸张的表现性画风的直接来源，也是极度逃世情绪的心灵慰藉，这些被称为"幽灵"系列（图2）的作品大都以病房白色床单（代替格列柯《揭开第五封印》中白衣殉道者身上的白衣）作为"幽灵"的意象，不可抑制的急促笔触和线条呈现了对生的焦虑和死的恐惧。在画面经常出现的另一种象征意象是羊羔，显然，加入这一《圣经》图像是为了营造某种不确定的宗教感，这一意象也经常出现在下一阶段的画面中。据他后来描述，"幽灵"系列使他"完全沉入于一个无底的'个人化'的深渊"，而"来自深渊的孤独使我们更深地体会到超越的含义"。

海德格尔把上帝缺席、诸神远逝后的现代世界称为"深渊"，[5] 不过，在张晓刚这里"深渊"有着具体得多的生活实践的含义。在经历一阵狂躁的宣泄后，他的确开始尝试着某种对深渊的"超越"：个体性的苦难体验似乎突然被一种整体性的悲剧思考所代替，这种变化很显然与他这一时期的大量阅读和他经历的一场社会性活动有关，在一篇自述文件里他写道：

> 1985年初，最后完成了"幽灵"系列之后，我感到自己完全沉入了一个无底的"个人化"的深渊之中。来自各方面的压抑感和荒诞感使我觉得十分疲惫，使自己对人的意义和价值，对人与人之间的情感关系等感到十分绝望。生活也极不稳定，几年来疲于奔命，四处游荡，企图寻找生活的意义。此时对自己曾一再强调的"自我性"产生了怀疑和反感，并由此产生出逃避的强烈渴求，就这样一边怀着这种危机感一边完成着各项艺术活动，包括搞"新具象"和"西南艺术研究群体"。1986年开始接触东方神秘主义及老庄的无为思想，把一直崇拜的格列柯暂时打入后宫，开始关注原始艺术和宗教艺术，尤其对禅宗的思想观念感兴趣。从地狱中逃出来，去向"神"的世界漫游，试图寻找生与死之谜的本质，寻找一种具有包容性的恒定的艺术规律，排斥偶然的、具体的情感因素，从而强调直觉状态中的梦幻意识以及某

图2 《黑白之间的幽灵8号：辞别——一个幽灵在冥河边漫游》，张晓刚，1984年，纸本素描，19cm×13.8cm，图片由艺术家提供

种具有哀歌式的诗意境界。我认定只有通过具有宗教意义的"爱"和殉道精神，才能超越死亡和自我，回归自然和心灵，也许至少可以使人的灵魂得以净化。[6]

二十世纪八十年代中期在中国发生的"八五美术新潮"运动是一场有着繁杂思想内容的现代主义启蒙运动，1985年到1986年间由毛旭辉、潘德海、张晓刚、叶永青等组织的"新具象画展"和"西南艺术研究群体"成为这场运动中最早的区域性艺术活动和团体之一。不过，与具有强烈文化目标的"北方艺术群体"和具有系统观念方案的"厦门达达""池社"比较，"西南艺术研究群体"

更像是一种精神性联盟，从这时期他们的宣言和大量书信往来中我们可以看到宗教哲学、生命哲学和现代主义文学、音乐对他们精神世界的影响。惨淡现实引起的困惑、生命体验导致的恐惧感和对艺术精神性的痴迷甚至使他们无法理解那些以"文化"和"语言"作为运动目标的现代主义同伴，这一点充分表现在 1990 年 11 月 7 日张晓刚给毛旭辉的一封充满激情却又压抑的书信中：

> 我们并没有像但丁那样被某个君主驱逐到地狱中去受难，在我们开始意识到艺术与生命的一致时（在这一点上，我们永远无法将艺术孤立地看做一个对立物，像那些搞"语言革命"的人那样），我们就与孤独、痛苦成了一家人。……今天的许多艺术，离开了其最基本的发源地——人与生活的抗争，与神灵、魔鬼的对话，而更多地出发于所谓的"文化"本身。这种误读的状态企图向我们证明，一件作品的"文化价值"正在对个人体验的扼杀，犹如用计算机制造贝多芬和伦勃朗一样。

在同一封信中我们还可以了解他这一时期的生活和阅读经历：

写到此，我又想到了我们曾在"塞纳河"和糯黑小山村渡过的日日夜夜，那些疯狂而又迷茫的日子，包括我们今天仍在经历的噩梦般的生活。那些七分钱一块的烧豆腐、两毛钱一两的小清酒、录得模模糊糊的《一个华沙的幸存者》、黑塞的书籍、医院的白床单、小津的一手好菜、《索菲的选择》、可笑的电视节目陪伴下的许许多多个孤寂的夜晚、小毛头一个人独坐家中搞拼贴、走马街的地铺、唐蕾的奔波、徵江的抗郎鱼、培根的尖叫、一封封的通信、走在大街上的陌生感、小酒馆的木桌木椅子、第一次性交后的失落心境、面对一个陌生人时的窘迫羞怯、酒后的呕吐、贝克尔的《反抗死亡》、隔壁一支老猫深夜的号叫、肖斯塔科维奇的《第十一交响曲》、圣诞节的小礼物、贾科梅蒂那行走的人影、肮脏的过道、对工作室的渴望、一个陌生人的突然来访、楼下搓麻将的吆喝声、黄桷坪的煤烟、通宵的抽烟聊天。磁带上录下自己的小合唱、与我们共享贫困时的女人和孩子、公共场合发作的"语言幽闭症"、一个夜晚女友伤心的哭泣、一群老鼠与你争夺空间和粮食、那个人脸上突然冒出一丝讥讽的微笑、一个正在上楼梯的女人有着忧郁的面孔、基里科那神秘的投影、大街上商店门前疯狂而贪婪的人群、急功近利者焦躁的自言自语、日日夜夜噩梦的困扰、困倦的阅读关于"结构主义"和"解构主义"、对着窗外下雨时发呆的下午、有人看你作品时沉默不语的寂静、每个星期必去的某个下午听"家长"废话连篇、重复转换的现实犹如阅读一本马贡多的家族史、母亲病态的关怀、奥斯威辛集中营带给人类的原罪感、孤独的克尔凯郭尔、夫人小产、被人弄来弄去的日瓦戈医生、重复枯燥的教学内容、盆景似的黄山、面对镜子时的恐惧、Pink Floyd 的《迷墙》、深夜聆听福列的《安魂曲》、1989 年5 月的电视新闻、穿得花枝招展的游行队伍、被剪开口的国外来信……如此等等、等等,混杂为一团血肉模糊的泥球,沉沉甸甸压在我们的心底深处,混合着我们的血在身上四处流动,神秘地支配着我们在画布上涂抹,难道能够简单地否定它们与"艺术"的关联

吗?如果艺术仅仅意味着是一种语义图式的呈现,一种对方程式的解析,或者如有些人所要证明的那样,是一种与个人体验无关的文化研究,如果仅仅是这样,对我而言,无异于在吻一具美丽的僵尸。我仍然相信这样的艺术,它首先来自于一个孤独的生命个体,而又包容着现实与各种文化对它的刺激,它代表着人类的智慧、幻想和对生活执着的思考和情感。[7]

显然,至少在 1990 年之前的一段时间里,张晓刚一直深陷在这种由"现代性"焦虑引发的类宗教情绪中不能自拔,这与同时在中国现代艺术中出现的"清理人文热情"的口号和具有观念主义色彩的语言实验运动相比显得格格不入,虽然,在这一时期的写作和绘画中(这两者在他的生活中几乎同样重要,下面我们还会提到),他也开始思考超验性的自我体悟与现实生活、不可知的生命存在与艺术图像表现方式这类更为具体的艺术问题。几年来,彼岸世界的痛苦搜索并没有从形而上方向给关于生命和存在的思考带来真正有效的答案,反倒是现实的困境和危机日益加剧,即便如此,他仍然相

信在艺术中对生命思考的价值远远高于那些时髦的文化问题和抽象的语言问题。当然，就他的个性而言，他更习惯的生命思考是内省式、个人化和有节制的，而不是疯狂的和社会性的。如果要在生命哲学和存在哲学的先知中挑选一个精神伴侣，他也许更愿意选择孤独的克尔凯郭尔，而不是疯狂的尼采或是偶像化的萨特。

1985年到1988年这几年里，虽然"通过描绘生命的悲剧和死亡的壮丽，揭示存在的荒诞和神秘"仍是他艺术的唯一主题，但他已放弃了"幽灵时期"的表现主义语言，开始用一种复合性的图像方式尝试完成他对彼岸世界和人的世界的关系描绘，照他自己的话说，他需要用艺术证明"每一个生命的本体即是一部完整的历史"。[8]

精确分析这一时期作品的图像和风格来源是困难的，它们明显的变化是宗教性图式和象征性母题构成了作品基调：阴阳同体的精灵，飘浮天际或困于牢笼的头颅，代表生命的婴儿、羊羔、瑞鸟和象征死亡的墓穴、躯干，阴沉的土地和晦暗的天际营造着令人窒息的神话，只有敏感而有节制的线条造型使画面由躁动稍稍趋于平静。如果说1987

年组画《遗梦集》还保有某些民俗画的特性，那么，1988年创作的三联画《生生息息之爱》就更像是一幅没有准确宗教故事的圣像画，也许只有远方起伏的山峦和孔雀才能使人联想起曾令艺术家"疯狂和迷惘"的"塞纳河"和糯黑小山村。这是张晓刚艺术中真正的"彼岸期"。

更大的变化发生在1989年，他把1989年至1991年这段时间称为"回归人的世界"，是什么原因促成了这种变化呢？他后来的自述告诉我们：

> 对于我，"艺术"与"生活"本来就是一个概念，如何去从事"艺术"也即意味着如何"活下去"。它象征着一种精神上的品格，体现着"生命"这个概念的全部意义。这种感受到了1989年的下半年，在血的现实面前，似乎凝固了。（它使我）真正意识到我们实际上是处在一个无处躲藏的充满疯狂和病态的世界里，魔鬼并非生活在黑暗中，它们像当年的英雄一样，满身披挂、衣冠楚楚地出入于各种场合，控制着阳光和各种出入口。个人在强大的恶魔——命运面前渺小无力，我

图3 《深渊集1号》，张晓刚，1990年，纸本油画，45cm×38cm，图片由艺术家提供

们不过是生活在又一个巨大的怪圈之中。生命是一种那么偶然的产物，它意味着只有在具体的时空状态下才产生一定的意义和价值。这种凄凉和绝望的感觉一方面又促使自己以坚定的信念去面对残酷的现实，从积极的角度去理解悲剧和死亡的存在。通过描绘生命的悲剧和死亡的壮丽，揭示存在的荒诞和神秘，成为近两年来作品的唯一主题。作品艺术品语言中，在肃穆的虚静诗情中加入冷峻的旁观。[9]

显然，这一时期张晓刚思考的主题仍然是孤单的个体生命在历史命运中的偶然性、脆弱性，而不是某种激越的政治诉求和道德义愤，这很接近卡夫卡对待历史事件的态度：

在我看来，战争、全世界的悲惨同属一股恶水，这是一场洪水，战争打开了混乱的闸门，人生的救护设施倒塌了。历史事件不再是由个人而是由群众承受着，个人被撞、被挤、被刮到一边去了。个人忍受着历史。[10]

这一时期他画了一系列小尺寸的纸上油画：《恶梦集》、《深渊集》（图3）和《手

记》（图4）。虽然宗教性叙述仍是画面基调，但"殉道"主题明显取代了对宗教场景的描绘，宗教情绪的营造也开始被一种更为急切的心理刻画的欲望所代替，叙事性空间被超现实空间打乱，头颅和支离破碎的躯干赫然成为画面主体，"幽灵时期"的床单像一团挥之不去的阴霾，象征《圣经》的手卷和书籍的出现加剧了深邃的时光意象，基里科式的投影开始以一种特殊方式成为影响他造型方法的重要元素，在后来的一篇谈话中，他曾以夸张的口吻说起过这种投影："基里科很伟大，才二十岁的时候，用光的投影画出了一个世纪的忧郁。"1989年创作的《翻开第135页》（图5）也许是最早出现这种投影的张晓刚作品之一，不同的是，基里科的投影主要是空间营造，张晓刚则把它用于

图 4 《手记 3 号：致不为人知的历史作家》，张晓刚，1991 年，布面油画、拼贴，180cm×575cm，图片由艺术家提供

图 5 《翻开第 135 页》，张晓刚，1989 年，纸本油画，70cm×54cm，图片由艺术家提供

心理叙事：前者是透视的、立体主义的，后者是意象的、象征主义的；前者是整体的，而后者是局部的；前者是统一的，而后者是分裂的。在后来的创作中，这种投影被他发展成一种标志性的"张晓刚斑光"。如果说前段时间宗教还只不过是某种形而上学思考的代用品，那么，现在它们就是惨淡现实

的心理投射了。这一时期他的艺术开始游离在彼岸和此岸之间，而后来构成他艺术世界的多重元素都已在这种游离中形成。

八十年代在一个个彼岸的深渊和此岸的煎熬中度过了，现实告诉他，任何宗教冥想、哲学沉思和文学滥情都无法阻止人们回到真实中来。显然，彼岸世界已离他渐行渐远，而此岸世界就在眼前。

## 二、血缘：
## 从个人世界到公共世界

1992 年在张晓刚的个人履历上是一个可以断代的年份。6 月，他开始远赴欧洲去朝拜那些他为之神往的现代主义圣贤，这次行程后来证明对他的艺术有着某种转折性意义。在欧洲，从凡·高、基里科和马格利特的原作中他真正体会到技术和精神的共鸣，尤其是马格利特在虚构空间、重组物像上展现的能力使他"着迷"：

冷静而又非理性；充满幻想而又保持应有的节制；真实恐怖却又令人感到陌生；利用可见的物体，使人的思维跨入不可见的隐秘隧道，呈现出某种神秘的哲理和灰色的幽默——马格利特的这种魅力使我长久地着迷，同时也成为我长期以来对自己艺术的某种价值判断和境界追求。[11]

欧洲之行的另一个收获是看到了正红极一时的里希特，但这位几乎与张晓刚有着相似经历的前东德艺术家给他的最大震撼并不是他对社会主义现实主义创作原则的背叛，而是他那种独特的诗意气质，尤其是里希特在使用照片时采用的虚化轮廓的手法与他正在苦苦思索的一个问题相关：那就是如何在画面上营造某种虚幻的、有时间感和距离感的心理现实。如果说，凡·高的迷狂使张晓刚获得了一个可以信赖的精神偶像，基里科和马格利特的"魔幻现实主义"使他理解了超现实空间的心理意义，那么，里希特的灰色基调和模糊造型则给了他一些处理"暧昧"状态和营造虚幻世界的启示。当然，欧洲之行也有让他失望的地方，譬如没有了博伊斯和基弗的卡塞尔文献展在他眼里就只能是老欧洲的一种贵族沙龙派对，而同期举行的几个地下中国前卫展使他看到了中国与世界距离，感到了一丝苍凉。不过，这次旅行对张晓刚仍是转折性的，它不仅使他真正接触到他曾经在印刷品中误读过的原作，更重要的是确立了自己艺术的方向和位置。他后来曾这样描述这次旅行的意义：

通过对自己十年来的反省，我似乎更加清楚地认识到自己实际上是一个"内心独白"式的艺术家。欧洲漂游一圈回到自己的小屋，这种感觉似乎更加明确了。[12]

结束欧洲之行回国后，他以双联画《创世篇》（图6）参加了"广州·首届九十年代艺术双年展"，展览上这件转型期的作品虽也获奖，但与展览中混杂批判与解构的中国式波普主义和以玩世调侃为主调的新现实主义比较，张晓刚这种游离在现代主义心理语境中的作品显然无法引起更大的关注。《创世篇》是一件过渡性作品。这一年，彼岸世界的思考在中国由启蒙时代向消费时代的骤然转换中突然失去了意义，但在张晓刚这里，宗教性的心理叙事并没有马上结束，

图6 《创世篇》参加"广州·首届九十年代艺术双年展"现场，1992年，图片由艺术家提供

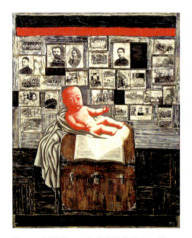

图7 《创世篇：一个共和国的诞生一号》，张晓刚，1992年，双联布面油画、拼贴（左联），150cm×120cm，图片由艺术家提供

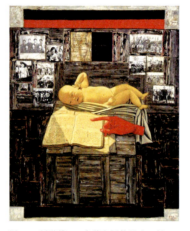

图8 《创世篇：一个共和国的诞生二号》，张晓刚，1992年，双联布面油画、拼贴（右联），149.4cm×119.4cm，图片由艺术家提供

《创世篇：一个共和国的诞生二号》（图8）中的则是中国社会的普通群像，它们似乎突然拉近了画面中彼岸世界与现实的距离，成为下一阶段变化的图像铺垫。

张晓刚的画室里总有一个图像背景板，通常它们并不完全是作品的图像素材，而更像是某种心理调色板，在不同阶段，我们往往可以从那些零乱无序的图像中发现一些构成他作品意义的心理线索。在1993年张晓刚画室的图

画面中肢体、书籍、幽灵般的床单，尤其是画面中心的婴儿和启示录般的光斑都表明他并没有摆脱彼岸的沉思，但值得注意的变化是画面背景的一组现成历史图片，它仿佛预示着一个新的问题的出现，在《创世篇：一个共和国的诞生一号》（图7）中历史图片呈现的是中国近代史中的政治人物，而在

像背景板中，除了《创世篇：一个共和国的诞生一号》中的政治图像，大量出现了亲人和朋友的头像及各种手姿，头像多以广角镜头拍摄，而这些直接成为这一年创作的主题。除了以朋友为素材的《红色肖像》和《黄色肖像》外，在以《母与子1号》（图9）为题的作品中还直接出现了艺术家本人和他

的母亲，这大概是艺术家第一张以家庭照片和"血缘"作为思考主线的作品，作品除了保持了某种超现实构图和光斑外，原来画面中的彼岸元素几乎完全隐退，那根象征性的红线已经出现在画面中，"红线是从卡洛作品里来的，但是她表达了跟生命有关的含义，而我把这个变成一种血缘关系、社会关系。人生活在一个千丝万缕的关系当中。"[13] 除此之外，在同年创作的另外几件以"血缘"命名的前期作品中，木箱、书信、电视、音箱等"与私密生活有关的道具"作为一些象征性视觉元素也都保留下来，人物造型、服饰和表情也仍然采用较为自然主义的写实手法。

图 9 《母与子 1 号》，张晓刚，1993 年，布面油画、拼贴，115×146.5cm，图片由艺术家提供

真正为张晓刚带来艺术史荣誉的《血缘—大家庭：全家福 1 号》（图 10）产生于1994 年，这是一个复杂的心理和技术"修饰"的结果。在他决心成为一个纯粹的"内向式"艺术家时（他将自己与仅仅关注文化问题的"文化型"艺术家和仅仅关注概念和语言样式实验的"科研型"艺术家小心地区别开来），他的工作就是在"公共形象"与自己的"内心独白"间寻找到一种更具陌生感和特异感的视觉语言，营造他所说的另一种现

图 10 《血缘—大家庭：全家福 1 号》，张晓刚，1994 年，布面油画，150cm×180cm，图片由艺术家提供

实——一种"内心感应后的现实"。他知道从他的个人气质出发，这种语言不仅应该是冷峻不乏理性的，还应该是神秘、暧昧、保持有节制的幻觉和诗意化的，如果说旧照片为这种语言提供了一个可供修正的底版，那么从基里科的光影、马格利特超现实的心理空间，尤其是里希特诗意化的虚幻图像中，他真正找到了适合这种表达的心理语言，当

然，中国民间传统炭精肖像画法更为这种语言的形成增添了某种本土美学的色彩，不过这一点的意义似乎不应夸大。这一图像修正既是对他前期作品中浪漫性"人文情感"的抑制过程，也是对前期作品中过度的象征元素、造型结构、空间处理、笔触色调甚至五官表情进行简化的过程，它使肖像趋于中性化和意象化。1996年，在完成这种语言修正后不久，我曾与他进行了一次他称之为"深入的"访谈，他曾详细地描述了这一过程：

> 1993年我刚开始画"全家福"时，是基于旧照片的触动。我无法说清楚那些被精心修饰后的旧照片究竟触动了自己心灵深处的哪一根神经，它们使我浮想联翩，爱不释手。经过一个阶段后，我才逐步认识到，在那些标准化的"全家福"中，打动我的除了那些历史背景之外，正是那种被模式化的"修饰感"。其中包含着中国俗文化长期以来所特有的审美意识，比如模糊个性，"充满诗意"的中性化美感。
> ……
> 开始时我还比较忠实于从照片中获得的东西，包括不同的人物形象和一些服饰等细节。1994年后，我意识到我只需要画"一个人"：他可能是男的，也可能是女的，只不过是从发型和服装上的界定而已。这样更能够突出"家庭"的主题和中性文化的感觉。于是照片从此只为我提供一种构图和氛围的参考。我把照片分为"全家福""同志照""情人照"和"标准像"几个类型，然后以一个人的面孔作为模式，重复出现在不同的画面上……我喜欢用手绘形成的"偏差感"，因为这样可以加强某种"近亲繁殖"的感觉，为了画出某种虚幻和阴柔的冷漠感、距离感。[14]

以"血缘"为观念基调的《血缘—大家庭：全家福1号》是一次魔幻现实主义的美学尝试，它由"全家福""同志""兄妹""姐妹""婴儿"等几组原型图像关系构成，它们几乎包含了中国人所有的家族和亲友间的人际关系，灰暗背景和虚幻化的人像轮廓造型提供了一个冷峻而深沉的历史底版，中国人家庭和亲友的相片模式提示了图像记忆的私密性和家族性范围（事实上《血缘—大家庭：全家福1号》最早和最持久的照片原型都来源于艺术家本人及其亲友），前期作品中由各类象征性物象构成的超现实空间被一种时间性的意象描述所代替，"张晓刚光斑"不再仅仅是某种宗教空间的营造手段，它更大程度上是一种时间和心理叙事的语汇：笔触和造型结构的虚化甚至抹除，人物五官、表情和服饰的类型化处理极大加强了画面心理叙述的可能，而每幅作品中黄红两色的原色人物、象征性的红线与背景的灰色基调形成一种心理化的超现实关系，它也许正是张晓刚所追求的——传递一种记忆或幻影中的图像，一种心灵感应后的现实。

《血缘—大家庭：全家福 1 号》关心的仍然是孤独的个体在历史和集体中的命运，但那些历史化的公共世界不仅构成个人生活的背景，它还是个人命运得以展开的直接母体。这一主题很像加西亚·马尔克斯笔下马贡多的布恩迪亚家族，虽然它不能像后者那样提供宏大诡谲的历史场景和跌宕起伏的人物命运，但无论涉及的问题还是表现手法，我们都能找到它们的相通之处：家族性神话原型与突变性的现代命运的交融与冲突，时间和记忆消失造成的巨大的心理恐慌和焦虑，意象性的叙事形成的陌生化和距离感，从这个意义上讲，《血缘—大家庭：全家福 1 号》更像是一部视觉化的《百年孤独》，一部有关普通中国人的"日常生活的史诗"。

需要说明的是，无论是"血缘"还是"大家庭"都是一种真正意义上的个人叙事，在张晓刚把自己定位成为一位"内心独白型"的艺术家时，营造一个祛魅后的个人世界就成为当务之急，这是一种由形而上的宗教叙事向经验化的个人叙事的转移，由抽象的生命存在向具体的世俗生活发问的转移，由"尊神"的卡夫卡向"渎神"的昆德拉的转移，也是视觉上由象征性表达向意象化描述的转移，由空间性叙事向时间性叙事的转移。《血缘—大家庭：全家福 1 号》以视觉图像方式完成的这种个人叙事虽然借助了意识形态历史这根纬线，但它的主体仍然是现代社会中"孤独的个人"，它是对"个人忍受着历史"的内心化描述，并不涉及对具体的政治现实和公共伦理的批判，甚至不承载普遍性的人文关怀。这种叙事只是一种浮生焦虑和自救体验，一种私密的、模糊的、感觉性和情绪化的、没有准确目标的个人化叙事，它不承担区分善恶、评断历史这类真理的义务，一如昆德拉在谈论小说时所言，这种叙事是"在雾中的自由"。[15]

但张晓刚这种营造个人世界的努力似乎从一开始就遇到了来自公共世界的干扰。还在二十世纪九十年代初，张晓刚曾经这样预言自己的艺术："像我这一类的艺术家将与'偶像时代'格格不入。如果这个时代一天不停止以制造轰动效应为目的，这类内向式的艺术和艺术家就不可能真正引起关注。"[16]但历史就像一个无法捉摸的咒师，与他本人的预言相反，"血缘—大家庭"系列这样的"内向式"艺术从产生开始就成为各类艺术批评和意识形态"凝视"和过度阐释的对象，而且日益成为新闻传媒、时尚文化和商业投资追捧的"偶像"：他把自己想象成孤独的凡·高，而现实却给了他安迪·沃霍尔的待遇，这个现实更像是对他自己预言的某种嘲讽。

1994年《血缘—大家庭：全家福1号》在第22届圣保罗国际双年展首次展出，并获得了展览颁发的铜质奖章；次年，《血缘—大家庭1号》《血缘—大家庭2号》《血缘—大家庭3号》参加了克莱尔策划的以"身份与差异"为主题的第46届威尼斯国际双年展，从此，在国际当代艺术舞台不断升温的

"中国热"中，张晓刚和他的"血缘—大家庭"开始成为某种无法取代的图像标志。在他刚刚参加完威尼斯双年展回国后我与他的那次谈话中，他就十分警觉地谈到西方关注中国时的"苏联模式"和"意识形态环境"。但事实上，西方对"血缘—大家庭"的凝视就从来没有超越过意识形态认读的范围：一方面，它被高度"东方化"，被视为某种类型化的东方情调的图像符号；另一方面，它被高度"政治化"，被视为某种具体政治现实的直接反映。

《西方80年代艺术》的作者爱德华·卢西–史密斯（Edward Lucie-Smith）对张晓刚艺术的"赞誉性"评价就充满了这样的解读：

总而言之，我们该如何来释读张晓刚的作品呢？首先，虽然创作的灵感来自老相片，但根源还在传统的祖容像上。这些祖容像画工严谨，却毫无生气，体现的是中国人对传宗接代的极度重视。整个20世纪的中国动荡不安，这种延续香火的观念不但受到各种运动的冲击，还受到引进的新的政治、社会理念的冲击。张晓刚的作品暗示这种根深蒂固的传统观念会在许

多地方残存下来，哪怕是在知识精英阶层的身上，在那些受西方文化影响最深并且许多方面都已西化的人身上，我们都可能看到这种观念。

张晓刚的作品还暗示了中国新兴中产阶级所不得不承受的精神压力，至少在某种程度上还在延续。他们心神不宁，这种不安可以从细节中看出来，例如在这类题材的一些群像作品中，通常会有一个斜视的儿童是不看前方的，瞳孔游离于眼角处。在一幅其他所有人都注视观者的作品中，这会产生独特的干扰效果。

另外一类更为极端的政治性解读是认定"血缘—大家庭"系列是中国计划生育政策的现实反映，而"作品中的这些颜色具有象征性的政治或者种族含义。红颜色的孩子就如新共产主义世界的公民。男孩的下半身或者外生殖器暴露，表达了中国社会中男孩所享有的崇高地位"。[17]

面对这样的解读，张晓刚往往显得十分无奈："很多人问我，你画'三口之家'是不是跟计划生育有关系？我还画过有两个孩子的你怎么不看？""西方人从另外一个

角度去看，觉得我是表现'文革'，反对意识形态。但中国就是这样，只要一画中国人，就变成这样，除非不画中国人……很多人觉得我是在画'文革'和历史，其实不是，我是把个人放到历史中去表现，我想看到的是个人在历史中的一种状态，以及个人在集体中的关系。画面中相貌相似的人物表情及服饰都在强调一种个性与共性之间的矛盾。有些人觉得我的作品中强调了一种集体对个人的某种压制和改变，其实没有那么单一，人性永远都是矛盾的、双面的，正如历史绝不仅仅是我们在书本上所看到的那样，艺术也绝不仅仅是现实的一面镜子。"[18]

在"血缘—大家庭"中，"历史"为张晓刚的内在化叙事增加了一个新的维度，但如上所述，"历史"在这种叙事中既不充当文化或社会这类宏大叙述的母题，也不像后来大多数解释者所认定的意识形态的批判符号，它仍然是张晓刚用于心理叙事的视觉元素，甚至可以说，在神的世界消退后，"历史"成为张晓刚保持他与现实世界和浮华人生之间距离的一种凭证。仿佛生命中他能预感到人们会对"血缘—大家庭"进行的意识形态解读，所以，从一开始

他就一再申诉自己是一个"体验式"的、"内心独白型"的艺术家，而不是"文化型""社会型"或是"科研型"的艺术家，他不希望也不相信艺术能改变什么，他要做的只是"把个人放到历史中去表现，看到的是个人在历史中的一种状态，以及个人在集体中的关系"，[19]公共世界的这类"凝视"要么是别有用心，要么是不得要领，因为"血缘—大家庭"所要面对的并不是某种具体的政治故事或社会现实，它也无意对这些现实进行伦理反映和批判——无论是社会主义还是资本主义的。它要叙述的只是在现代性的历史中脆弱、敏感、偶然的个体生命，以及它的具体心性和生活境遇，这仍然只是一种关于孤独的个人生活和生存价值的发问而与"公共世界"的伦理与秩序无关。在这一点上，刘小枫的现代叙事理论对我们理解"血缘—大家庭"或许会有所启示，这种理论将现代小说的"叙事伦理"分为人民伦理的大叙事和自由伦理的个体叙事，前者（无论是以教化还是以批判的方式）是围绕民族、国家及历史目标提供某种集体性的道德原则和生存规范，而后者只是"个体生命的叹息或想象，某

一个人活过的生命痕印或经历的人生变故。自由伦理不是由某些历史圣哲设立的戒律或某个国家化的道德宪法设定的生存规范构成的，而是由一个个具体的偶在个体的生活事件构成的"。是"依据个人的心性来编织属己的生命经纬"，是一种关于个人生命的"呢喃自语"，[20]而这种小说叙事的代表正是米兰·昆德拉：一位一直反对人们对他的生活和创作中的政治故事进行意识形态释读的捷克作家。在昆德拉看来，小说并没有提供道德动员的义务，相反，伦理的模糊性和相对性才是小说"存在的唯一理由"、小说"自己的道德"，所以，小说叙事只表明生活像迷雾，它只关心个人生存的晕眩和沉醉。[21]昆德拉笔下人物（如《不能承受的生命之轻》中的托马斯、萨宾娜、特丽莎或是《笑忘书》中的卡瑞尔、伊娃、玛吉达）的真正魅力都不源于萦绕他（她）们的意识形态现实，也不源于对这些现实的道德批判，刚刚相反，他（她）们的魅力都是在这种政治故事真正进入活生生的肉身世界的叙事时才产生的。

恰好，昆德拉也是张晓刚最喜欢的当代作家之一，这不仅因为《不能承受的生命之

轻》这类作品与他的艺术有着相似的"意识形态背景"和"现实尴尬",而且因为它们可以成为他这类"内心化"艺术家直接模仿的对象:"在这个'模仿'中,缓慢地、小心谨慎地接近我们的真实的现实,遥远而不敢攀及的传统,以及每天都在跳动的敏感的内心。"也许,真正重要的是他们都是自述性的"个人主义"而不是道德性的"个人主义",所以,他称昆德拉和他的作品是"自己最贴切的朋友""一支曾经在黑暗中照亮我们的蜡烛",[22] 而据说昆德拉也曾希望以诗配画的形式出版他俩的合集,可惜由于突患喉癌,这种愿望被无限期搁置了,否则两位惺惺相惜的精神知己或许会用文字和图像为我们创造一种我们无法预料的"诗的绘画"或是"绘画的诗"。

在别的地方张晓刚也曾这样谈过自己对文学、音乐和美术的共同趣味:

> 我喜欢卡夫卡式的东西,梦呓般的自言自语,但是又充满内心情感的因素。我不适合去表达一种普遍的东西,而是(习惯)表达一种类型化的(东西),所以我喜欢卡夫卡、杜拉斯、马尔克斯这类的感觉会胜于雨果、托尔斯泰;

比如说古典音乐,我就比较喜欢贝多芬,像勃拉姆斯、瓦格纳的宏大叙事我进入不了。我比较偏向个人化、个性化的,比如肖邦和拉赫玛尼罗夫到现代的摇滚音乐,对《门》那样的音乐我不太有感觉,而喜欢《迷墙》那样的,有一种死亡感,思考一种现实对人的心灵的影响。美术上,我会喜欢基里科和蒙克这样的艺术家,不太喜欢达利、康定斯基。即便同样都是现实主义,我喜欢苏里科夫而不喜欢列宾。苏里科夫有一种发自内心的悲剧感,而列宾更多的是一种现实主义人文关怀,一个是把自己看成悲剧中的某一个角色,另一个是站得很高,去关注一种社会悲剧。[23]

或许只有沿着这样的精神路径我们才能接近"血缘—大家庭",体会这类内在化自由叙事在不习惯个人表达的当下中国的真正价值,而如果我们无法指望西方解读者超越文化和意识形态的双重障碍去进行这样的阅读,像解读昆德拉、里希特这类有社会主义经验的艺术家那样去解读张晓刚,那么,我们自己至少应该学会在面对这些图像进行政治和伦理解读时小心翼翼。

以"血缘"为纬线,张晓刚形成了自己艺术世界中一种真正意义上的内在化叙事,一种超越意识形态的"个人意识形态"。在那些看似类型化的集体图像背后并不是关于意识形态历史的叙述,更不是某种具体政治意见的表达,它们是活生生的、偶在的独处生命在巨大的历史车轮声中的苍凉低吟,是一个个具体的有关欲望、性爱或幸福或悲痛的零碎故事,是对支配个体生命的所有异己力量的心理抗争,就像基斯洛夫斯基镜头中的瓦伦婷(《红》)、卡洛夫妇(《白》)或是茱丽叶(《蓝》)。

## 三、追忆:
## 从史的世界到诗的世界

《忘川》是张晓刚在"彼岸时期"的一幅作品,它取材自古希腊传说中的故事,据说人死后需要去"忘川"中洗尽人间记忆才能进入另一个世界。如果说,这件寓言性作品在当时的情境中还只是一种强烈的宗教和政治表达,那么它作为一个"现代性"主题的展开则要等到十年以后。

新的世纪来临时张晓刚的个人生活发生了根本的变化,这时他已定居北京,学术与市场的双向成功开始使他成为一个公众人物,记得他曾说过:"艺术首先应该是个人的,然后才是公共的。当然,如果你进入历史,艺术又再次成为个人。"当"血缘—大家庭"成为中国当代艺术的一种公共图像真正"进入历史"时,他也许已经意识到这样一种危险:当"血缘—大家庭"被视为一种有关中国历史和集体的意识形态表达时,它真正的个人独白的意义会被无情地掩盖和遗忘,艺术如何在历史中"再次成为个人"开始成为新问题,也许正是这类思考催生了"失忆与记忆"系列(包括"风景"系列、"描述"系列、"里和外"系列、"绿墙"等几组作品)。如果说,"血缘—大家庭"式的历史叙事主要讲述个人在集体中的命运,那么,"失忆与记忆"则要叙述一种更为微观的心理现实。

记忆一直是现代性反思的主题之一,现代化的祛魅过程造成了巨大的时间性断裂,它往往将人们弃置于一种无所傍依的碎片化感觉之中,正如古怪的失眠病毒使马贡多人患上了普遍的失忆症一样,马贡多的世界因此几乎陷入没有归依、分崩离析、万劫难复的境地。遗忘往往与孤独相伴，它还永无休止地加剧了孤独；失忆不仅意味着和过去的断裂，更意味着现实生活的没有着落，守护记忆和抵抗遗忘因此而成为灵魂的要务，《百年孤独》中马贡多人就是借助文字重新唤回了对事物的记忆。在2000年后关于失忆与记忆关系的思索中，张晓刚为"记忆"和"失忆"赋予了更为复杂的心理内容，甚至对它们的含义进行了重新定义，这一过程来自某种现实的焦虑：

> 我们在哪里？我们生活在昨天中，今天中，还是未来中呢？……天气一天天开始热了起来。本来今天应该工作的，结果到了下午被朋友约到郊区去看一个新开的别墅小区……恍惚中仿佛在国外的某个小镇，或意大利或西班牙，或美国或法兰西。这种表面拷贝国外的模式，这些年来可谓是层出不穷，是很多项目的一个出发点。慢慢地，咱们不知不觉地生活在一个盗版的西方世界之中了——实际上不可能是真正的西方，但同时也不可能是在东方了。我们究竟生活在何处？我们生活在一个"西方的概念"之中。

我们的记忆在这些虚假的环境之中，或者被封存在一些书籍、照片、电影之中了，或者在某种变异之中转换成了某种混合的记忆，它使我们成了今天的一个具有两重性（甚至多重性）的混合型的人格，影响着我们的思考和行为。

今年我的这批"新作"实际上已是几年前的一些小稿，它们似乎与过去的"手记"系列又扯上了关系。只是当时正忙于"大家庭"系列的作品，一直未能形成。时隔数年，过去的生活图像在我的当下现实中逐渐地在淡远，但又同时在梦中更加的逼近——以至于使我常常分不清它们究竟是属于过去，还是一出正在演出的戏剧。我们因为"记忆"而感到自己拥有了许多财富。同时在面对快速变幻的时代中，却又因为我们太多的"记忆"而"负债累累"，肩负着沉重的包袱。在此情形下"失忆"似乎又成为某种使我们能得以走向未来的生存本能？"大家庭"对我而言，似乎更多的是一种来自国家和民族的"集体记忆"，但它所起到的却又恰恰是某种虚幻的作用。而我目前所画的内容，表面上看与个人的生活关系更多，但指向仍是公共与个人的复杂关系——过去与现实的相互矛盾、相互暧昧、相互依存——这种时间的混乱引入到人性深层结构中，永远无法摆脱的孤独与惶恐。……"失忆"，在使我们感伤的同时（使我们）内心充满了力量；"记忆"，使我们在虚幻的王国中为心灵建造起一块可以栖身的墓穴。

不要去度量生命和现实究竟存在多大的距离，不要去怀疑理想和未来是否在同一个方向。一切似乎在提醒你只要坚定地运用"失忆的能力"去拥抱现实，展望未来就可以了。……记忆像一条被水泥盖封住了的暗流，只在我们的睡眠中悄然淌过，错乱了时空。

女儿在一天天地长大。她所固守的那点童年的记忆随着成长在一天天地破灭。现实与她所理解的"记忆"似乎在向着相反的方向发展，迫使她必须有一个全新的面对。[24]

如果说《黑白之间的幽灵》系列的宗教感和"血缘—大家庭"系列的历史感都来自苦难现实的经验，那么，"失忆与记忆"系列却来自对"幸福"生活的感触，来自"成功后的虚无感"，前者是借用集体记忆的一种个人表达，后者则是直接来源于个人经验的心性诉说。这是一种更为深层的孤独叙事：追忆让我们建立起与过去生活的联系，使我们获得瞬间的安宁和逃避，但在高度变幻的场景中记忆有时又会成为我们把握现在时的一种无益的累赘，失忆反倒成为我们即时领悟的一剂药方，这真是一种时间性的"生存晕眩"，而当记忆和失忆在我们的现实生活中都显得无足轻重时，它们就不再是一对矛盾而变成一种真正的痛苦悖论，这点很像昆德拉的时间观：

人们只在过去的时间中认识现实。人们不认识它在现在时刻，它正在经过，它在的时刻的那种状态。然而现在时刻与它的回忆并不相像。回忆不是对遗忘的否定，回忆是遗忘的一种形式。
……
寻找失去的现在，寻找一刻间的真实旋律，要使人惊讶和要捕捉住这一逝去的真实的欲望，因此而揭穿即刻现实中的神秘的欲望。即刻的现实在我们的生命中不断地落荒而逃，我们的生命因此而变成世上最不为人知的事物。[25]

"失忆与记忆"系列始于 1996 年—1997 年的一批小稿，这些小稿与八十年代那批自传性的《手记》有关，几乎都是某种瞬间体验和感觉的即时记录，是一种视觉性的日记。2003 年张晓刚开始着手将它们整理成系列作品，这一过程一直延续至今。这一系列的作品由三组相关的图像组成：人物头像、私人物件和风景（张晓刚 2007 年自我总结时，将"风景"系列归入"里和外"系列）。

在"失忆与记忆"中，头颅、手臂、木箱、书信、灯泡这些在《手记》和《深渊集》等早期作品中经常使用的象征道具，现在成了一种新的隐喻叙事的引子，虽然它们的主题依然是有关生命与存在的个人思考，但人物回到了现在，除了构图上保留了《手记》这种速写性的视觉方式外，"血缘—大家庭"中类型化的肖像被拉近、放大和重新个性化，人物头像造型仍然进行了虚幻化的处理，神秘的"张晓刚光斑"像无法挣脱的宿命，但脱离了意识形态道具（如中山装、红领巾）后的人物仿佛突然失去了方位和重心，抵抗遗忘和沉迷失忆的双重煎熬使人坠入某种瞬间的战栗和迷幻的状态；在物的叙述中意识形态化的私人物件或风景重新成

为"追忆"的心理语汇。与"血缘—大家庭"系列使用现成家庭旧照片不同，"失忆与记忆"系列中的物件和风景素材都源于艺术家自拍或翻拍的照片，这种照片大多成像模糊，具有一种里希特式的低沉的诗意感，书信、钢笔、灯泡、老式电话、电视、陈旧的家具、打翻的墨水瓶、暧昧的空间和飘忽的光影构成一幅幅令人兴奋而窒息的心灵场景。源于二十世纪五六十年代的风景在张晓刚笔下褪去了英雄主义时代的浪漫基调，成为一种虚幻的记忆废墟，荒芜的田野、寂静的河流、孤独的高音喇叭、飘扬的旗帜、咆哮的大坝、错乱的光阴和偶尔出现的婴儿提供的是记忆与遗忘的混杂意象，和"血缘—大家庭"比较，它们不再是关于集体命运的抽象陈述而是当下瞬间即逝的个人经验的诗意捕捉。

如果说回忆真的是遗忘的一种形式，那么人的真实存在到底靠什么得以维系呢？难道人真的只有在瞬间的追忆和即时的遗忘中才能延续生存的含义？在一次关于最近作品的访谈中，张晓刚告诉我们有关记忆的思考把他重新带上了形而上学之途：

> 这个记忆是被修改过的……我发现所谓的记忆其实都被人为地修改了，

人只愿意记住自己喜欢的东西，或者愿意记住的东西，让人不高兴的事儿就拼命地忘掉。比方说我在农村当过两年知青，回忆农村的东西，第一印象就是高音喇叭，然后是远山、学校、村公所之类的。……这个中间有很虚幻的感觉，人不是真的要记住过去，而是希望过去对今天有用，能够唤起今天该干什么，所以我现在也在清理一些想法，觉得被修改的记忆这种感觉很严重。最近要在纽约做个展，准备做一组被修改的与睡眠有关的作品。睡眠在今天的生活里成了一种很特殊的东西，它常常成为某种过去与现在的一个交汇的地方，或者像一道暗流，把过去与现在的很多东西混杂在一起，来回地流动，比如说过去的东西，我们的文化传统睡着了吗？还是已经死掉了？睡眠与死亡有时是很相似的，它可能会因此把我们引向一个精神性的领域，也可能导致精神的遗忘或死亡。[26]

被他称为"睡眠"的创作计划仍在进行中，它们的图像来源仍是艺术家自己拍摄的家庭场景，照片处理依然是意象性的，床成为时间和睡眠的叙述媒介，让人联想起他早期作品中那张幽灵般的床单，不过此时心境已异于彼时，意象也由狂躁趋于沉寂。

海德格尔后期以艺术（诗）思考"存在之真理"："艺术就是真理的生成和发生。……作为存在者之澄明和遮蔽，真理乃是通过诗意创造而发生的。凡艺术都是让存在者之真理到达而发生；一切艺术本质上都是诗。"[27] 绘画和雕塑与语言作品的诗（狭义的诗）一样，都是通过诗意创造达到真理之澄明，而在我们身处的神明隐匿的"贫困时代"，艺术家（诗人）的天职就在于摸索远逝诸神的踪迹和对贫困的诗意追问，这种追问既是抵制技术世界（它制造了现代科技和极权国家）危险的自卫手段，也是人反思存在、进入澄明之境的通途。[28] 正是对"记忆"的思考使张晓刚的艺术由史的世界走入了这种诗意追问的世界，这一变化也准确地反映在他的近作"描述"系列中。

开始于2005年的"描述"系列是张晓刚第一次使用图片的作品，与"失忆与记忆"系列一样，这组作品也源于对记忆问题的思考，但除了直接使用图片外，这组作品最突出的变化还在于在画面上加入了书写的环节，它使作品具有强烈的图像文字化的特征，他甚至直接称这种创造方式为"写照片"。

事实上，写作在张晓刚的艺术和生活中一直占有极其重要的位置，我们甚至可以说如果无法直接阅读他的手札、日记、书信和那些文笔洗练沉着的短文，就根本无法进入他的艺术世界，这也是在这篇文章中我们不合常规地大量引用他本人文字的原因。在他的早期作品中，文字也曾一度是画面的叙述元素，例如，"幽灵时期"的素描稿上的题记，《遗梦集》《恶梦集》《深渊集》《手记》中的背景文字拼贴，尤其是早期《血缘—大家庭》(张晓刚1993年的作品，属于"血缘—大家庭"系列的酝酿期)画面中出现的书稿、信札甚至乐谱都呈现了他对图像与文字关系的兴趣，这些文字并不是对图像内容的直接说明，它们更多的是作为意象元素提示作品内在化的叙事特征。在"描述"系列中，文字书写不仅成为画面的主体元素，而且成为他将个人描述与公共图像直接贯通的中介。"描述"系列的图片多取自艺术家随机自拍的家庭场景和电视(多为老电影或纪录片画面)的抓帧，它们构成某种模糊、瞬间、不连贯的记忆底版，和"血缘—大家庭"系列转移旧照片信息再进行虚幻化处理的方法不同，瞬间图像的截取突出了记忆感觉的直接性和碎片性特征。书写是这组作品最重要的叙述手段。文字内容有两类来源，一是艺术家自己的日记、手稿或书信，二是他抄录的平时阅读的书籍。从克尔凯郭尔、凡·高的日记和书信到波德莱尔、杜拉斯的诗歌与小说，也包括一些涂鸦式的草图，手书痕迹使图像和语言文字间呈现出某种直接却又暧昧的关系，这种图像文字化的方式很容易让人联想起中国传统文人画习惯的那种综合性的诗意表达方式。从"彼岸时期"的宗教冥想到"血缘时期"的历史思索，再到"记忆时期"更加微观的心性描述，张晓刚的艺术仿佛经历了一个轮回，而这种新的形而上学的思考明显具备了"诗意追问"的特征。

我们所处的时代经历了太多的变故，个人的声音在历史长河的咆哮中往往显得过于微弱，但唯其如此它才显示了真正值得历史关注的特征。比较大多数已被淹没的个人声音，张晓刚是幸运的，但面对毫无节制的政治解读和市场操作，他的艺术又遭遇被另一种历史淹没的危险。这篇文章不是对这位富有才华的艺术家的全面评价，只是希望对保存那些微弱之声略尽绵力。对艺术家而言，也许只有永无休止的发问和行走才是证明自己的唯一机会，文章结尾的这段文字节录自艺术家最近的一篇日记，它是以那种典型的张晓刚式的伤感笔调写成的，记录了被我称为自述性"个人主义"的一些典型的心理症状，它们往往是由一组组发问结束的：

2008 年 3 月 11 日　晴　有云

……马上要去布拉格了！

那个曾经在黑暗中像一支蜡烛照亮我们的卡夫卡、米兰·昆德拉的故乡。那些曾经散发着浪漫主义的血雨腥风的街道，很快将从电影中、从书本中走下来，成为欧洲的又一座城市。回到家，在新书架上找到了昆德拉的一本新书《身份》，选读一段，算是对那个充满激情的岁月的某种敬意和怀念吧。

……

《身份》之 50："于是我问自己——是谁做梦了？谁梦见了这个故事？谁想象出来的？是她吗？他吗？他们两人？各自为对方想出的这个故事？从哪一刻起，他们的真实生活变成了这险恶的奇思异想？是在列车下英吉利海峡的那一刻？更早些？那个她跟他说要去伦敦的早上？还要早些？在笔记专家事务所里遇到诺曼底小城的咖啡馆招待的那一天？或者还要更早一些？是让－马克给她发第一封信的时候？可他真的发了那些信了吗？或者他只是在脑子里想象着写了？究竟确切地是在哪一刻，真实变成了不真实，现实变成了梦？当时的边界在哪里？边界究竟在哪里？"[29]

2008 年

注释：

[1]节选稿曾刊发于《读书》，2009 年 11 期，第 123－130 页；《荣宝斋》，2010 年 2 期，第 244－247 页。刊发时标题为《一个现代叙事者的多重世界》。另载黄专，《艺术世界中的思想与行动》，北京：北京大学出版社，2010 年，第 157－179 页；黄专主编，《张晓刚：作品、文献与研究 1981－2014》，成都：四川美术出版社，2016 年，第 969－997 页，标题为《一个现代叙事者的多重世界》，内容有所修订，本文按该版本收录，内容有删节。——编者注

[2]作品《描述：2007 年 5 月 1 日》上的文字。

[3]《我们在哪儿？》（*Where Are We*），天安时间当代艺术中心，2008 年。

[4]作品《描述：2007 年 6 月 13 日》上的文字。

[5]海德格尔,《诗人何为?》,载《林中路》,孙周兴译,上海:上海译文出版社,2004 年,第 281 页。

[6]张晓刚,《自述与手记》,原文载《艺术家文摘——深度体验与精神批判》,香港:《艺术潮流》杂志社,1994 年。

[7]张晓刚,"1990 年 11 月 7 日与毛旭辉的通信"。

[8]张晓刚,《寻找那个存在》,载《云南美术通讯》,1987 年 1 月刊,第 18—19 页。

[9]张晓刚,《自述与手记》,载《艺术家文摘——深度体验与精神批判》。

[10]转引自刘小枫,《沉重的肉身》,上海:上海人民出版社,1999 年,第 152 页。

[11]张晓刚,《我的知己——马格利特》,载《艺术世界》,2001 年第 132 期。

[12] 1993 年 8 月 21 日,张晓刚给王林的信。

[13]张晓刚,《我要追求的是第二现实,是一种心理现实——张晓刚访谈》,载《黑白灰——一种主动的文化选择》,长沙:湖南美术出版社,2007 年,第 56—73 页。

[14]《经验、身份与文化判断——黄专、张晓刚访谈》,载《画廊》,1996 年 5—6 期,第 8—11 页。

[15]米兰·昆德拉,《被背叛的遗嘱》,余中先译,上海:上海译文出版社,2003 年。

[16]张晓刚,《内心的力量》。

[17] Virpi Nikkari,《用记忆说话:张晓刚传》(*Image Painted in Memory-Biography of Zhang Xiaogang*),载 *Zhang Xiao Gang* 展览图录,芬兰:萨拉·希尔顿艺术博物馆,2007 年。

[18]《我要追求的是第二现实,是一种心理现实——张晓刚访谈》,第 56—73 页。

[19]《黑白灰——一种主动的文化选择》。

[20]刘小枫,《沉重的肉身》。

[21]昆德拉,《小说的艺术》《被背叛的遗嘱》。

[22]《张晓刚日记》。

[23]《黑白灰——一种主动的文化选择》。我猜想:如果换成中国人,他喜欢的也许就是徐志摩而不是鲁迅,瞎子阿炳而不是聂耳、冼星海,林风眠而不是徐悲鸿。

[24]《我们在哪儿?》(*Where Are We*),北京:天安时间当代艺术中心,2008 年。

[25]昆德拉,《被背叛的遗嘱》,第 133、143 页。

[26]《黑白灰——一种主动的文化选择》,第 56—73 页。

[27]海德格尔,《艺术作品的本源》,载《林中路》,第 59 页。

[28]海德格尔,《诗人何为?》,载《林中路》,第 281—336 页。

[29]作品《描述:2008 年 3 月 11 日》上的文字。

# 冯峰：一个视觉搅局者[1]

## 0

"搅局者"这个词是我在刘庆元和冯峰的一篇谈话中发现的，我想借用它作为评论冯峰艺术的一个关键词，因为它再好不过地描述了冯峰工作的一些方法论特征。

对知识的兴趣一直是冯峰艺术贯穿始终的主题，但这种兴趣与其说来源于掌握知识的愿望，不如说来源于对所有确然性知识的怀疑，来源于某种"搅局"的冲动。这种冲动从语言与图像关系的课题开始，很快就延伸到对科学分类、知识机制甚至艺术生存的专业边界的怀疑，他也因此不断转换着自己的身份：画家、作家、医学爱好者、雕塑家、设计师，以适应这种"搅局者"的角色。

## 1

语言即魔咒，知识即牢笼，在我们短暂的一生中，从看图识字开始我们就无可逃逸地陷入语言和知识的窠臼。语言构成人之所以为人的主体性存在基础，但同时又蕴含着这一主体异化的必然条件；知识既是我们认识世界、获取自由的绳网，也是控制我们、奴役我们的权柄。发现这一悖论性的谜底是二十世纪思想史留给我们的重要遗产，但在我们的日常生活中对各种确然性知识（它的低端形式是常识，最高形式是真理）的怀疑仍常常被视为离经叛道。在我看来，冯峰的特殊性正在于他对艺术的兴趣有一个和他同时代大多数先锋艺术家不太相同的理由：它不源于对现实的愤懑或是对时尚的屈从，而源于对语言和知识的怀疑。

冯峰的早期作品（我把它的时间范围划定在 1993 年到 1997 年期间）是概念主义的，它们突出了对物质—语言—图像关系的敏锐感觉，《有水龙头和汤勺的椅子》（图 1）、《无题》（图 2）和《背负着压力的长凳》（图 3）是隐喻性和叙事性的，它们通过构造各种紧张的物质关系完成对性、自然、生物、文明等多重经验的描述，这些也成为日后他解决那些更为复杂的视觉问题的元素。1995 年开始，对语言学的兴趣促使他完成了一批具有更多分析性色彩的"视觉阅读"作品，这批作品大多取材于艺术史和日常消费品。他后来的回忆告诉我们，这批作品来自他对西方当代艺术知识的第一次怀疑，他自己觉得考虑这类问题与语言学有关——面对西方当代艺术给观众制造的阅读困境，他希望找到像产品说明书那样一套有效的语言系统，一种类似看图识字的东西。"我们先把一些基本的沟通达成，之后才可能再去沟通一些比较抽象或复杂的理念和思想"[2]，在这里，他

图1 《有水龙头和汤勺的椅子》，冯峰，1993年，金属焊接，图片由艺术家提供

图3 《背负着压力的长凳》，冯峰，1994年，木制长凳、砖、玻璃、玻璃杯、金鱼、水、印刷品，图片由艺术家提供

图2 《无题》，冯峰，1994年，综合材料、装置，图片由艺术家提供

用"奥古斯丁图画"式的方式提出问题（这种方式认定语言中的词与它所表示的事物之间有着天然的对应关系，就像图画和它所描绘的对象一样），却用维特根斯坦式的"语言—游戏"的方法解决问题（这种方法认定任何词义的产生都来自它的使用，类似于游戏，只有在定义与对象达成默契的状态下游戏才能开始）：通过设置图像语言的对位与不对位状态将问题移植成各种富有反讽意

图4 《揭穿博伊斯》，冯峰，1993 年，印刷品、铅笔、墨水，26.5cm×34cm，图片由艺术家提供

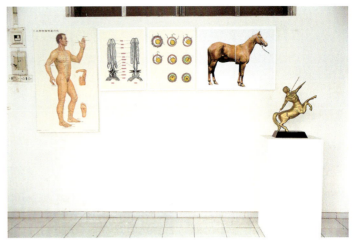

图5 《英雄的诞生》，冯峰，1997 年，综合材料，320cm×50cm×187cm，图片由艺术家提供

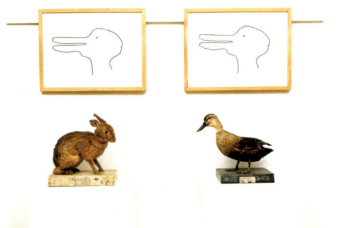

图6 《鸭·兔》，冯峰，1995 年，动物标本、纸、墨水、木，152cm×55cm×210cm，图片由艺术家提供

图7 《速杀》，冯峰，1996 年，雷达牌杀虫喷雾剂、纸、墨水、木，90cm×45cm×210cm，图片由艺术家提供

味的游戏。《揭穿博伊斯》（图 4）机敏地将一个当代艺术史的神话转换成一种日常话语，《英雄的诞生》（图 5）用生物学图示嘲弄"人头马"的商业能指，而《鸭·兔》（图6）、《速杀》（图 7）、《速食》（图 8）、《如何使用避孕套》(图9)、《你想看到什么》(图10)、《用抽象的办法解决问题》（图 11）则对日常生活涉及的语言、事物、思维和行为方式进行了语言学意义上的概念主义阅读。正是从这批作品开始，借助语言—图像

图8 《速食》，冯峰，1996年，碗仔面、纸、墨水、木、油漆，120cm×55cm×170cm，图片由艺术家提供

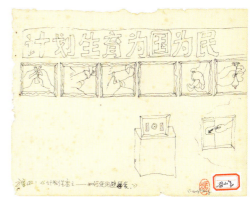

图9 《如何使用避孕套》（草图），冯峰，1997年，图片由艺术家提供

图10 《你想看到什么》，冯峰，1998年，照片、亚克力美术字，图片由艺术家提供

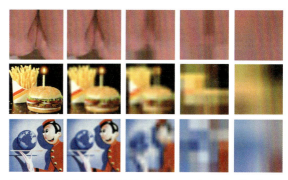

图11 《用抽象的办法解决问题》，冯峰，1998年，相机、数码相片，35cm×35cm×15，图片由艺术家提供

游戏，冯峰扮演起了视觉搅局者的角色。

## 2

1998年冯峰开始创作他的第一部半自传体小说《生殖生理学的故事》，继续着他包含更大野心的搅局游戏。这是一篇好看的青春言情或是"言性"——我拿不准哪个定义更准确——小说，适合正在恋爱和已江河日下的各年龄段阅读。故事只有一个主题：

如何给女性生殖器下定义。在这个有点让人心跳和不安的故事中，对女性生殖器的疑问是存在主义性质的：它到底是性爱的欢娱之地还是生殖的器官？这是一个悖论，就像寻找"城堡"的土地测量员K一样，故事必然以失败收场，故事主人公、研究计划生育的"教授"最后只有这样别扭地回答他追根寻源的助手：

简单来说，它是一块肉；复杂的来说，它是世界的本源。

图12 《外在的胫骨》，冯峰，2003年，三联照片，1100cm×390cm，图片由艺术家提供

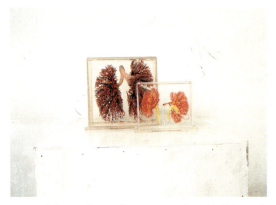

图13 《静物》（局部），冯峰，2001—2007年，相纸、镜框、36张与医学相关的照片，40cm×55cm×36，图片由艺术家提供

图14 《身体里面的风景》（局部），冯峰，2001年，数码相片，图片由艺术家提供

图15 《外在的肾脏》，冯峰，2001—2002年，照片、医疗器械、病历，尺寸可变，图片由艺术家提供

　　女性生殖器问题是一个隐喻，在这个多少有点挑衅性的主题背后隐含了作者的诸多怀疑和不满，比如对"科学""知识分类"或是"专业化"，文学在这里成为科学强权的虚弱的抵抗者，在小说结尾，他不无沮丧地道出了一种宿命：

　　　　爱情，是文学的事；而我们已走向了科学。[3]

　　这种文学搅局的游戏后来延伸出冯峰艺术的另一对主题：身体和医学。在1999年到2003年间他以图片和装置创作了《外在的胫骨》（图12）、《静物》（图13）、《身体里面的风景》（图14）、《外在的肾脏》（图15），作品以貌似科学的方式拍摄了大量医学照片。当这些在视觉上令人惊悚的照片出现在各种类型的展览上时，冯峰通过对它们的"使用"完成了改变它们语义的搅局游戏：当它们由医学图像转换成艺术图像时，它们作为知识的意义不是变得更清晰而是变得更游离、更暧昧了。显然，这种方式不是福柯式的，他的兴趣不在对身体和医学的政治解剖或意识形态的史学考察，当然，他更不希望它们成为简单的政治诉求和对抗符号，像二十世纪九十年代末在中国流行过的那种利用身体进行形式化的政治表达的肤浅做法，所以，他将使用身体的作品统统归入政治表达的批评称为一种"武夫式的做法"。和使用文学方式一样，对冯峰而言，使用医学图像这种貌似科学的视觉方式的唯一意义是方法论性质的：旨在"模仿"一种认识世界的方法。他后来说："其实我对科学知识了解得很少。有的时候，我更愿意把科学看成是炼金术……我觉得我在模仿一个科学的语调描述一个物体，或是模仿透过科学仪器来观察'物质'这样的一种角度，我在有意模仿这样一个角度。实际上我有一种怀疑，在今天'科学'差不多成为一个正确的代名词。它成了一个可以说用来打击别人的有力的武器。那么我觉得把自己变成这样的一个道貌岸然的样子去表述一件事情的时候，有点像文学，或者是有一点戏剧的效果。"

"我老觉得'身体'这个词会掩盖事实的真相。身体只是一个观看的对象，真正的问题是我们今天是怎么认识这个世界的。"[4]

3

如果说，这种"一半是科学，一半是艺术"（刘庆元）的搅局游戏是对西方科学（医学）的认识方法（解剖学）和西方当代艺术媒体观念（图像和现成品）的双重借用，那么，从 2007 年起，另一种内省性怀疑使冯峰放弃了图片和装置这类"新媒体"的实验，转而寻找一些"传统的方式"。这种转变很难说是审美性或艺术性的，我甚至觉得它与我们通常在评价艺术作品时所说的那种创造性冲动无关，他有点认真地解释过这种转变：

> 我想通过一种方式始终把自己的一部分和工人阶级联在一起。说老实话，我对那些灵机一动的东西越来越没有耐心了，古代艺术中的那种纹丝不动的东西才让我感受到了一种力量。[5]

2007 年创作的《金骨头》（图16）仍然是"解剖学式"的，但却使用了真实的人骨

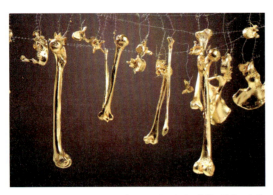

图16 《金骨头》(局部),冯峰,2007年,人骨、金箔、铁丝、油漆,图片由艺术家提供

图17 《盛宴》,冯峰,2008年,上釉瓷雕塑、陶瓷餐具、餐桌、食品、糖果、鲜花、烛台、热带水果、笼子、孔雀鸟、羽毛,700cm×122cm×190cm,图片由艺术家提供

和金箔,人骨的物质性和金箔的象征性之间的强烈对比使作品突然跃出了观察的立场,获得了某种他所期待的与"古代"交接的愉悦。此后,冯峰又使用青铜、陶瓷、木料、织锦、水泥等多种材料完成了大批器官雕塑,他的身份也越来越接近通常概念上的雕塑家(事实上,在这期间他的确应邀参加了几次"雕塑展")。也许,很难对这批东西与目前在国际艺术中流行的以人骨和器官为题材的作品进行形态学上的区分,直到2008年《盛宴》(图17)的出现,我们似乎才重新有了理解这种搅局游戏的机会。

冯峰曾说解剖学使人们获得了一种认识局部世界的方法,但悖论性的是,如果我们试图把拆开来理解的世界重新组装整合,我们仍然得不到完整的世界,"就是说,把所有这些局部被拆开的碎块加在一起的话,它不构成一个完整的整体,或者比整体多或者比整体少"。[6]《盛宴》就像是这种理论的视觉注释,也像是这场搅局游戏的结尾。《盛宴》是一个雕塑的蒙太奇,它的结构是叙事性的,冯峰自己说做这件作品时就像在写小说。在这里,每一个陶瓷雕塑器官、每一件食品或饰物、每一种植物和动物都像一个词、一句短语、一个情节或片段,但它们组合成一场"盛宴"时,却似乎都获得了某种不再服从自我性质的力量。它们不再与科学有关,不再与医学有关,不再与知识有关,甚至不再与当代艺术有关。这种力量也许就是昆德拉在卡夫卡小说中发现的东西:

> 在卡夫卡那里,这一切都很清楚:卡夫卡的世界跟任何一个已知的世界都不相似,它是人类世界一种极限的、未实现的可能性。[7]

2009年7月23日

138

注释：

[1]原文载冯峰，《时间的残渣：1911—2011艺术创作手记》，北京：北京大学出版社，2012年。——编者注

[2]《我们似乎已没有了退路——冯峰、刘庆元访谈》，载《盛宴：冯峰作品》，北京：首都师范大学出版社，2008年。

[3]冯峰，《生殖生理学的故事》，载《盛宴：冯峰作品》。

[4]《我们似乎已没有了退路——冯峰、刘庆元访谈》。

[5]同上。

[6]同上。

[7]米兰·昆德拉，《小说的艺术》，董强译，上海：上海译文出版社，2004年。

# 林天苗的《对视》：一种新型的性别美学[1]

　　"2009 上海浦江华侨城十年公共艺术计划"选择了中国最富才华的女艺术家林天苗，她为计划提供了三组展品，分别是《妈的》《徽章》和《对视》，其中除《妈的》是2008 年在北京长征艺术空间大型个展中展出的作品外，其他两组都是为今年的公共计划创作的新作品，这也是林天苗第一次以公共艺术形式展出自己的作品。

　　"对视"表达了林天苗艺术的一种美学，它不是对传统意义上的男性凝视（male gaze）的一种简单的反凝视，而是希望通过重组一种超越性的互视，改变主体凝视建立在性别差异基础上的权力本性，使其成为一种交流和反省的互动机制，这种美学有三种视觉形式：一、强调女性自我凝视在改变她的"它者"地位时的必要性，"镜像阶段"的自我凝视是一种想象性的视觉化自我完善过程，它有其虚幻、误识和自恋的特征，但却是建立主体意识的必不可少的环节（拉康），所以，这种方式也是女性建立自己主体认知的第一步。二、在此基础上寻求不同主体间的"对视"。这种对视不是母子间那种封闭的凝视（locked gaze），而是主体与主体间开放性、交流性的互视，它以改变掠取性、猎奇性和窥淫式的男性观看方式为目标。三、这种视觉美学最终将导向一种社会学，从而使女性这种新型主体具有政治表述能力。

　　《妈的》（图 1）是由数组微观作品组合而成的大型室内装置作品，它以铺陈各种赤裸无头的女性肢体、腔内脏器和动植物构造出宏大离奇的视觉景观，精致丝绸包裹下的躯干碎片和弥漫四周的无名球体完成了一种矛盾的美学叙事：它们既是和谐的又是撕裂的，既是美丽的又是残酷的，既是平静的又是躁动的。它是女性作为生命之源和作为无意识主体悲剧性纠缠的视觉描述，我们可以将这样的景观解读为女性作为"它者"的史前史。在这里展出的是这件宏大作品中的最大的一组（作品第 14 号）。

　　《对视》（图 2）是林天苗性别哲学的点题之作，它由六组微型装置作品构成，作品形态仍是《妈的》的延续，但六组作品更像是一部女性通过自我凝视和互视的过程

图1 《妈的》No.14，林天苗，2008年，聚脲、真丝、丝线、钢管，450cm×150cm（最大直径），图片由艺术家提供

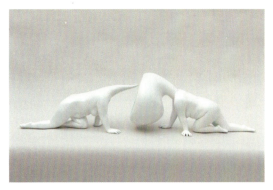

图2 《对视》No.5，林天苗，聚脲、汽车漆，2009年，72cm×28cm×32cm（圆头），70cm×23cm×17cm（尖头），图片由艺术家提供

图3 《徽章》，林天苗，2009年，真丝、丝线，80cm×80cm×16，100cm×100cm×25，120cm×120cm×25

建立主体意识的启示录。从夏娃的故事隐喻开始，女性身体就一直是男性权力的窥视对象，由古典时代羞涩的受罚形象到消费时代炫耀的视觉景观，她们身体的被观者性质从来都没有改变，在"2009上海浦江华侨城十年公共艺术计划"的公共空间中，这组作品以生育、自视、仪式、对视、天使等多重叙事性造型，视觉化地展现女性身体身份由生理属性向主体属性转换的觉悟史："在高度个人主义觉悟的今天，女性有机会以独立的身份及视角多层次解剖自己，将'被观者'

的身份转变成为'剖析者'的视角来把握和支配自己。把只能在私密的个人空间的展示方式移植到开放性空间来，把女人的欲望、激情、要求和意识直接暴露给观赏者，颠覆和考验传统'美'的概念和传统'道德'的标准。深层次地挖掘深藏在人们的内心世界，以平等的心态重建自我。"（林天苗）

《徽章》（图3）是林天苗性别美学的社会学实践。苏珊·桑塔格说"人们通常对制服怀有一种幻想。制服暗示着团体、秩序、身份（身份的表示依靠的是军衔、徽章、勋

章，以及那些表明制服的人是谁，他又做了什么事的东西：其价值得到了承认）、能力、合法的权威以及合法地使用暴力"，在我们的生活中制服和徽章仍然是权力暴力这类男权中心社会特征的象征符号，作品以刺绣这种传统"女红"方式制作出各种徽章，夸张的尺寸和"精心的"制作不仅暗示了这种权力的广泛性和深刻性，也是对这种权力的一种内敛含蓄的反讽和嘲弄，背景中不断出现的女声更加剧了这种警示。这件作品是林天苗艺术中不多见的具有政治表述意味的作品之一，表明女性主义作为一种文化批判力量的可能性途径。

我们将"对视"观念作为理解林天苗艺术的一个关键词，它是对一种解放性的性别美学的最好诠释。

2009 年 7 月 29 日

注释：

[1]原文载《对视：林天苗的艺术》，2009 年。标题为主编略做改动，原标题为《对视：一种新型的性别美学》。——编者注

# 破执：汪建伟的历史和政治叙事[1]

僧肇《不真空论》以中道解有无，主不执于有，也不执于无，非有非无，非此非彼，若有若无，若即若离，旨在解除对所有确然性知识的执障，以这样的方法和眼光观察世界人生就叫"破执"。

汪建伟大概没有使用过这个词，但他的艺术哲学中从来不缺乏类似的辩证智慧：

> 如果我的作品有某种倾向性的东西，我会很警惕。我对暧昧性和不确定性很感兴趣……不确定本身就是控制，它限制你的作品表现出某种很强的倾向性，（促使你）放弃自恋的、胸有成竹的、自信不疑的、准确无误的思想方式，而将质疑作为工作的起点。

怀疑也许是当代艺术的天性，但汪建伟常常提醒自己不要使这种天性变成滥情的道德冲动，他宁愿使这种怀疑处于某种中立的状态，以便让观察和对象之间保持足够的灰色地带——这是他最喜欢使用的词汇之一，从而使怀疑成为一种探讨智慧的认知过程，而不是沦为思想的表达或政治立场的陈述，苏珊·桑塔格（Susan Sontag）在谈论当代艺术与思想作为一种新的神话形式时说过这样一句俏皮的话：

> 艺术本身不是思想，而是从思想内部发展而来的解毒剂。

## 1. 历史与政治

在汪建伟的作品中，历史和政治是两个或并置或交叉的主题，但与其说这是两个考订真伪、辨别是非的主题，还不如说是两个参悟禅机的"话头"或是"公案"，它希望引导我们走入问题的陷阱而不是事实或真理的终点。

## 2.《屏风》

创作年代：2000 年
首演年代：2000 年
首演地点：北京七色光儿童剧院

2000 年创作的《屏风》（图 1）是汪建伟第一部真正意义上——就它实际公演过而

图1 《屏风》，汪建伟，2000 年，多媒体剧场，图片由艺术家提供

言——的剧场作品，它的情节线索和叙事结构都有点像卡夫卡的《审判》，虽然它的晦涩和幽默不是克尔凯郭尔式的而是维特根斯坦式的。

故事源于作者对中国艺术史上一个"漏洞"的阅读，五代名画《韩熙载夜宴图》作者顾闳中的双重身份画家和间谍，提供了一个巨大的历史想象和重读的条件：

> "屏风"的过程既是一种对历史与传统的"考古"，也是对我们自身"阅读"历史方法的"考古"，像维特根斯坦所言，"事物对我们最重要的方面由于简单和熟悉而被隐藏起来"，再没有比被"阅读"了近一千年的艺术更让我们熟悉的了，什么东西被隐藏了？

围绕这个假设性疑问虚构的情节像是一团乱麻，"案情"由一群南唐画家谈论"等待中"的审讯开始，审讯谁、谁来审讯和审讯什么都极度不清晰，甚至：

朱锐：我们不能证明我们是在等候审讯，还是等候问话。

第二幕人物关系似乎清晰起来，审讯者差役对被审者顾闳中的验身是高度实证性的（28 条体征）：从身高到视力、从疤痕到皮肤类型、从畸肢到体臭，但接下来的情形又使"历史阅读"变得暧昧起来：

> 顾：既然像你说的，我被你逮捕了，那我为什么没有被你绑起来，我也没有戴上手铐，怎么能证明我是被捕的？
>
> 差：我们从来不用那些东西。
>
> 顾：那我无法证明我是被捕的。
>
> 差：我只负责逮捕，不负责证明你被捕，那是下一个程序。
>
> 顾：可是我现在还可以出入房间，看电视，打电话，我还有钥匙，我可以去上班？你像个机器。
>
> 差：我也不负责听你的个人想法。另外，你如果坚持你不是顾闳中，你就没有被捕，我们逮捕的是顾闳中。（差役下到屏风后，顾转饰无名氏）（灯光暗场）

就这样，一场有着明确法律关系的审讯

图2 《仪式》，汪建伟，2003年，多媒体剧场，图片由艺术家提供

暗演成一场滑稽的诡辩，而被告人的"转饰"使接下来的场景变得更加诡异，审讯变成了所有人物的"描述""回忆""抗辩"和"互证"，伦理、艺术、正义、人格问题的混乱搅拌使对"历史"的阅读和考订毫无希望地演变成为一场语言游戏，它们遵循的不再是历史的逻辑，而是维特根斯坦揭示的那个"遵守规则"的悖论：如果任何行动路线都可以自行解释为符合规则，那么，规则也就无法成为——在实践意义上的——规则，而如果要强行维持规则，我们也许又必须从语言逻辑重新折回到历史。

## 3.《仪式》

创作时间：2003年

演出时间：2003年

首演地点：英国伦敦 ICA

1923年，顾颉刚以"层累的古史说"在史学界一举成名。与清代以疑古见长的朴学家不同，这一理论假设不再以考订某部古史为目的，甚至不再以辨别历史的真伪为目的，它所要论证的是整体的上古史即"自从盘古开天地，三皇五帝到如今"的故事是如何由战国两汉儒生层累编造出来的这个史学的家丑。傅斯年将这个历史学猜测的价值比喻成牛顿之于力学、达尔文之于生物学的贡献。

《仪式》（图2）是汪建伟另一部重要的历史叙事作品，"考证历史"在这里使用了类似"层累说"的方法，它是一种针对历史文本的方法实验，考察的仍是对历史文本进行开放性阅读的可能性。

曹操和祢衡是一对极不对称的人物，他们通过"击鼓骂曹"这个潜藏着汉魏正统之争的历史伦理故事联系起来，而祢衡这个人物通过相隔千年的三个历史文本（作为正史的《后汉书》、作为民间小说和戏剧的《三国演义》《狂鼓史渔阳三弄》）变得越来越"真实"、丰富和秩序化的过程，提示了"历史"的非线性性格。

图3 《飞鸟不动》，汪建伟，2005年，多媒体剧场，图片由艺术家提供

"仪式"是一种开放性的历史阅读，汪建伟说它有两层含义："击鼓"作为一种仪式的故事文本含义，以及作为一种历史叙事形式的方法论含义，它旨在考察"击鼓骂曹"这样一个历史"事件"和祢衡这样一个符号形象是如何通过层累的写作实践被固定下来的。在我看来，它应该还有第三层含义，那就是，仪式本身如何通过不证自明的伦理和权力而获得超历史的力量，如古代中国的周礼。

《仪式》的人物身份比《屏风》更加暧昧和模糊，仅以甲乙丙丁指代，而面具更加剧了身份的不确定性，他们时而是历史故事的主人公（如祢衡），时而是历史谜底的窥视者；时而是历史故事的讲述人，时而是历史故事的倾听者。所有的讨论只有一个主题：个体的人如何被历史记忆，而讨论注定无果而终，但它却演示了一种破解历史魔咒的知识方法。

## 4.《飞鸟不动》

创作时间：2005年

演出时间：2005年

首演地点：北京阿拉里奥

《飞鸟不动》（图3）处理的是一个抽象的历史主题，探讨的是柏格森所谓形而上学的首要问题：时间。作品使用了古希腊哲人芝诺的这个著名诡辩命题，却为它赋予了某种新的历史隐喻。

与《屏风》和《仪式》不同，《飞鸟不动》采取了一种抽象的历史叙事形式。在这件作品中，杨家将故事的连环画读本《双龙会》作为一种阅读经验被作者刻意"片断化"和"定格"，它想说明的是，"瞬间"也是历史的有效阅读方式：

> 《飞鸟不动》的整个计划产生于一个完全封闭的空间，在一个"与世隔绝"的氛围中，没有具体的时间，但有明确的空间，没有具体的目的，但有具体的对象。整个事件按照一种经典的中国武打模式，并混杂着每个"扮演者"对"角色"的理解发生、发展……在这个特定的空间，原有复杂的历史

关系被简化为连续性的动作……空间所提供的片刻是没有深度的"暂时性"的历史……空间的开放性使空间的意义变得不确定……这种综合性的非线性叙事为影像提供了新的可能性。

历史被抽象，而这种抽象化的历史成为我们理解历史的一种媒介。

## 5. "剧场"

"剧场"是解释汪建伟美学的关键词。对汪建伟而言，选择戏剧这种叙事媒介几乎具有某种方法论上的必然，就像选择影像（电影、录像、电视）具有某种方法论上的必然一样。汪建伟曾经将"多媒体"这样一个当代形式定义为三个相关的方面：重叠的空间、技术和工具，以及最重要的、综合的知识系统和非线性的叙事方式，而剧场则是承载这些观念的"现场"："我觉得'剧场'的真正有意义的地方在于它是个转化和制造意义的现场。"

正是通过"剧场"汪建伟建立了一种反戏剧的戏剧化模式，在这种非线性的叙事模式中作者既不需要为作品设定意义，也不需要预留弦外之音，仿佛这个结构本身就具有不断改变或制造"意义"的能量，而文本、戏剧、电影、装置、表演以及任何一件道具、任何一位表演者、参与者和观看者都无一例外地可以充当这种开放意义的制造者。在《屏风》中作为事件见证人的"窥视者"（他们若隐若现而又无时不在），在《仪式》的背景视频中不断散落的汉字，在《隐蔽的墙》中作为表演者的观众都在不断骚扰、打乱甚至阻止对作品进行任何确定性解读，提供着作者希望我们获得的那种不确定的阅读快感。

## 6.《隐蔽的墙》

创作年代：2000 年

首演时间：2001 年

首演地点：德国柏林世界艺术宫

政治一般都是关于真理和正义的讨论，但在"剧场"这种开放的叙事结构中，汪建伟讲述的政治故事通常总会偏离这个主题而成为某种智识游戏。《隐蔽的墙》就是这

图 4 《征兆》，汪建伟，2008 年，影像

图 5 "征兆——汪建伟大型剧场作品展"在 OCAT 展览现场

类游戏中的一种。

柏林、官方性的当代艺术展开幕式，这种混杂着浓厚政治气味的场景构成了《隐蔽的墙》的有机语境，汪建伟决定为这个开幕式再增加一个开幕式，一个更加政治化的开幕式。结果是：程序一致的两个开幕式最后变成了一种无法确定和控制其意义的双重隐喻。

## 7.《征兆》

创作年代：2008 年

首展时间：2008 年

首展地点：深圳华侨城当代艺术中心

（OCAT）

《征兆》（图 4）的主题是关于"身体"如何演变为"个体"的生产机制与过程，它由一组影像、图片作品和一尊大型雕塑作品构成（图 5），雕塑为 1964 年中国核爆蘑菇云的卧倒形态，来源于作者片断性的历史记忆，作品的影像部分则营造了一个模拟性的"考古"现场，历史与现实毫无逻辑地杂陈，按作者的说法是希望为艺术提供一种类似人类学"异地调查"的方法和形成一种互相诘难的思维方式。

这件作品的时间结构是线性的——从古代中国到近现代中国，但它却通过几组矛盾关系的设置打乱了对这种时间结构进行线性解读的可能，生物属性的身体与社会属性的身体、阶级属性的人群与经济属性的人群、虚构的现实和真实的历史被统合在一种互相依存又互相控制的网络关系之中。

"症候"是一个医学用语，阿尔都塞（Louis Althusser）借用它来说明意识形态的理论考察方式，在他看来，由艺术、意识形态和科学构成的多元关系中，艺术不能像科学那样提供关于意识形态的精确知识，它只能提供一种症候性的观察和生活经验，而批评家对艺术品的解读也只能是通过"症候性的阅读"，在艺术文本的"沉默""空隙"和"省略"处去考察意识形态的控制本能。

批评家通过艺术去阅读意识形态，而汪建伟则希望通过他的艺术去阅读意识形态控制下的历史和政治。

## 8.《观礼台》

创作时间：2009 年

首展时间：2009 年

首展地点：英国曼彻斯特角屋

（Cornerhouse）

与以前的作品不同，汪建伟更愿意称这件作品为一项"研究"，事实上，这项从1997 年开始的研究虽然在英国和深圳进行过两种不同形态的展示，但他仍然认为这是一件尚未完成的作品。

天安门广场是中国最大和最重要的政治空间，作为共和国的"心脏"，它的所有功能几乎都是象征性和仪式性的，而它与中国古代帝国的联系又延伸了这种象征性空

间的历史维度，所有这些都不可能不触及汪建伟敏感的神经：

> 建筑有一个很重要的地方就是"关系"，而（这种）关系在很大程度上有时就直接导致了这个建筑产生的造型风格等方面，这不属于建筑史和艺术史内部要解决的问题，但这正是我感兴趣的问题，也是这件作品的起因。

对观礼台的关注开始于 1997 年的"日常生活建筑"计划，这个计划是汪建伟"空间历史"研究的一部分，和他的其他课题一样，这种研究来源于他对视觉空间生产的知识条件和权力条件的兴趣。他对观礼台的观察几乎是考古学性质的：它作为建筑物的自身历史（它的设计者和设计史、它与广场其他建筑的比例关系、它的使用史），它的建筑功能、视觉功能和象征功能之间的关系，甚至它的"身体政治"属性（谁可以上观礼台，他们代表或象征谁，以及他们通过什么程序成为这种象征物）。

在《观礼台》（图 6）的最初方案中，汪建伟使用的方法是分析性的：以解剖学的方式将原大的观礼台切割移植到世界各大同

图 6-1　汪建伟《观礼台》在英国曼彻斯特展览现场，2009 年

图 6-2　汪建伟《观礼台》在 OCAT 深圳馆展览现场，2009 年，图片由蒋涛拍摄

类政治或宗教广场中，也许他觉得这种复制可能导致一种意义的增生：

感兴趣的就是历史的文本和文本的历史这两个东西。

　　这个方案在 2009 年与英国曼彻斯特都会大学合作举行的"国家遗产"展上以一种稍微不同的方式得以实现，在与英国诺曼·福斯特公司的合作中，观礼台作为一种"意识形态遗产"以电脑三维互动模拟图像的方式移植到曼彻斯特，而在接下来深圳举行的同名展览上，观礼台又以曼彻斯特三维建模的比例放大成为实体建筑骨架，这种多重移植也许未必能够增加它的意义，但无疑使观礼台有了一个作为视觉艺术作品和文化研究文本的新历史，这种历史更像一部重新打开和可以进行多重阅读的图书，而这或许正是当代艺术一直被我们忽略的知识意义。

　　　　我特别希望把文本形成过程中的每个部分都拿出来复制……这样的话在现场就能让人感觉到真正的知识和视觉文化之间的某种关系……我现在

2009 年

注释：

[1]原文载黄专，《艺术世界中的思想与行动》，北京：北京大学出版社，2010 年，第 192—199 页。——编者注

# 谷文达的水墨炼金术[1]

"水墨炼金术"是对中国实验水墨的一种喻指，旨在强调水墨实验作为古代文明和当代文明多重元素化合过程的奇特性和不可预知性，也旨在隐喻这一过程周而复始的超度属性。

"水墨问题"是中国当代艺术的主体性问题之一，无论在二十世纪八十年代的现代主义文化启蒙运动还是在全球化的后现代主义思潮中，"水墨问题"在中国当代艺术史中都扮演着无可替代的历史角色，尤其在形成中国当代艺术独立的文化观念、图像逻辑和美学性格的历史过程中，"水墨问题"更凸现了它作为一种本土性综合资源的独特价值，从文化学、语言学、哲学、思想史和艺术史多语境、全方位开展对"水墨问题"的跨学科研究应该成为中国当代艺术理论建设和史学研究的权重性课题。但长期以来，对这个问题的理论讨论局限于风格史（如抽象水墨或表现水墨之类的风格判断）和一般文化学（如从他者身份等后殖民主义的概念思考）的层面，缺乏从个案角度进行图像理论和视觉文化研究的视野，而谷文达的实验水墨展从这些视野为这个课题提供了一种艺术个案。

谷文达在中国当代艺术史中的地位是由他的两项工作成就奠定的：对母语文化和西方文化全方位的批判立场和持续性的艺术实验，而对中国母语文化的批判性重建是其工作的出发点和核心内容。在他众多的艺术课题中，"水墨问题"是他关注时间最长、涉及范围最广和实验方式最深入的艺术实验项目，它构成了我们对谷文达进行思想史和艺术史研究的基础，与他的另外两项重大实验成果——"联合国"和"碑林—唐诗后著"——也有着学术上的互文关系。

作为中国当代实验水墨的奠基者，谷文达的水墨实验主要围绕"文字图像""文化语词"和"生物材料"三项观念课题展开，涉及哲学、文化学、语言学、生物学和艺术史等广泛的问题领域，这些课题以横向的"问题"和纵向的"历史"两条线索，延伸出"水墨问题"作为全球化当代艺术的有机部分的几个无法逃避的问题：

1. "水墨问题"在政治哲学、视觉文

图1 "水墨炼金术：谷文达实验水墨展"展览现场，2010年，图片由蒋涛拍摄

学和艺术史研究中的理论价值；

2. "水墨问题"在形成中国当代艺术独立的文化观念、文字与图像逻辑和美学性格的历史过程中的作用和可能性；

3. "水墨问题"语言学实验的多重可能性。

展览将以谷文达水墨实验史为轴线，分为四个主题单元（第一单元"遗失的王朝：文字—图像实验"。第二单元"谷氏简词：文化—语词实验"。第三单元"墨术与茶术：生物—材料实验"。第四单元"黑金：延伸

的实验"）展现谷文达水墨实验艺术的普遍意义和特殊价值：

"水墨炼金术：谷文达实验水墨展"（图1）是一个关于"水墨问题"的展览，它通过对谷文达将近三十年的水墨艺术实验的回顾，力图为我们思考当代中国实验水墨提供一个新的问题支点，进而将实验水墨的形式问题推进为视觉文化问题，将本土艺术问题推进为全球当代艺术问题，将中国问题推进为人类的普遍问题。

2010 年

注释：

[1]原文载黄专主编，《水墨炼金术：谷文达的实验水墨》，广州：岭南美术出版社，2010年，第1—3页。本文为该出版物序文。——编者注

# 谷文达的《中园》：一种独特的中国生态乌托邦<sup>[1]</sup>

2007 年在上海启动的"上海浦江华侨城十年公共艺术计划"迄今已举办三届，历时四年，隋建国、汪建伟、林天苗的个人公共艺术展都在国内外引起了极大反响，专业和社会传媒进行了持续的、多方位的报道，传媒称其为"中国最大的公共艺术""中国当代艺术史上最具野心的艺术项目"，"上海浦江华侨城十年公共艺术计划"日益成为上海乃至中国公共文化的一种品牌。

2010 年正值上海世博会举行，它为这项公共艺术计划提供了一个更具象征寓意的背景，为回应"城市：让生活更美好"这一主题，我们选择艺术家谷文达的新作品《中园》(*CHINA PARK*)（图 1）作为 2010 年的"上海浦江华侨城十年公共艺术计划"的个展项目，并将它视为中国当代艺术献给这个危机重重但又充满生机的世界的一份独特的生态乌托邦礼物。

谷文达是中国当代最重要的国际艺术家之一，现居住和工作于中国上海和美国纽约，职业艺术家。曾任明尼苏达大学美术系副教授并由明尼苏达州州长授予荣誉州民，

纽约库柏联盟客座教授，纽约 P.S.1 美术馆国际艺术家评审，芝加哥艺术学院艺术奖学金评委，澳门为申报联合国文化遗产艺术节评委等。

《中园》是艺术家专门为浦江华侨城设计的公共艺术方案，其观念着眼于"园林"

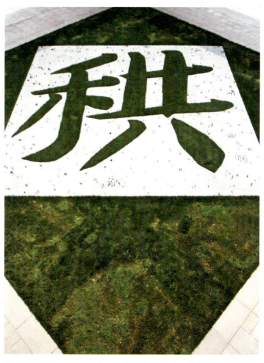

图 1 《中园：功德碑共和广场》，谷文达，2010 年，谷氏简词草地书法、彩色模型、彩色小人模型等，1500cm×1500cm，图片由蒋涛拍摄

这一中国最著名的传统公共艺术形式的历史和未来，正像谷文达对这一方案的自我表述那样："我们今日的园林修造花样繁多，琳琅满目，从纯粹西式古典或现代园林的引进到传统苏州园林的仿造都已经失去了艺术的独创，到处充斥着复制与雷同。绿色书法园林艺术将是一个原创，它融会贯通了古今中外的东西方园林艺术的经典，同时植根于历史与文化的遗产。"

《中园》是"绿色书法公园计划"的一部分，这个计划是艺术家将其长期从事的中国汉字书法观念和形式改造项目和东方园林这种公共艺术形式结合的一项大胆实验。它的目标是创造一种植根于中国本土的未来城市的理想的生态美学和一种新型的绿色生活模式。

这一方案的展示方式依上海浦江华侨城中意文化广场的地形由三个有机方面的内容组成：

## 1. 在三块草坪上安置四季绿色书法（园林设计）模型及环境模拟。

绿色书法园林是以自然界的常青树、河道、池塘和湖泊等为媒材，以中国汉字书法结体的神韵结合来创造气象万千的当代东方园林格局。

《中园》以《谷氏简词》的行书结构形成的书法园林"春风""夏日""秋雨""冬雪"为中心，称为"阳园"。围绕中心的是以《谷氏简词》篆书结体的河流水道，以建筑物和人工河道具体呈现，是空灵仰天的，称为"阴园"。此"阳园"与"阴园"的内涵取之于中国的阴阳五行的学说，"阳园"与"阴园"的形式又如同我们篆刻中的阴刻与阳刻，分别呈现出不同的阴刻与阳刻正负形图的关系。在大的书法园林形式格局下，园林中将以小桥、流水、栏杆等景观元素营造出闲庭信步、悠然自在的审美意趣。分布其间的大小景观也由书法园林构成，如"景园"是以"山高""云行""风清""月白"等汉字书法为造园元素，"四季园"选择"春风""夏日""秋雨""冬雪"形成园林的布局，而"华园"则以"中国园林艺术"为章法。

绿色书法园林以汉字书法观念和形式，以常青大树为媒介的园林布局结构来创造当代东方园林。汉字的"造园"使作为环境艺术的这一生态乌托邦达到了中国表意艺术的最高境界。

2. 在广场的室内展示方案整体的模拟沙盘装置，水墨和动漫结合观念作品及大型三维动漫虚拟作品。

大型水墨动画作品以动漫方式视觉化地介绍《中园》这一"绿色书法公园计划"，它以史诗般的恢宏气势和简约静穆的东方意境动态地展示这一生态乌托邦的设计远景和独特美学。《中园》以绿色森林书法、河道书法、篆体书法为主轴结构建立起27个建筑岛屿，其中"书影湖"和"阴阳园"为中心岛，功德门的草地书法是这一主轴的延伸，龟背形地界边缘处是一环形大道，被称为"龟背大道"。"龟背大道"里外同是一片森林，它们自然衔接，富有生机，《中园》书法结构之外的所有区域都是自然湿地，未开发的疏密自然树林与书法草地形成天人合一的崇高境界，而人工建造的"功德碑"和"时代大门"与野生的湿地又形成鲜明的对比。

3. 在广场中心还将安放谷文达为上海新浦江城创作的公共作品"碑林"系列：《谷氏简词碑之九——华侨城园中园》。

《碑林—唐诗后著》是谷文达最重要的代表作之一，它以中国传统碑石形式和《谷式楷典》书法结体传达中西文化交流的问题和前景，这次为上海新浦江城创作的碑石是这一史诗性作品的第一次延伸，它无疑极大提升了《中园》这一公共景观计划的历史感。这件作品将作为"上海浦江华侨城十年公共艺术计划"的一部分永久收藏于上海浦江华侨城的公共地域内。

中国当代艺术正以它独特的价值立场和美学方式成为全球当代主流文化的一部分，以中国方式关注人类当下的普遍问题和困境是中国艺术家的义务和职责，《中园》这一生态乌托邦工程是这种历史使命的具体实践。

2010 年

注释：

[1]原文载《中国：谷文达艺术展》，2010 年，第 16—19 页。标题为主编略做改动，原标题为《中园：一种独特的中国生态乌托邦》。——编者注

# 寻找油画语言的东方性[1]
## —— 读欧洋油画近作

中西艺术的冲突与融合几乎是二十世纪萦绕中国艺术家的一个恒久的课题，在我看来，这既是一种文化挑战，也是一种文化机遇。因为就艺术课题而言，也许世界上不会再有一个国家的艺术家会像中国艺术家这样，可以开放地认识世界，同时又拥有如此丰厚的本土艺术传统，这种背景既为他们的艺术提供了双向资源，也为他们在这两种艺术上有所超越创造了可能性。

油画家欧洋的创作为中西艺术冲突与融合的历程提供了独特的经验，她力图在东方写意性传统和西方现代主义抽象性传统之间寻找到一种适合个人表达的方式，而在我看来，她也的确找到了这样一种方式。欧洋称自己是一个"重感性"的艺术家，但这既不表明她是一个崇尚表现主义的艺术家，也不表明她是一个没有艺术问题的艺术家，恰恰相反，她常常提到赵无极这位善于在东方写意性传统与西方抽象性传统之间制造个人语言的艺术家对她的影响，从更深的角度看，赵无极的艺术在西方画坛的成功也就

是二十世纪初林风眠所倡导的"调和东西艺术"的学术目标的成功。这一目标的特征在于将东方艺术的传统资源和西方现代美术资源进行历史性的嫁接，力图创造出一种既具东方底蕴又不乏现代性的共时性的艺术样式。客观地讲，与潘天寿的东西方艺术"拉开距离"的方案和徐悲鸿"采用西法"的方案比较，这种"调和"方案无疑具有更大的艺术难度和风险性，因为它要求的不是表面化的形式实验，而是两种历史性文化底蕴的共时性的理性组合。

当然，对于欧洋来说，她所处的艺术情境比林风眠甚至赵无极所处的历史情境具有更为复杂和丰富的特征与内容，她的选择和实验也就具有更多的这个时代的痕迹。如果说 1985 年参加赵无极油画训练班的学习是欧洋油画艺术的转折点，那么这种转折的意义就在于她使自己由一位熟悉现实主义创作模式的艺术家转变为一位更具个性和现代品质的实验性艺术家。当然，这里的所谓"现代品质"不是指她是一位"现代派"

或"前卫性"的艺术家，而是指她已成为一位具有明确艺术目标和个性化追求并具有更为开放的艺术视野和个人创作能力的艺术家。从某种意义上来看，赵无极对欧洋的影响，与其说是风格层面的，不如说是价值层面的，或是启示性的，为她将自己的艺术习养、艺术经验带进一种新的创作状态和艺术意境提供了可能性。

欧洋将自己的油画称为"意象油画"，不管这个概念准确与否，都表明了艺术家对自己艺术的一种理性态度：她力图使油画这种西方艺术语言具有东方性的叙述能力，而且是更具个性方式的叙述能力。欧洋的油画是通过几个递进的层面完成这种转换的：首先，她尝试从西方油性语言和东方水性语言这一对基本的形式要素出发去寻找问题的起点，她大胆地在油画布上使用水性晕染的技法，使油性材料产生出一种类似国画中"撞水""撞粉"的色调效果，为画面空灵的意象进行形式铺垫；在画面形象处理上，她没有采用西方纯抽象的语言形态，而是在"似与不似之间"这样的东方美学原则指导下，对中国花卉和西方印象派自然图像这两种图式的多层次、多色调的结构进行修正和调整，

使画面产出一种富有东方韵味的、幻化的意象造型。在欧洋的油画中还有一个不可忽略的语言因素，即对光影的使用。欧洋是一位喜欢光影的艺术家，甚至在"文革"期间的主题性创作中，光影也一直是她的独具个性的语言要素（如在《雏鹰展翅》中，她就独特地在国画作品中采用了光影的处理）。而欧洋对光的理解已不再是现实主义的，也不是印象主义的。在她的油画中，光的使用类似东方传统美学原则中"素以为绚""计白当黑"的作用，往往成为构成欧洋油画中特有的通透感和韵律感的主要表现手法。正是这些形式要素的富于东方性的理解和处理方式构成了欧洋油画东方性的形式基础；也正是在这个层面上，油画语言中的东方性已不再是符号性和标本化的形态效果，而成为具有文化底蕴的个人经验的呈现方式。

欧洋"意象油画"留给我们最直接的也是最持久的印象就是明快、洒脱的写意风格和整体性的音乐感的统一，她的作品画面往往是在确定基本构图后就以表现性的笔触进行多层次、多色调的调整，这种调整过程并不是主观感情的单纯宣泄，而是造型要素间节奏韵律效果和空间层次关系的寻找

过程，正是通过这一过程，欧洋的油画完成着由西方语言向本土语言的转换。可以说，这些独特的美学效果正是欧洋长期研究中国传统绘画构图、置色间形成的韵律节奏与西方油彩色调构成的空间关系的一个自然结果。从欧洋的代表性系列作品《秋池》中我们可以看到，在通透、明快的基本色调背景中，往往出现几枝体现着起承转合、极度符合中国画布局方式的枝干，它们或是以厚重的肌理方式处理，或以晕染皴擦似中国画般的线条表现，多层次的油性色彩的反复重叠与水性材料的自动效果相得益彰，而关键处以光影提亮。在这些作品中，油性材料的沉着厚重与水性材料的通透空灵得到了极富张力的共时性表现。阅读和欣赏这样的作品，常常可以使我们体会到一种由莫奈的《睡莲》到八大山人的《荷鸭图》之间的奇妙的意境转换。这些作品洒脱明快而又不失之粗放，自然天成而又沉着凝练，是理性分析与直觉感悟之间完美而富有个性的有机组合。

寻找到油画语言的东方性一直是二十世纪中国油画家矢志追求的艺术目标之一，这一追寻历程经历了由表面化的题材处理和标本化的符号象征到内在化的艺术深层语言的转换，再到观念价值的文化思考的过程。从总体上讲，欧洋油画创作所关注的中心课题是通过尝试综合两种历时性的艺术语言寻找一种个性化的表达方式，她在艺术创作中所呈现的独特经验和价值为我们的油画东方化过程增添了新的内容和活力，而她由一位已经卓有成就的现实主义艺术家向一位意象油画家转变的经历，无疑又为我们提供了更多开放性的启示。

2010 年

注释:

[1]原文载《中国美术》，2010 年第 1 期，第 78—82 页。——编者注

# 关伟的"魔咒": 一种与严肃有关的灵异游戏[1]

关伟为 2011 年他在 OCAT 的个展提供的计划叫"魔咒"(图 1),这个计划保持了他一贯坚持的灵异风格,十几年来,他在世界各地的美术馆和博物馆设置过形态各异的大小"道场",展示他的大宇宙和小宇宙。不久前(2006—2007 年)他在澳大利亚悉尼动力博物馆的展览"另一种历史——关伟的现代寓言"就以九幅大型环厅壁画和大量奇珍异物,想象性地"还原"了郑和下澳洲这一还未经确凿考订的历史猜想,以向那个沿袭了三百五十年的库克船长登陆澳大利亚的神话进行他所称的游戏性的"挑战"。它被澳大利亚学者评论为:"诗歌传统中的想象和来世,让'另一种历史'成为在精神世界存在着的陈述与对谈、运动与互动的故事。"[2] 当然,关伟的灵异宝库不仅收藏传统的诗歌和来世的想象,事实上,小至针灸穴位、异神怪兽、天文星象、堪舆图经,大至史诗神话、宗教典籍都可以随时成为他设置灵异游戏的资源。

和他的身世一样,关伟的艺术混合了多重文化基因。二十世纪五十年代中期关伟出生在北京一个旧皇族家庭,但在革命年代,这种身份已丧失了文化上的优越感,现在也许我们只能在他雍容的气质和敏捷的思维中才能依稀感觉到这种血统的影响。八十年

图 1 "魔咒——关伟 2011OCAT 个展"展览现场, 2011 年

代末经过短暂的本土现代主义运动的熏陶后，他远赴澳大利亚真正开始了作为当代艺术家的历程。九十年代是全球化的发源期，中国当代艺术也正在与西方的博弈中登上国际舞台，在这种背景中，关伟的艺术从一开始就是在一种复杂的文化矛盾和多维的全景视野里展开的，而他内敛幽默的性格和悲天悯人的气质使他更像一个现代炼金术师，在各种不同文明的神话中不断选取可以用来编造他的现代灵异游戏的材料，让那些在现实中处于高度冲突的文明在游戏中融入一炉。游戏，按文化学者赫伊津哈的定义，是超越当下生活需要的"有意味"的自由活动，游戏在原始世界与通灵性的超验活动相伴随，成为人们洞察宇宙和社会的非逻辑途径，而在与宗教经验无涉的时候，它又以愉悦、幽默、滑稽、轻松的语言特质与抑郁、说教、紧张相制衡，成为人类心智和文明的基石之一。"只有当'心灵'的巨流冲破了宇宙的绝对专制主义时，游戏才变得可能，变得可以考虑和理解。游戏的存在一直加固着人类状况的超逻辑本性。"[3]

"魔咒"计划和他已经完成的其他很多作品的主题一样，是对宇宙命运这一严肃命题的"终极思考"，但它采取了一种"超逻辑"的游戏性设计。赫伊津哈曾说，所有文化传说中的知识与智慧的竞赛都与有关宇宙起源和秩序的谜语相关，"谜语最初是一种神圣的游戏，因此它沟通了娱乐性和严肃性这个二元对立。它兼容二者，既有至关重要的仪式性，本质上又是一场游戏。后来随着文明的发展，谜语衍化成两个方向，一是神秘哲学，一是单纯娱乐。但这一衍化并不表明原来的严肃成分降格为游戏，或原来的游戏成分升级为严肃，事实是，文明的发展逐渐引发了人类思维的分化，以至我们把'游戏'和'严肃'分别看待，但这二者最初是融为一体、连续不断的思维活动，它们共同孕育了人类的文明"[4]。"魔咒"计划正是这样一个有关宇宙谜语的计划，或者准确地说，是一个企图弥合人类思维、使这种猜谜游戏重新"返回"到它本真状态的实验，当然，这个返回必须打上引号，因为它是在完全不同的文明境遇中开始的。我们先看看计划的草图：

> "魔咒"喻指为一个民族悠久的文化积淀。它一直在影响着我们，在现实生活中不断呈现，同时还在不断变化之中。我们背负着这种文化的积淀，游走在不同世界不同的文化之中，在充满诱惑的世界里迷茫、彷徨，转了几圈之后

你会发现，你仍然还在自己的文化圈之中，你又回到了你最初的原点。

"魔咒"展在整体构思上，正是想呈现这样一种行走、流动，又回到原初的一个历程。展览设计为三圈：第一圈是在展厅内四周主墙上呈现宇宙星空、古老的传说、神秘美丽的星座，使人流连忘返。第二圈是画在展厅中四块圆形的外墙壁上，呈现的是大千世界、陆地、海洋、岛屿，神秘的动植物和船及上面的人们，他们在迷惑和恐惧之中寻找家园，第三圈在四块圆形墙壁的内墙上，表现的是神秘符咒。古老的符、卦、脉象、DNA 密码、咒语等人类创造的心灵感知的各种符号。三个圈正好是天、地、人。这里环套环、圈套圈，形成一个循环往复的"魔咒"。[5]

按照这个草图提供的空间设计，被改造过的 OCAT 展场已远离了它的现实功能，它是非感知、非地理性的：既不是一种观念借以完成的物理背景，也不是一个神话叙事展开的"再现"场所，相反，它是一个具有灵异潜能的再生性空间。它的高度的意象形式使它的性质更接近古代文明中区隔性的"神圣空间"，这一计划也因此获得了某种暧昧的仪式效果，在古代文明中游戏性仪式的功能不仅仅是比喻性的展现和模仿，它还是参与者的一种通灵途径，关伟的宇宙想象正是借用了游戏仪式的这一象征色彩，展开他的跨文明的现代神话叙事和空间穿梭，也为观者互动性的空间阅读提供了可能。他坚持以现场壁画（图 2）的方式完成这一计划更加重了这一计划"身体参与"的仪式色彩。

关伟的"神圣空间"显然是多神性和"游牧性"的，他的灵异世界不拒绝任何神灵，例如在 2007 年的方案《来自宇宙的安慰》中，他就曾勾画过一幅泛神论的宇宙图像：希腊的人神、道教的神仙、儒家的圣人、穆斯林的先知、基督教的上帝甚至土著图腾及各路信众，都可以参与他的灵异游戏，而天堂、仙境、西方乐土共同构筑了不分畛域的神圣空间。这种泛神论幻象不仅来源于某种乌托邦式的大同理想，更来源于对我们这个高度理性化和科技化统治世界的焦虑。按德勒兹和瓜塔里的说法，"游牧"既是对由各种符号等级制度组成的思想独裁的逃离，也是对各种"条纹"和"网状"空间（如国家）的逃离，只有实现这种逃离，人才能真正进入开放的空间。当然，游牧不仅仅是逃亡，它还意味

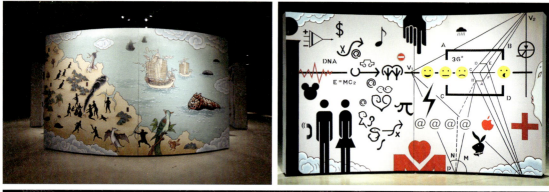

图2 "魔咒——关伟2011OCAT个展"现场壁画(局部),2011年

着某种穿越和生成,一种通过不断迁徙和游走获得的思想与空间的双重生成。游牧和这个隐喻概念的来源"游牧民"一样,它们天然地抗拒一神论宗教的绝对性:"游牧民信奉模糊的、流浪的'一神教',并满足于这种宗教,满足于他们那流动的火焰。游牧民有一种绝对感,但显然是无神论的绝对。"[6]我想,在关伟的灵异游戏中我们看到的也许正是这种流浪性的宗教意识,它们在美学上保持着与灵异神话、史诗传说和超验游戏的天然联系,因而也就保证着"流动火焰"的传承,也正是在这种意义上,这种灵异游戏体现了它相对于当代世俗文明的高度的解放性质。

"游戏性"和"游牧性",这也许是我们在讨论关伟艺术时应该经常重叠和交替使用的关键词。

2011年3月16日

注释:

[1]原文载黄专主编,《魔咒——关伟2011OCAT个展》,2011年,第1—4页。另载《荣宝斋》,2011年6期,第144—151页。标题为主编略做改动,原标题为《魔咒:一种与严肃有关的灵异游戏》。——编者注

[2]白杰明,《行进在关伟的多宝阁》,罗清奇编,《另一种历史——关伟的一个现代寓言:从方案文件到展览实现》,2008年。

[3]约翰·赫伊津哈,《游戏的人》,多人译,北京:中国美术学院出版社,1996年。

[4]同上。

[5]关伟,《关于OCAT的"魔咒"计划》,2010(未刊稿)。

[6]吉尔·德勒兹、费利克斯·瓜塔里,《论游牧学——战争机器》,载陈永国编译,《游牧思想》,长春:吉林人民出版社,2003年。

# 一个观念主义的反题：论张培力[1]

## 一、引子

能够置于二十世纪八十年代以来的中国当代艺术史内在脉络中进行研究的艺术家并不多，只有 20 位左右。这不仅由于这一历史所处时代的复杂性，更由于它的持续性，那些缺乏思想逻辑的参与者要么在一阵阵令人晕眩的潮流运动后离队，要么在输光赌注后匆忙走开。张培力无疑是这"20 位左右"中的一员，但这并非因为他一直是潮流的创造者或处于潮流前沿，恰恰相反，他在这一段历史中的位置，是由他对这一潮流的不断提问和诘难确立的，他敏感得近乎病态的理性和神经总是催促他成为各种当代神话的挑战者——哲学神话、运动神话、观念神话、市场神话、反西方神话和技术神话，正是这种挑战使他的艺术始终保持着他所说的"自然的状态"[2]，一种开放的、无所傍依的、个人性的工作状态，更直接地说，他的艺术一直是作为中国当代艺术主流的某种反题存在的，而正是这种个案性的存在为我们提供了观察这一历史的悖论性的维度。

张培力的工作充满对各种先验性观念主义的怀疑，他一直强调他对自己的工作从来不制定任何原则，它们只是一些具体的事实，"充满着偶然性"。甚至"实验"这类词都让他感觉不自在，"有原则的实验并不是实验，放弃实验也许也是实验"，这类语言机锋也经常出现在他谈论语言风格、录像技术、艺术市场、中国与西方的关系甚至教学的话题中。"我只是想让自己处于一种相对自由的状态"[3]，正是这一简单而又基本的工作态度，决定了他在中国当代艺术中一直扮演着十分重要但又无法归类的角色。

## 二、绘画

人们已经习惯为某些职业赋予超越其职能范围的形容：教师是"人类灵魂的工程师"，护士是"白衣天使"，而科学家是"掌握真理钥匙的人"，这种将普通工作神圣化的嗜好也许源自一种古老的造神习俗，即人们无法超越自然力量时经常会在自己的同类中寻找这种力量的人格化身，这可以说明为什么几乎所有文化的上古史都是由半人半神创造的。这种幻想性崇拜的心理习俗也毫无例外地存在于艺术这个古老的领域中，而现代艺术则被赋予了更为多重的神性功能：自我表现、哲学象征、社会批判……这些赋予有时甚至使人忘记了艺术家的本分首先是一种基于特殊技能的劳动和工作。

张培力的艺术一直在努力剔除附着在这项工作表面的那些神圣光环。

张培力的艺术是伴随二十世纪八十年代那场轰轰烈烈的现代主义艺术运动开始的。这场以现代理性启蒙为背景的艺术运动，似乎从一开始就确定了自己的集体主义属性，这就使这场以解放个人为价值的现代运动命中注定充满悖论。被称为"八五美术新潮"的这场运动延续了"星星画会"的政治反抗热情，但却赋予它一种严肃和宏大的哲学使命，黑格尔（Georg Wilhelm Friedrich Hegel）决定论性质的"理性主义"和各种形态的非理性思潮一直支配着这场运动，使它缺乏任何反思性质，要么参加，要么走开，这几乎是那时运动现场的一种没有选择的

选择。

1983 年至 1987 期间，刚刚毕业于浙江美术学院油画系的张培力创作了《仲夏的泳者》（1985 年）、《休止音符》（1985 年）、《今晚没有爵士》（1987 年）、《X ？》（1986—1987 年，图 1）等一批具有超现实风格的绘画作品，并参加了由他和他的学术伙伴耿建翌等人组织的"'85 新空间"展（1985 年 12 月）。这些作品被后来的艺术史家赋予了过多的表现性阐释，但艺术家自己似乎更愿意将它们视为对同期发生的那场以创造"大文化""大灵魂"为目的的哲学性现代艺术运动的一种谨慎的怀疑，他事后曾经谈到："绘画不应该承担那么多东西——像'巡回画派'那样，过多'叙述性'内容与历史责任将削弱绘画自身的价值。我们认为应该结束这样的时代，一个多愁善感的时代……这里面（指"'85 新空间"中的作品）显现出了与其他艺术团体的不同之处。我们更关注个人经验和一些具体的东西。"[4] 据他自己回忆，在展览的宣言中他甚至提出要"抹煞艺术的神圣性"，因为"神圣的东西你是看不到的"。[5] 在其后（1986 年 5 月）组织的"池社"中他们又"着重强调了艺术的'纯粹性''庄

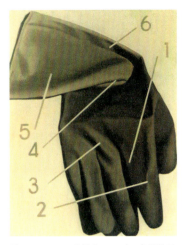

图 1-1 《X？》，张培力，1986 年，布面油画，
110cm×135cm，图片由艺术家提供

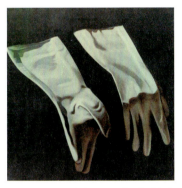

图 1-2 《X？》，张培力，1987 年，布面油画，
100cm×100cm，图片由艺术家提供

严性'"[6]，他们在宣言中也表明"过多的
诠释哲学表现人性也开始使我们感到难受"，
明确了"力图打破语言间的界限，而倡导一
种模糊的形式"。

当然，要体会张培力所说的"个人经验"
和"具体的东西"，我们也许不得不深入到
艺术家个人经历中的心理甚至病理背景，因
为其艺术始终保持的某种"心理主义"特征
与这种背景息息相关。在各种访谈中，张培

力很少提及他的家庭和早期经历对他艺术
的影响，只是在 2008 年他为 OCAT 的个展
做准备，筹备与展览有关的出版物《张培力
艺术工作手册》而做的访谈中，罕有地提供
了这类信息。他在这篇访谈中谈到他的童年
几乎是在病痛的生理和心理折磨中度过的，
"结核性脑膜炎""结核性胸腺炎"是他认
识自己身体的一些基本名词。幸运的是他做
医生的父亲和他家对面的儿童医院把他从
各类可怕的疾病中挽救过来，显然，严格的
传统式家教，在医学院教人体解剖的父亲和
做助产士的母亲比当时的各类政治运动和自
然灾害更直接地影响了他的心智和精神：

> 他经常把器官——脑子、心脏之
> 类的标本拿回家来。我想我跟别的孩
> 子不一样的地方，就是我看到这些东
> 西习以为常了，不会害怕。小时候我
> 经常去我爸爸工作的地方玩，那里有
> 各种各样的尸体标本……那个地方充
> 满药水味道。我对这些味道已经麻木
> 了……我贪玩不肯睡觉，爸爸就威胁
> 我，说你身体本来就不好，如果再生
> 病，要是死了就会像那些标本，用药
> 水泡着，我觉得特别恐怖——这一招

图2 《池边的泳者》，张培力，1986年，布面油画，80cm×80cm，图片由艺术家提供

图3 《请你欣赏爵士》，张培力，1985年，布面油画，195cm×123cm，图片由艺术家提供

对我最有效……我妈妈是助产士，接生孩子的，她在妇产医院工作，她和我爸……在饭桌上经常当着我们的面谈接生的事情，很多名词——"子宫""卵巢""大出血"，等等，我们从小就听习惯了，都无所谓了。我妈妈身上带着的是消毒药水的味道，我爸爸身上带着的是福尔马林药水的味道，现在想起来那是一种特别奇怪的混合。[7]

高中毕业后，他去父亲的学校做了半年的临时工，每天的工作是绘制各类医用教学图谱，画的是骨骼、肌肉和各种内脏器官。当然，在影响他艺术的早期记忆中也有一些与这类病理学背景完全不同的元素，如他的绘画启蒙老师"崔木匠"——在他的记忆中近乎幻觉和神话性的人物，也是一位具有极高古典音乐和绘画教养的下乡知青，后来因

为汞中毒瘫痪而早逝，成为那个时代并不鲜见的一位怀才不遇的天才。他的哥哥和他自己分别延续了他身上的这两种教养：音乐和美术。它们和他的病理记忆共同塑造了他后来艺术性格中摇摆不定又持续发酵的精神元素：敏感和冷静。我们可以谨慎地在这些病理学背景中，去窥视其艺术高度敏感又略显忧郁的气质来源和图像来源。

在"泳者"系列[《仲夏的泳者》（1985年）、《水中的泳者》（1985年）、《仰面的泳者》（1986年）、《池边的泳者》（1986年，图2）]和"音乐"系列[《请你欣赏爵士》（1985年，图3）、《休止音符》（1985年）、《侧面的吹奏者》（1986年）、《正面的吹奏者》（1986年）、《执萨克斯管的人》（1986年）、《今晚没有爵士》（1987年）]中，这样两种早期记忆和个人经验是以超现

实或超级写实的图像方式得以呈现的。不过，在"八五美术新潮"泛哲学化的理性绘画和各种非理性的表现性绘画运动中，这种被称为"冷表现"的画风无形中具有了超越个人经验的反思价值，这种反思首先来源于对"意义"表现的怀疑，在这些几乎凝固的人物和器物图像中，"意义"成为无所指的能指，它们消弭着八十年代经常弥漫和附着在图像上的那些大而化之的哲学和精神神话，成为这场运动的消毒者，他曾说，他一直对"重要的不是艺术"这句话"耿耿于怀"。[8]在1987年为《美术思潮》所写的短文中他巧妙地用"制造意味"来描述他心目中的"艺术家的本分"，表明他在"神圣创造"和纯粹"手工制造"间为自己留下的艺术空间。

如果说这一时期的工作重点在于清理艺术的哲学意义和"自我表现"的神话，那么，也正是这种经验主义的艺术态度使他寻找到了一种与"自我表现""视觉革命"这类"宏大叙事"格格不入的工作方式：观念艺术。

1986年至1987年间创作的《X？》系列，是张培力后来各类形态的观念艺术的一个图像起点。医用乳胶手套，这种被他多次重复的简单的图像符号似乎包含了他以后艺术中的多重密码：图像的母题来源于他早年病理学经历，这一点似乎一望而知，但是硬边造型、单色基调和一些画面加载的无意义的数字符号，抑制了这种图像表现任何个人心理经验的可能性，使它们进入某种抽象的分析状态，它们的意义被无限度地搁置，似乎是一个等待放血的容器。

# 三、文本

1987年，无论对张培力本人还是中国现代艺术史，尤其是后来的中国观念艺术史，都是一个拐点。这一年轰轰烈烈的"八五美术新潮"运动已渐进沉寂，北京的"解析小组"继续着他们无个性的文本分析工作；舟山的吴山专在与他的艺术伙伴完成了《红色75％黑色20％白色5％》（1986年）艺术活动后，开始了他的《红色系列》和《红色幽默》的"文字绘画"；福州的黄永砯在组织完"厦门达达"展后将工作转移到个人研究的领域，创作了《走向小转盘》（1988年）、《〈中国绘画史〉和〈现代绘画史〉在洗衣机里搅拌两分钟》（1987年）等一批中国观念艺术史上的经典作品；王广义在画面上开始了对

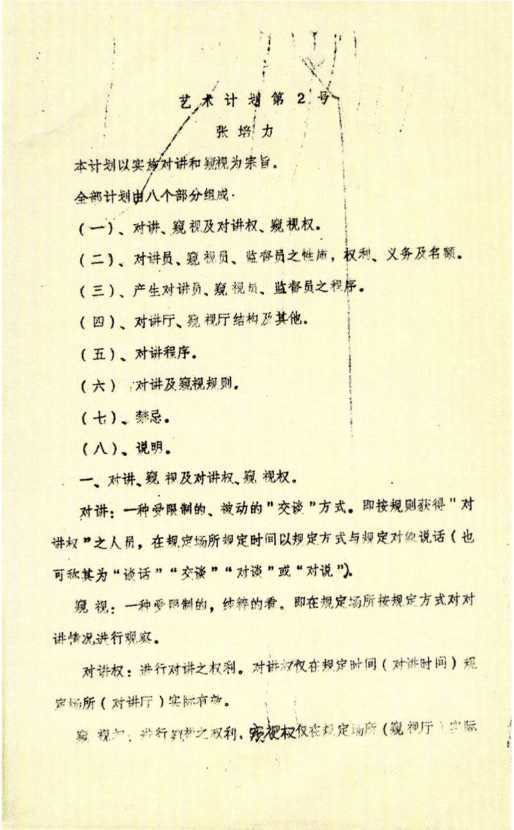
艺术计划第 2 号

张培力

本计划以实施对讲和窥视为宗旨。

全部计划由八个部分组成·

(一)、对讲、窥视及对讲权、窥视权。

(二)、对讲员、窥视员、监督员之性质，权利、义务及名额。

(三)、产生对讲员、窥视员、监督员之程序。

(四)、对讲厅、窥视厅结构及其他。

(五)、对讲程序。

(六) 对讲及窥视规则。

(七)、禁忌。

(八)、说明。

一、对讲、窥视及对讲权、窥视权。

对讲：一种受限制的、被动的"交谈"方式。即按规则获得"对讲权"之人员，在规定场所规定时间以规定方式与规定对象说话（也可称其为"谈话""交谈""对谈"或"对说"）。

窥视：一种受限制的，纯粹的看。即在规定场所按规定方式对对讲情况进行观察。

对讲权：进行对讲之权利。对讲权仅在规定时间（对讲时间）规定场所（对讲厅）实际有效。

窥视权：进行窥视之权利。窥视权仅在规定场所（窥视厅）实际

图 4 《艺术计划第 2 号》，张培力，1987 年，文本，A4 开本，图片由艺术家提供

他前期理性绘画的"图式修正"(《红色理性》系列)；出国后的谷文达则将触角延伸到了汉字装置艺术的实验，如《观众作为棋子的悬挂棋盘的游戏》（1987 年）……这些都表明一种与启蒙性的"八五美术新潮"运动相逆动的观念主义的艺术潜流正在浮出水面。

也正是这一年张培力创作了《先斩后奏的程序——关于〈X？〉》(1987 年) 和《艺术计划第 2 号》（1987 年，图 4）两件文本计划作品，它们和艺术家次年完成的《褐皮书 1 号》（1988 年）一起，成为他彻底摆脱视觉表现的概念主义作品，这些作品按艺术家的描述是为了摆脱和消灭那些"'有教养'的矫揉造作的小资产阶级文化"，而希望用一种设定艺术程序的办法表达某种对"规范"和"制约性"的关注。

在 1989 年一篇重要但却并未发表过的短文中，张培力详细阐释了他的艺术应该引入某种"制约机制"的理论，这一理论旨在使艺术具备彻底摆脱表现神话和消弭其与公众傲慢的审美惰性间紧张关系的可能：

> 制约机制的基本条件应当是：一、排除观赏性、娱乐性（包括带有痛苦成分的娱乐）、戏剧性或新闻性。二、有一个严谨的、中性的规则，以引导"观赏"（或"介入"）。三、所有人都是自愿参与的。四、不存在与艺术无关的权力干预。当然，这些条件下的"作品"也是无法收藏的。
>
> 我在 1987 年完成了两个文字方案作品，第一个是《先斩后奏的程序——关于〈X？〉》（见《中国美术报》1987 年第 45 期），第二个是《艺术计划第 2 号》（见《中国美术报》1988

年第 35 期），前者制定了参观作品时的行进路线、观看规则及其他相应条件，后者则抽取了作为观赏媒介的艺术品本身，将观众置于一个"对话"和"窥视"的关系之中，规则、程序更为详尽、严谨，由于最大限度地限制了行为，观众在"作品"中将完全处于被动状态。在后来完成的《褐皮书一号》中，我以另一种方式强调了对公众趋向的强制性的意味，这便是让人在毫无精神准备的情况下接受一个事实——一个与他意愿无关的"作品"。这可能带有一定的侵犯性，但它本身并非目的，就像手术或注射本身不是目的一样，一切仅仅是对那些体面的、附庸风雅的欣赏态度的反应。在这种条件下，艺术与公众的关系有可能充满张力，正如任何一个牙病患者都不愿接受拔牙一样，对于习惯于轻松散漫地观赏艺术的公众来说，受制于失去观赏性的状态无疑是一种酷刑，但人们从未想过，世界上什么事情不是受制约的（谁也不曾对那些制约的合理性提出疑问）？为什么艺术偏偏例外？艺术命中注定就是提供娱乐？[9]

这篇短文除了对艺术的各种"表现性"功能提出挑战外，还有一些话外之音，表明了他对在中国艺术圈正在形成的各类权力神话和市场神话的警觉。

与同期的其他观念主义艺术作品比较，这几件作品的"概念性"似乎更为彻底和纯粹：与同期吴山专（《红色幽默》系列）或是徐冰（《析世鉴》）、谷文达的文字作品（《静则生灵》）比较，它甚至没有借助任何文化载体（如汉字符号、大字报）、宗教哲学观念（禅宗或现代语言学）或经典文本；而与"解析小组"（《触觉》）或黄永砅的（《非表达的绘画》《六走向的小转盘》）那些完全"无我"的观念作品比较，他的作品又始终保持了某种心理主义的特征，它似乎只关注如何制造日常行为规则和完成规则的心理过程，这点很接近维特根斯坦（Ludwig Wittgenstein）日常语言分析中的一些工作方式，如对语言—游戏的对比分析，对"遵守规则"的悖论论证以及对夸大语言的精神性本质的反感。记得有一次我问张培力《褐皮书一号》这个标题与维特根斯坦的《蓝皮书和褐皮书》（*The Blue and Brown Books*）有关联吗？他坦率地答道："我不知道有那

图5 《1988年甲肝情况的报告》，张培力，1988年，医用乳胶手套、清漆、玻璃、油画颜料，图片由艺术家提供

本书。"（惭愧的是在这之前，我曾在一篇关于八十年代艺术史的思想性研究的文章中还猜测过两者的联系。）虽然他完全有理由对这几件作品进行玄学阐释（事实上很多评论正是这样做），但他似乎一直抑制着这种诱惑，在与别人谈论他的艺术时更愿意使用一些技术术语或描述性语言，而避免对作品的"意义""价值"做大而无当的解释，从而使自己的观念主义作品始终保持在某种感性或经验的状态。这一点在他的作品《1988年甲肝情况的报告》（1988年，图5）中以一种略带戏剧性的自传方式呈现出来：1988年他偶然成为沪杭地区爆发的流行性甲肝的感染者，与那些在医院中死去的患者比较，在经历了近40天的隔离抢救后他成为这场灾难的幸存者，但这场经历使他早年的病理学记忆突然复活，这种心理经验被直接转换到这件装置作品上来。在这件作品的

方案说明文件中，他是这样描述这种转换的：

我最感兴趣的是石膏粉和纯清漆混合产生的半流质状的效果，我发现这种粥样流质较为接近某种具有生命含义的物质，尤其接近那些带有病毒的机体。当石膏粉与清漆的比例变化后，流质的形态和质地也发生了变化，具有很大的丰富性（类似生命样式的丰富性），把这种混合物与我前一段时期使用的符号——医用乳胶手套结合起来对我来说是十分自然的。将颜料掺入石膏清漆中，流质的有机感觉增强了。当把这些不同色彩的流质灌入乳胶手套，让它在里面自然地流淌，我得到许多意想不到的效果。

这类作品大致有两类：一类是现状较为完整的，另一类是碎片。后者相对来说更容易使观者留意到流质与表皮的关系，因而更显得细腻微妙。

由于材料的特性，我觉得我是在较为直接地把握一种有机体。多数人都以为病毒对于机体只是一个偶然，因而通常称它为"不正常"的。在我看

图 6 《30×30》，张培力，1988 年，单视频录像，有声 / 彩色 / 32 分 09 秒 / PAL 制式，图片由艺术家提供

来，所有的病毒都是生命正常现象的一部分，或者说，它仅仅是生命的另一个现象。当我们平静地观察这一现象时，我们能够发现，它的背后同样充满了形而上学的力量。[10]

既不为观念而牺牲感觉，也不为保持这种感觉属性而纵容漫无边际的心理表达，也许只有这样的状态才能使"观念"保持在可以触摸的问题层面，这也许正是康德（Immanuel Kant）在《判断力批判》（*Critique of Judgment*）中所描述的理知活动和感觉活动的那种"二律背反"，在成为一位"录像艺术家"后，张培力作品中的这种心理观念主义的特性更为突出（张培力关于《［卫］字 3 号》的回答、张培力关于"短语""最低像素"的技术说明）。

## 四、录像

1988 年张培力创作了第一件录像作品《30×30》（图 6），这件作品使他获得了"中国录像艺术之父"的称誉，但在谈起这件作品时他简单地说，他只是想运用家用录像机

这种媒体制造出一些与电视的趣味模式不同的东西："我想制作一个让人感到腻味、心烦的东西，它没有概念中的可以引起愉悦情绪的技巧，它让人意识到时间的存在。录像所具有的时间性恰好符合这种需要。"在以后的一次访谈中，他一再提到其作品的时间元素是如何抗拒传统电影的线性叙事和电视影像的娱乐功能的。[11]事实上，这件作品的方案是为筹备中的"黄山会议"（'88中国现代艺术创作研讨会）而准备的，这次会议被认为是继 1986 年"珠海会议"后新潮美术运动又一次重要的群体性聚会，它也被视为一年后"中国现代艺术展"的筹备会议，但与两年前的"珠海会议"相比，这时新潮美术的情境已发生了很大的变化，前期泛哲学、泛文化的新潮运动在各种分析性和批判性的观念主义艺术的冲击下已逐渐进入颓势，而新潮运动领袖希望通过一次群体性聚会重新组合力量的初衷，很显然无法再获得像"珠海会议"时那样的共鸣了，按

张培力的说法，"1985 年之后不久，我们就不喜欢'运动'这个词了"[12]，而张培力正是带着这样的心态创造这件作品并带着它赴会的：

> 实际上构思这件作品时我有一个"阴谋"，但是最后没有实现。当时每家每户都开始有电视了，基本上每天晚上都会坐在电视机前面，因为这是一个新东西。刚好当时中国也开始有索尼的家用摄像机了。1988 年在黄山开现代艺术讨论会，艺术家都被正式地发了通知，要求带上新的作品去交流，内容没有任何规定。我突然想到要做一个录像，三个小时的录像，内容是什么并不重要。我想在三个小时里把所有的人都关在一个房间里，放的时候门反锁着，看完后再把门打开。但最终我还是没有勇气把门锁上，当时有点紧张。放了两分钟以后，就有人在催，说差不多了我们都知道是怎么回事了；高名潞也说，培力要不我们快进吧，于是三小时的录像十分钟就放完了，大家完全没有耐性看。看完了以后，有的人特别激动，觉得特别棒；有的人则和我说你的录像带回去后要好好剪一剪，录像里应该有镜头变化和节奏。[13]

如果说这件录像处女作的第一次"遭遇"在当时的情境中很容易被理解的话，那么，这件使用固定机位拍摄、无任何后期配音和剪接的单调作品成为中国录像艺术史上的一个长久话题，也许是艺术家本人始料未及的。

录像艺术在中国当代艺术中一直扮演着忧郁寡欢的角色，它既没有可能像架上艺术那样获得商业成功的机会，也没有可能像行为艺术那样理所当然地成为"先锋"的象征，这种角色恰好使中国录像艺术一直保有某种精英主义的色彩。和西方一样，中国录像艺术也诞生在一个革命的时代，不同的是，它既没有迅速成长为一个向主流文化宣战的游击队员，也没有可能沦落为技术赞助制度的俘虏，特殊的意识形态环境使一门本性大众化的媒介一直像一个自言自语的游戏。从理论上讲，录像作为一种艺术媒介并不具有现成品或是身体那类媒介的"先锋性"，它的问题更多地集中在艺术与技术（观念形态学）、艺术与大众传媒体制（社会现象学）等现实要素中。中国录像艺术既不可能受惠

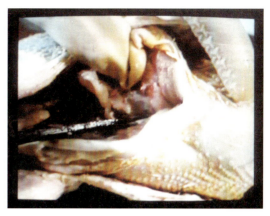

图7 《保鲜期——8/28/1994》，张培力，1994年，4视频20画面录像装置，有声/彩色/10—80分钟/PAL制式，图片由艺术家提供

于美国全国电视实验中心（NCET）或洛克菲勒基金会（Rockefeller Foundation）那样的赞助，更不可能获得大众电视台这类社会化媒介所具有的传播学意义，这种特殊的意识形态现实使中国录像艺术面临的问题从一开始就迥异于西方，早期的（八十年代末至九十年代初）中国录像艺术更像是在使用活动的相机，主要功能是记录，并没有具备"电子形象造句法"之类的语言属性，从张培力的《30×30》中我们可以看到中国早期观念主义的这些典型特征，如受极少主义影响的简约和复述性的叙事方式、固定的机位拍摄、不附加后期配音和剪接、无限度地拉长时间等非加工特征。但这种把"时间空间化"的作品与西方录像艺术中的同类作品如安迪·沃霍尔（Andy Warhol）的《睡觉》（*Sleep*，1963年）或是梯尔里·昆泽尔（Thierry Kuntzel）的《静止》（*Still*，1980年）比较，除了同样具有对大众广告文化的时间化模式的消解和挑战意义以外，它还以影像方式延续了他早期作品中那些具有心理分析特征的叙事逻辑：易碎的玻璃、不断重复的摔碎和黏合动作都成为强烈的生理和心理隐喻，这一特征也在他后来技术含量不断提高

的作品中保留下来。

　　从这件作品以后，录像成了他艺术工作的主要媒介，他也因此成为中国最为资深的录像艺术家之一。延续《30×30》的图像制作模式，在1991年至2000年将近十年的时间内他先后创作了《[卫]字3号》（1991年）、《水——辞海标准版》（1991年）、《作业一号》（1992年）、《保鲜期——8/28/1994》（1994年，图7）、《相对的空间》（1995年，图8）、《相关的节拍》（1996年）、《不确切的快感Ⅱ》（1996年，图9）、《焦距》（1996年）、《屏风》（1997年）、《进食》（1997年）、《祝你快乐》（1999年）、《快3，慢3，快4，慢4》（1999年，图10）、《不断增大》（2000年）、《同时播出》（2000年）等一大批足以进入中国录像史的作品，其制作技术也由单频单画面发展为多频多画面同步录制和录像装置。作为中国分析性录像艺术家的代表，张培力的这些作品大都采取了一种稳定的分析态度，相对固定

图9 《不确切的快感Ⅱ》，张培力，1996年，10视频10画面录像装置，无声 / 彩色 / 30 分钟 / PAL 制式，图片由艺术家提供

图8 《相对的空间》，张培力，1995年，监控录像装置，"房间"尺寸各为 500cm×280cm×350cm，图片由艺术家提供

图10 《快3，慢3，快4，慢4》，张培力，1999年，8 视频 8 画面录像装置，有声 / 彩色 / 33 分钟 / PAL 制式，图片由艺术家提供

的机位，连续重复的镜头叙述，营造出一种敏感而实证性的视觉气氛，生理和心理活动永无休止的交替重复，不断从录像媒介内部发掘其陈述方式的深度，在中国特殊的意识形态环境中，录像艺术虽然无法获得像西方录像艺术那样的社会互动性，未能直接成为与大众传媒和商业制度相对立的社会批判媒介，或是成为它们的俘虏，但探讨这些个案的实践意义在于：它使中国观念艺术有了一些稳定和个性化的方法论基础，从而从经验感受层面显现出录像语言的内在力量。

录像艺术曾经被视为一种新的视觉神话，在观念主义时代，它一方面以简便易行的方式成为"人人都是艺术家"这类艺术民主化观念的技术佐证，另一方面，它又经常是我们这个时代"政治及社会事件的最初解读者"（玛丽塔·斯特肯，Marita Sturken），为我们的视觉思维和意识提供了新的知识维度，甚至它与当代大众传媒和赞助制度既对抗又臣服的暧昧关系也都成为我们这个时代矛盾性的一个现象学表征。对中国艺术家而言，录像更多还是某种私人化的书写工具和媒介，即便如此，录像本体论中技术与观念的深刻矛盾也仍然以不同的方式呈现出来，一种惰性的反应论美学常常将录像技术置于某种媚俗和自恋的工具论的位置，张培力在不断丰富录像的工作方式时，却常常提醒自己不要对录像艺术的制作技术尤其是后期数码编辑着迷，他曾这样谈到对"技术"和"艺术"的态度："有人很反感技术，认为技术会干预艺术，所以其中存在很多危险性。技术对我还是很陌生的，我始终希望自己处在艺术和技术，或艺术和非艺术的中间地带，能进能退，对于我来说是比较自由的空间。我不想让自己看起来既像艺术家，又像科学家。我比较反感空谈艺术。我不喜欢用一个既定的概念来说话、做作品。"[14]为此，他甚至经常告诉自己和他的学生不要过分迷恋"专业化标准"，因为那样有可能付出扼杀个性的代价，他说"只有好或不好的作品，没有专业或非专业之分，以是否专业作为区分作品高下的标准是没有意义的"[15]。显然，这与他对"艺术语言"与"艺术语言的原则"的区分是一致的，他称它们之间的关系应该如同塞尚的结构实验与他画面中的水果和风景的关系："苹果只是个借口。"在他看来，前者是从事某项艺术工作的基本技能，而后者则是将艺术视为身份、道德、责任、人性、解放或哲学的一种表达工具，这是他无法接受和容忍的，这种态度与八十年代他对艺术过度表现文化学和政治学内容的反感一致，他尤其对那些以传统和政治图像符号表达"身份"和"打牌"之类的肤浅做法深致鄙夷，因为他认为正是这些做法掩盖了艺术家的真正身份：艺术家首先应该是一个语言创造的工作者。他甚至认真地说，"语言本身也是一种道德""形式本身就是道德"。[16]

与这一时期"观念艺术"的其他媒介在中国的发展一样，录像艺术也经历了一个由克服技术局限到超越技术层面，并向录像媒介的历史发问的过程，对方法论的探讨也成为这一时期中国录像艺术工作的主要课题，甚至出现了诸如"录像诗学"这类以探索录像语法和其工具特性为主旨的概念。九十年代中叶以后，张培力对录像方法论的探讨，除了延续前期感官主义和心理主义的影像特征外，也开始广泛涉略对录像媒介独立的语义特征的探讨：如影像表达时间与空间的特殊方式（《相对的空间》）、电子图像与传统图像的异同（《连续翻拍25次》，1993年）、影像艺术对意识形态的电视影像的借用及变异（《水——辞海标准版》）、负像与正像的关系（《日记》，1997年）、录像与装置艺术的结构关系（《焦距》）、单屏录像的线性叙事特质与多屏录像的非线性特质之间的差异（《同时播出》），尤其是录像与电子网络等新型媒介的互动关系这类新型的视觉问题，但在录像艺术等多媒体技术进入网络时代后，张培力突然选择了另一种完全不同的工作方式。在接下来的工作中，他对影像"直接时间"和"真实时间"的兴趣开始被某种沉寂的记忆残像所代替，直接影像的拍摄开始被现成电影镜头的编辑剪接所代替，这种新的工作方式我称之为"记忆影像的蒙太奇修正"。

## 五、"影像蒙太奇"

2002年后，张培力的工作方式发生了明显的变化，他首先创作了一批以具有政治记忆内容的老电影为现成材料的剪接作品[《台词》（2002年）、《遗言》（2003年）、《向前、向前》（2004年）、《喜悦》（2006

年）]。这些作品似乎把我们带入了某种更为复杂的语境，我们甚至可以产生怀疑：张培力是否放弃了他的"纯艺术"的工作态度，而对意识形态这类政治话题和现实话题产生了兴趣？事实上很多评论者正是这样向他提问的，面对这类问题的回答也许可以帮我们接近这些作品：

自2000年开始，我不再用摄像机拍摄录像，更多的是采用"现成品"，其中一个做法是从市场上出售的影像制品中寻找素材。我关心那些符号性的、模式化的、有时间概念的因素，这些因素集中体现了五十至七十年代中国故事片中革命的英雄主义和浪漫主义情节，体现了一种健康的审美态度和语法习惯。我从这些老故事片中截取片段并作简单的处理，使其摆脱原有的线性结构和时间背景。我感兴趣的是由此带来的不同的阅读可能性。[17]

记忆可以被看作一种材料，一种元素，一种影像。人是生活在记忆、现实和幻觉中的，或者说，经验的过程即是过去和现在时间不断混淆和搅拌的过程。老电影代表了记忆和时间，代表了特殊时期的特殊意义和原则。我所感

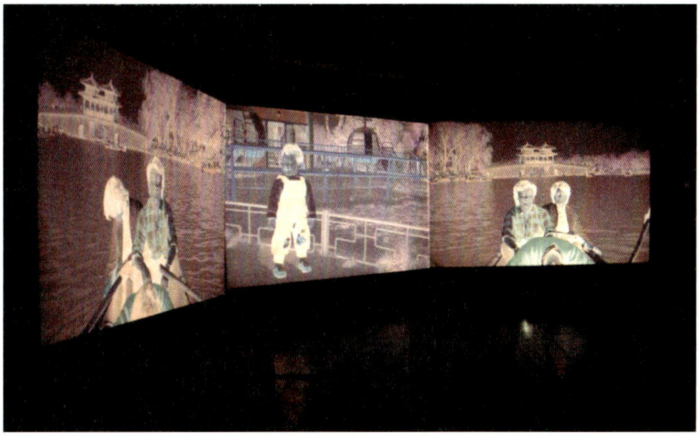

图 11 《日记》，张培力，1997 年，三视频多媒体幻灯投影，有声 / 彩色 / 约 3 分钟，图片由艺术家提供

兴趣的是那些已经成为记忆的被定义了的原则和特殊性在时间中被解构、被消解为一般的可能性。[18]

这种解释可能有点令我们失望，因为那些有可能被我们视为历史批判和现实批判的内容，在张培力看来不过与他原来的录像作品中的时间元素一样，只是一种词汇、语法素材，它们也只有在"使用"时才能产生意义，而他关心的只是它们带来的"不同的阅读的可能性"。诚如维特根斯坦所言："一个词的意义就是它在语言中的用法"，离开语言一切意义皆为虚无。换句话说，历史、政治和现实在他这里与别的艺术家那里不同的是：它们仍然只是塞尚笔下的"苹果"，而不可能成为它背后的"结构"。批判常常被我们视为当代艺术的身份标志，张培力也许并不否认这一点，他否认的是以一种简单的政治立场和符号就能获取这种身份："我特别反对把符号作为一种策略，我特别反对利用一种文化心理，一种固定的观看或认识模式。"[19] 也许在他看来，脱离艺术语言和方式的批判与它所批判的对象存在着同样的危险：要么成为一种文化功利主义的策略，要么成为另外一种固定化的观看和认识模式，从方法论上讲，这等于重蹈了当代艺术批判对象的覆辙。

"我想让那些有时间特征的东西变得没有特征"，[20] 让我们来看看张培力是如何使用他的"影像蒙太奇修正"做到这一点的。"蒙太奇"是电影镜头剪接和组织的基本技术方法，它经过美国导演格里菲斯（David Griffith）、苏联导演维尔托夫（Dziga Vertov）、库里肖夫（Lev Kuleshov）的努力，在爱森斯坦（Sergei Eisenstein）那里发展成为一种独有的电影修辞美学，它通过场景、镜头、声音的调度、组织和后期剪接，直接改变影像的真实品质，使其具有象征、隐喻等重组功能。事实上，张培力九十年代的多屏影像和装置影像作品中就运用了一些简单的、类似蒙太奇的手法，如在《不确切的快感 II》、《日记》（图 11）、《进食》等作品中运用多屏影像并置所产生的非线性的

图 12 《圆圈中的魔术》，张培力，2002 年，8 视频 8 画面录像装置，有声／彩色／8 分 15 秒／PAL 制式，图片由艺术家提供

影像效果，在《同时播出》和《圆圈中的魔术》（2002 年，图 12）中通过同时间不同画面的并置组合或对同一画面的不同速度拍摄达到的"穿帮"效果就具有某种蒙太奇意识，只不过在这里，蒙太奇的使用不在于构成某种统一的叙事结构和画面内容，相反，它旨在使线性的影像进入非线性的状态。在对老电影的蒙太奇修正中，这一方法逻辑得到了延续，在具体谈到将这些记忆残像转换成某种实验素材时他这样说：

> 记忆可以被看作一种材料，一种元素，一种影像。人是活在记忆、现实和幻觉中的，或者说，经验的过程即是过去和现在时间不断混淆和搅拌的过程。老电影代表了记忆和时间，代表了特殊时期的特殊定义和原则。我所感兴趣的是那些已经成为记忆的被定义了的原则的特殊性在时间中被解构，

被消解为一般的可能性。

> 革命电影与记忆有关，在今天，对很多人来说它们仍然有着特殊的意义。而我更关心的是老电影所呈现的语言模式：源自于系统的原则和符号，这些原则存在于我们的记忆中，影响和决定了所有人的思维和行为方式，系统、原则对个体记忆和日常经验的影响和控制意味着政治，可以说政治既是抽象和普遍的，又是客观和具体的，而不可见的因素要比可见的事物更重要。

> 我试图将梦、记忆、现实混淆起来，我试图证明，世界上有很多不相干的东西是可以被搅和在一起的，事实上它们每天都在被有意或无意的搅和之中。[21]

张培力使用的素材多截自中国二十世纪五六十年代的革命现实题材的老电影——《霓虹灯下的哨兵》《甲午风云》《打击侵略者》《上甘岭》《党的女儿》《红孩子》等，这一特定历史时段构成他"影像蒙太奇修正"的记忆残像和视觉底版，通常他用可

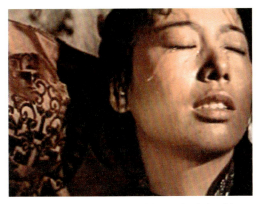

图13 《遗言》，张培力，2003年，单视频录像，有声／彩色／20分27秒／PAL制式，图片由艺术家提供

图14 《短语》，张培力，2006年，双视频感应录像装置，有声／彩色／43秒／PAL制式，图片由艺术家提供

图15 《向前、向前》，张培力，2004年，双视频录像投影，有声／彩色／8分46秒／PAL制式，图片由艺术家提供

接BETA的大洋非线性编辑机剪接和编辑节选出的某些特定片段。这些片段在逃离了它的原有语境后，它的时间逻辑被碎片化，它的叙事意义被抽空或者被新的意义所替代。在"库里肖夫实验"中，库存残片中毫无联系的各种镜头通过蒙太奇组合成为具有叙事功能的画面，而张培力的蒙太奇实验却把这一过程颠倒过来：在《遗言》（2003年，图13）中，内容近似的多画面镜头的重复并置，使它的英雄主义内容处于休眠状态，但它产生的幽默感又不完全是揶揄性的，它

是对某种记忆经验的重新提取和搅拌，影像符号的所指随着能指的这种变化而无限开放；在《短语》（2006年，图14）中通过对影像画面的速度控制和调整，加上感应互动装置，"联合国，它认识我，我还不认识它呢？"这句话并没有完全丧失它的特定意指，相反，在新的语境中这种意指具有了更为强悍的隐喻性；在《向前、向前》（2004年，图15）中，两种并置的战争场面干扰了我们对战争固有的价值判断，将对战争的印象拖入一种超越文化的想象中；在《喜悦》（2006

图16 《喜悦》，张培力，2006年，双视频录像投影，有声/彩色/6分39秒/PAL制式，图片由艺术家提供

年，图16）中蒙太奇手法的使用更具戏剧性，张培力从电影《战船台》中截取两组"讲话"和"鼓掌"的画面，两个视频的交替播放形成了让人忍俊不禁的喜剧效果。如果我们把这种蒙太奇手法仅仅看成一种揶揄性的恶作剧或是一种单纯的解构游戏，也许有违这种实验的初衷。事实上，张培力对这项工作的态度是极其认真的，他一再强调他工作的意义是通过技术和语言的努力达到人在感官和精神上的最大自由。在我和他最近的一次谈话中，他很兴奋地告诉我，在对老电影的影像剪接编辑中，他发现了一个新的值得探讨的心理课题，那就是在用鼠标不断移动时，影像画面会出现很多无法预期的偶然效果，这种效果使他着迷，思考一种完全私人性的经验痕迹，如何与公共记忆图像形成一种新的影像关系，他说，"这需要新的编程才能解决"。当然，他的这项工作也无法回避来自各种"文化问题"的诘难，在被质疑借用老电影符号的方法也有"打中国牌"的嫌疑时，他严肃地谈论过他的文化符号观：

> 符号和元素是不一样的。正如中国的一些材料，的确是中国环境里面所特有的东西，不仅仅是一个文化符号。实际上我是把它当作一个材料来看的，比如榨菜、霉干菜、臭豆腐，等等，它是一个元素、生活元素。北京有北京的、杭州有杭州的，这和你利用现成的符号是不一样的。所谓符号，在文化上是有指向性的。可以让人联想到中国、中国文化，马上可以表明身份的，例如龙、中国的文字、中国的建筑形态等，都是属于符号性的东西。我是比较忌讳用这样的符号。其实符号这个东西你也不是说不能用，而是怎么用的问题。一种是很功利地在使用符号，另一种用法是带有破坏性的，或者也可以说是创造性的。这两种用法是完全不一样的，一种用法会带来新的诠释；但如果仅仅是用符号来表明身份，作为一种策略，那就有问题。我特别反对把符号作为一种策略，我特别反对利用一种文化心理，一种固定的观看或认识的模式，例如非西方艺术家就要用带有某种色彩、文化的特征和

符号，才被认为有意义。我觉得有很多运用中国符号的，多多少少是符合这样的需求的。我觉得这样的东西是比较危险的，这不是在艺术层面上进行思考，而是功利的因素在起作用。[22]

## 六、现场

从《修旧如旧》（2006 年）开始，"现场"成为张培力作品的一种新语法，也赋予他的作品更多社会性色彩，这种"场景性"实验一直延续到《窗外的风景》（2007 年）、在北京完成的《阵风》（2008 年）和在深圳完成的《静音》（2008 年）。在这些"制造的假现场"和"带有戏剧化的现场"中起支配作用的，首先仍然是艺术语言层面的思考。

如果说，在张培力九十年代的作品和2000 年后的现成影像作品中，"时间"一直是一个中心问题的话，那么，"空间"，或者说时间和空间在影像中的关系现在才开始成为一个新的课题。张培力的早期装置录像作品中，空间只是作为二维影像的辅助性物理单位而存在，《保鲜期——8/28/1994》的空

图 17 《防水设施》，张培力，1993 年，蜡、石膏，图片由艺术家提供

间只是空洞地呈现电炉、铝锅和影像间关系的一个物理场景；《相对的空间》（1995 年）中"白盒子"主要只是为观众对监控摄像头、视频显示器和感应聚光灯的反应提供一种物理区隔，它们的空间意义完全服从于艺术家对特定影像关系的设置。即使在那些非常现场性的装置作品中，空间的属性和意义也没有包括或者没有呈现在艺术家的设计中，如《防水设施》（1993 年，图 17）中对地表的极少主义性质的翻模，《临时开放的景点》（1995 年，图 18）中贫穷艺术方式的景观设

图18 《临时开放的景点》，张培力，1995年，旧报纸、木制台阶，旧报纸砌的"墙"高约185cm，宽约800cm，图片由艺术家提供

图19 《阵风》，张培力，2008年，5视频5画面录像投影装置，无声／彩色／13分14秒／PAL制式，图片由艺术家提供

空间的强行干预导致了一种新的空间态度和空间问题。2008年在北京优艾思贝画廊完成的现场作品《阵风》(图19)中，张培力把这个问题归类为"一个被制造出来的事实"是如何影响"真实事实"的这样一个悖论：

在现实社会中，影像它越来越成为支配人的思维或支配人的知觉的一个非常强大的语言，它也制造事实本身。而且这种事实会影响人的生活，或者说影响人的思维。它有时候甚至比现实的真实还要真实。[23]

与张培力以往的作品相比，这件影像作品的最大不同在于：影像意义的生成完全依存于一个具有虚拟和真实两重性的空间，它们的逻辑关系由三组在时间中不断延伸的图像和场景构成。第一组是高档、优雅的室内环

置都没有包含"空间问题"。在2006年杭州胡庆余堂原厂区遗址举办的"没事"展上，他突发奇想地对一间厂房进行了"修旧如旧"的改造：将它的一半重新装修，这种对历史

境，它预示着某种安详、体面和理想的身份，一种正常的生活意识形态；第二组是房间被阵风摧毁过程的影像，它隐喻时间和自然的无法预测和感知的力量；第三组是阵风摧毁后留下的残骸和废墟，它暗示了这

图20 《静音》，张培力，2008 年，双视频录像投影和电视墙装置。缝纫车间：缝纫机、拷边机共90 台及其他相关物件面积：（长 × 宽）23m×115m，共 300—400 平方米。投影：彩色 / 有声 / 12 分59 秒 / PAL 制式，电视墙：彩色 / 无声 / 3 小时 / PAL 制式，电视墙尺寸：4.02m×1.3m，图片由肖全拍摄

种时空悖论的一种无法预测的戏剧性结果。张培力一直回避讨论这一作品中各种图像元素的具体意义，他把它们可能的意义归结为："没有什么东西可以保持原有状态，只有毁坏的才是真实的、永恒的……我只是对时间及我们不知道的这种力量感兴趣。我认为那才是永恒的——时间是永恒的，那种力量也是永恒的。"在解释这种近乎宗教的虚无态度时他不忘强调："这种态度不是宗教，因为宗教是确定的、具体的。"[24]

张培力对作品中各种确然性观念的表达始终保持着一种特有的敏感和警惕，"在我看来，我并没表达什么。我并不认为语言有重建的意义，对于要表达的东西，对于语言本身，我并不确定，我的态度也是很暧昧

的"。从《静音》（图 20）这件作品的原始方案到方案的最后完成，我们同样可以体会这类工作态度对作品开放性意义的作用。这件作品的原始方案是：

> 展览空间为一个虚拟的"事件"现场，现场呈现着它是"事件"的残留物（或"物证"），如被烧毁的汽车等，并有若干影像（模拟的新闻媒体）在不断"报道"着"事件"，但影像是静音的，"事件"由于声音的缺失而缺失了某些东西，变得似是而非。

显然，声音失缺造成对新闻事件现场的合理性的怀疑是这件作品的逻辑起点，在设计（或"虚拟"）事件现场时他预设了三套方案：汽车撞击造成的事件现场、流水线鸡

舍的消毒现场和制衣（或制鞋）车间的被捣毁现场。他首先否定了第一个方案，理由是它太易造成对某一具体交通事故的联想，而采访事件现场的人为安排也会使作品对"新闻"的预设流于表面和形式；接着，他否定了第二套方案，理由仍然是它更容易使人对"非典"这类具体的新闻性事件产生联想，从而造成对作品社会意义的线性思维和解读。最后确定的第三套方案依然充满了意义剔除过程：首先他选择了制衣车间而否定了制鞋车间，其次，他否定了对车间的捣毁而选择了将一处真实车间原封不动地搬迁到展场，这些都是为了中止人们对不久前在欧洲各地抵制"中国制造"中发生的暴力事件的联想。接下来的问题就完全是技术性的了："是完全的'静音'，还是瞬间的静音？是否可以加入整个车间运作时的背景声音？然后可以'啪'一下停了，安静了，过一会儿又出现声音，这就是瞬间的静音。"最终的方案还增加了在原来的车间架设 40 台监控录像机记录原服装厂工人行为举止的环节，在深圳 OCAT 的最终完成的展出现场以两个投影播放原服装车间全景环境的影像，这两个画面以间歇性静音的方式呈现。

既要借助社会新闻事件对作品的诱因作用，又要避免这些事件对作品语言个性的意义控制和干扰，显然这样做并没有限制和阻止观众对作品意义的社会性联想，反而扩大了这种联想的维度，张培力的工作几乎充满了这样的逻辑：艺术不需要借助任何"正确的"政治态度、立场和符号，它只需要运用独特的叙述方式、语言设计，去不断清洗人们对作品的思维惰性和任何先入为主的解读。这也许才是观念主义语言真正革命性的品质。

# 七、结语

张培力对观念主义遗产的背叛不仅在于他对任何"观念"优越感和政治正确性的否定姿态，而且在于他对观念艺术抽象性语言特征的否定姿态。他习惯将各类"观念"置于具体的感知和生活状态之中，将其演变为一个个具体的视觉语言课题，他一直在与艺术的"神圣性"进行本能的抗争，这不是出于某种职业谦逊，而是因为在他看来，正是对这些艺术幻象功能的过度追求使很多艺术家丧失了他们工作的真正本分、职责和乐趣，也掩盖了艺术的真实意义。为了表明对艺术过度地附载意义的反感，他有时甚至不得已地称自己是艺术的形式主义者，以表明自己与那些无视艺术基本语言逻辑和技能的图像符号制造者们的区别。当然，他依然相信艺术的精神力量和道德义务，而不是一个超然冷酷的形式主义者，只是他时常提醒自己不要被那些泛文化热情或世俗名利所操控，因为在他看来，那样是无法使自己成为一名真正合格的艺术工作者的。

2008 年 5 月 30 日初稿

2011 年 6 月 1 日完稿

**注释：**

[1]原文载《张培力：确切的快感》，香港：Blue Kingfisher Limited，2011 年，第 15—29 页，内容经编辑稍做修改。——编者注

[2]《与弗兰（Francesca Dal Lago）的访谈》，载黄专主编，《张培力艺术工作手册》，广州：岭南美术出版社，2008 年，第 467 页。——编者注

[3]《与付晓东的访谈》，载黄专主编，《张培力艺术工作手册》，第 423 页。——编者注

[4]《与刘礼宾的访谈》，载黄专主编，《张培力艺术工作手册》，第 451—452 页。——编者注

[5]《与〈Hi 艺术〉的访谈》，载黄专主编，《张培力艺术工作手册》，第 428 页。——编者注

[6]吕澎、易丹，《中国现代艺术史》，长沙：湖南美术出版社，1992 年。

[7]《与王景的访谈》，载黄专主编，《张培力艺术工作手册》，第 412 页。——编者注

[8]《与王景的访谈》，载黄专主编，《张培力艺术工作手册》。——编者注

[9]张培力，《由一则新闻想到的……》，载黄专主编，《张培力艺术工作手册》，第 372—373 页。——编者注

[10]张培力，《关于〈1988 年甲肝情况的报告〉的说明》，载黄专主编，《张培力艺术工作手册》，第 378 页。——编者注

[11]《与陆蕾平的访谈》，载黄专主编，《张培力艺术工作手册》，第 430 页。——编者注

[12]《与刘礼宾的访谈》，第 453 页。——编者注

[13]《与陆蕾平的访谈》，第 429 页。——编者注

[14]同上，第 435 页。——编者注

[15]《与徐坦、王景的访谈》，载黄专主编，《张培力艺术工作手册》。——编者注

[16]《与王景的访谈》，第 417—418 页。——编者注

[17]张培力自述，载黄专主编，《张培力艺术工作手册》，第 380 页。——编者注

[18]《与付晓东的访谈》，第 422 页。——编者注

[19]《与陆蕾平的访谈》，第 434 页。——编者注

[20]《与江铭的访谈》，载黄专主编，《张培力艺术工作手册》，第 424 页。——编者注

[21]《与付晓东的访谈》，第 422—423 页。——编者注

[22]《与陆蕾平的访谈》，第 433—434 页。——编者注

[23]《与 Paul Gladston 的访谈》，载黄专主编，《张培力艺术工作手册》，第 406 页。——编者注

[24]同上，第 407 页。——编者注

# 张春旸和她的表现主义绘画[1]

张春旸是当代中国不多的几位坚持以典型的现代表现主义方式进行创造的女性艺术家之一，她的创作谨守表现主义内在化精神救赎的美学遗产，始终将"个人世界"视为艺术表现唯一重要的主体，在公共图像泛滥的当代艺术中，这种选择重复着尼采式的不合时宜的思想悲剧。

对表现主义这一"内在化"风格的喜好与张春旸敏感内敛的性格和悲天悯人的气质有关，她的导师袁运生先生早在二十世纪八十年代就以一种民族性的表现主义画风获得了他在中国画坛的地位，在她的早期作品中我们也能够看到这种民族性表现主义的影响［如《海的降临》（图1）、《永远，永远》和《藏匿》］，不过很快她就使这种画风服从于自己的内敛秉性和喜好梦呓世界的需要，在她的青春成长故事中，一种自我分裂的情绪真实而梦魇般地缠绕过她，以至于她无法对自我与外部世界做出清晰的划分，这种意象深深烙印在她的文字中：

> 很早的时候，你出现在我的梦里，那时年少迷茫，不免惆怅。现在想来那度过的青春早已"逝者如斯夫"般地去了，这样遥远。你的模样就像水中的倒影，愈是想触碰得真切愈是刹那间轻轻地荡漾开了。只记得神情异乎冷漠，手持一把尖刀刺向我的胸口，没有流血，没有疼痛，只有惊愕中的恐惧。恍然间惊觉，梦里的这个影像自此将你带进我的生活。[2]

我们无法确切知道"这个影像"来自一场缠绵的爱情、一段折磨的病史还是一个偶然的梦魇，但她的绘画似乎是对这些意象永无止境的捕捉和复制，在蒙克启示录般的孤

图1 《海的降临》，张春旸，2003年，布面油画，180cm×230cm，图片由艺术家提供

图 2 《一个不确定的声音》，张春旸，2006 年，布面油画，200cm×150cm，图片由艺术家提供

图 3 《你在里面》，张春旸，布面油画，2006 年，200cm×150cm，图片由艺术家提供

寂图像和科柯施卡神经质的表现性笔触之间，张春旸小心寻找营造自我世界的材料，在 2005 年至 2007 年间的作品主题似乎只有两个：恋爱中的自我和镜中的自我。这些自传性的图像假设了一种无法完成的思想使命，一个封闭、破碎、自恋和没有方向感的自我如何进入或逃离整体性的现代世界。这是一个由波德莱尔、卡夫卡、本雅明这类先知提出但并没有完成的精神使命，后现代主义以"鸵鸟主义"玩世不恭的态度逃离了这个使命，而对那些精神上的偏执狂来说，完成这一使命既遥不可及又无法逃避。

张春旸艺术是感官性的，灵魂的轻盈和沉重都是由自传性的身体所承载的，与二十世纪初那些经典表现主义的精神世界不同，张春旸总是小心翼翼地将表现的对象划定在自己感官所能够触及的疆界内。《一个不确定的声音》（图 2）仿佛是蒙克《呐喊》的翻版，但它回避了任何外在环境的表现，而将面对世纪的呐喊变成某种内在的呻吟，一

个"自我"令人惊怵地从另一个"自我"的口中伸出，这种超现实主义意象与表现主义画风的嫁接在《你在里面》（图 3）、《忘了我自己》（图 4）、《温柔的靠近》、《刹那间》、《一个莫名其妙的梦》、《云在脚下》、《自我觉照》（图 5）中越来越接近于一种分裂性的自传叙事。恋爱题材在张春旸的绘画中常常呈现出自我与他者宿命性的纠缠，与科柯施卡《风暴中的新娘》有着完全不同的美学旨趣，她对恋爱主题的诠释通常表现出某种宁静中的不安或一种近乎荒谬的浪漫。在《陪着你》、《致命的爱情》（图 6）中，阴郁的紫蓝色基调和黯红色、橙色的反复交替的吟唱不断加剧着这种不安和荒谬。水是除了肉体外的主要母题，它承载的意象既是物质的也是精神的，既是情欲的暗喻也是自我幻象得以呈现的场景。

在表现主义的绘画谱系中除了保拉·莫德松 - 贝克尔这样为数不多的女性画家外，女人总是作为一个他者题材出现。在波德莱

图4 《忘了我自己》，张春旸，2007年，布面
油画，160cm×120cm，图片由艺术家提供

图5 《自我觉照》，张春旸，2007年，布面油画，200cm×180cm，
图片由艺术家提供

图6 《致命的爱情》，张春旸，2007年，布面
油画，120cm×90cm，图片由艺术家提供

尔笔下的艺术家看来，女人既是强烈持久的
快乐源泉，又有着像上帝一样可怕而无法沟
通的秉性，女人是"一头美丽的野兽"："她
身上产生出最刺激的快乐和最深刻的痛苦；
一句话，女人对艺术家来说，具体地说，对
G先生来说，她并不是男性的反面。更确切
地说，那是一种神明，一颗星辰，支配着男

性头脑的一切观念；是大自然凝聚在一个人
身上的一切优美的一面镜子；是生活的图景
能够向关照者提供欣赏对象和最强烈好奇
的对象。"[3]张春旸的自我关照式的绘画也
许无法根本改变女人在表现主义或其他现
代主义绘画谱系中的这种地位，但它放大和
强化了女性作为主体人格的自我言说的可
能，这种高度分裂的人格意象也提供了从另
一个维度认识现代性心理危机的价值。

2010年，张春旸在怀孕期间画了一批
纸本淡彩作品，它无意中离开了她以前作品
中蒙克式的阴郁，呈现出一种少有的轻松和
自在，裸女与马这一表现主义的经典题材在
她的笔下不再有马尔克式的粗率、康定斯基
式的晦涩和夏加尔式的稚拙，它仿佛是神经
质般紧张的思想旅行后的戏剧性放松，写意
的水墨线条和清澈的色彩晕染提示了这组
作品的意象特质，分裂的身体与思想、感官
与理念在这种意象中获得了某种微妙的平

图 7 《最远的天涯和最近的海角并无区别》，张春旸，2011 年，布面油画，180cm×160cm，图片由艺术家提供

图 8 《妈妈，我回来了》，张春旸，2009 年，布面油画，180cm×160cm，图片由艺术家提供

衡。在张春旸的艺术中，这组转折性作品是对表现主义阴郁气质的一种符合她生存履历的修正。在接下来一组大幅同类题材的作品中，裸女、婴儿和马的意象使张春旸的艺术越来越远离了对自我的沉迷和对瞬间感官印象的捕捉，而更具象征主义的寓意特征。这组作品像是一扇突然被打开的大门，遨游于城市、江河、峡谷、海洋和天地间的这组意象，似乎在寻找某种新的边界和极限，在自我成为一个新的生命载体时，她能够同时产生多少超越自身的能量？

《最远的天涯和最近的海角并无区别》（图 7）和《妈妈，我回来了》（图 8）是两件牧歌式的作品，张春旸喜欢将这些作品的创造心态与《诗经·小雅·斯干》中"爱居爱处，爱笑爱语"的天伦意境联系起来，但它所蕴含的宗教意涵几乎与这种乌托邦式的田园意象同样清晰，前期作品中神经质的人物造型被童话般的意象所代替，急促紧张的笔触和强烈的色彩反差溶解在透明的淡彩之中：这是一种完成世俗救赎后的静穆，生命因为寻找到了某种本真含义而轮回到了它的起点。这种意境不再与孤寂、痛苦和阴郁相关，而与一种超度性的诗意幻象相关，对于根植于现代人类焦虑本性中的表现主义艺术而言，这是另一种逃离现实的梦呓方式呢，还是预示着一种新的美学谱系的诞生？

2011 年 4 月 12 日

注释：

[1]原文载《张春旸 2001—2011》，辽宁：辽宁美术出版社，2011 年，第 16—18 页。——编者注

[2]张春旸，《关于自我》（未刊稿）。——编者注

[3]波德莱尔，《现代生活的画家》，郭宏安译，上海：上海译文出版社，2012 年，第 45—46 页。

# 废墟之后：杨国辛的《传说—江南》[1]

近年来在汉语文化圈，本雅明式的世俗救赎开始成为一个新的话题，本雅明对现代性文明"废墟风景"的寓言意象也出现了不少中国版本，这一方面来源于资本追逐运动后产生的普遍的疲惫感、空虚感甚至原罪意识，另一方面则来源于对一般性社会伦理批判的有效性的怀疑，一种从历史维度和心理维度上对中国式现代性历史进行反省的意识在以不同方式萌生。现在的问题是：一种建立在摒弃传统基础上的无神论文化有可能真正认同弥赛亚式的宗教理想，完成伸向历史的心理救赎吗？

杨国辛近作《传说—江南》（图1）为回答这个中国式问题提供了一个本土案例。

与杨国辛过去的波普主义作品比较，《传说—江南》中最大的变化并不是制作方式的改变，而是视觉逻辑的更替：意象性照片替代现成图像的挪用、英译唐诗宋词替代无所指的新闻文字、钴蓝色的统一基调替代斑斓的色彩效果，这种转换终结了波普主义反意义的图像逻辑，从而为文字、色彩和图像元素间形成某种新型的、有意味的"诗画关系"带来了可能，而这种关系正如作品标题明示的那样：它与"传说"和"江南"这两个传统意象有关。

在中国传统艺术，尤其是文人艺术体系中，诗词与图画一直保持着一种不即不离而又互为言说的关系，这与西方宗教文本和文学文本与古典图像间互为指证的明确的意义关系截然不同。至少在六朝至明清间一段不短的时期，以"空灵""简淡""含蓄""萧散"为特征的南方风格成为中国诗画的典型特征，有"江表""江东""江南"等多种称谓的"南方"从汉代起就是与中原相对的地域概念，而在六朝以后（尤其是晋代东渡以后）这一地域概念不仅完成了由西向东的位移，而且成为有明确地缘政治色彩和特定学术内涵的文化概念，"江南"这一地域概念在诗词中更是衍化为某种意象代指，在庾信《哀江南赋》、杜牧《江南春》、白居易《忆江南》、韦庄《菩萨蛮（人人尽说江南好）》、苏轼《念奴娇·赤壁怀古》、晏几道《蝶恋花（梦入江南）》中这一特征历历可征，在某种意义上它在中国文人心目中具有了"历

史寓意""精神故园"甚至"自然神学"的位置,如:

> 南朝四百八十寺,多少楼台烟雨中。(杜牧《江南春》)
>
> 吴楚东南坼,乾坤日夜浮。(杜甫《登岳阳楼》)
>
> 人人尽说江南好,游人只合江南老……未老莫还乡,还乡须断肠。(韦庄《菩萨蛮》)
>
> 我欲因之梦吴越,一夜飞渡镜湖月。(李白《梦游天姥吟留别》
>
> 天下三分明月夜,二分无赖是扬州。(徐凝《忆江南》)

美国学者高友工、梅祖麟在《唐诗的魅力》中分析了唐诗从形态到意义上产生"动态象"的原因:

> 在中国的艺术批评中,一个赞扬绘画效果栩栩如生的术语叫"气韵生动"……从诗的角度说,也有一个相似的问题。……在一首诗的意象部分,变幻和奇想是与真实混在一起的,根本不存在孰真孰假的问题。……一个意象的作用是在头脑中绘出一幅画面或引发某种感觉,它是表现而不是判断,

图 1 《传说—江南之七》,杨国辛,2007 年,布面油画,160cm×180cm,图片由艺术家提供

> 它诉诸我们的想象而回避理解。根据这个标准,由并列名词组成的诗句是意象的诗句("鸡鸣茅店月 / 人迹板桥霜");一个简单的陈述句则被看作动态意象的媒介("暮霭生深处")。……意象……是以直接的表意方式存在的,无论我们把它限定于永恒的现在或无限的时间关系都不大。重要的是,在稍纵即逝的刹那间,可以看到一幅完整的景象。如果把这刹那间称为现在,我们就应该记住,这是一个既无过去、又无将来的现在。[2]

意象是一种主体间性的文本方式,中国传统诗画中的"江南意象"也正是在这种不确定的时空幻象和隐喻与典故的交替性语言结构中产生的,这种意象保证了一种在历史与个人、典故与隐喻、神话与幻象、言词

与意义、自然与生活间的微妙平衡和对话，而这种美学正是本雅明的救赎理论所孜孜以求的"双重洞见"和"辩证意象"。

在本雅明的语言哲学中，上帝语言、自然语言与人的语言之间的分割是现代化过程的基本后果，它体现的是一种"资本主义的语言观"，这种堕落的语言状态使人再也无法真正面对整体性的真理，人被困于破碎、单一、平面和工具化的封闭性语言结构之中，它表现为世界的消声和灵光（aura）的逝去，要从这种废墟世界获取拯救，本雅明开出的药方是在神启式的经验状态中，经由历史、神话和传说等意象维度而非说理式陈述，从诗歌的语言、文学的意象这些散落的传统中获取"可译性"的"终极意义"，重新唤起"上帝的记忆"，完成人类的历史救赎，返回弥赛亚乐园。在别的地方，本雅明曾把这项任务称为对作品意象性的"翻译"：

> 如果一部译作不仅仅是传递题材内容，那么它的面世就标志着一部作品进入了它生命延续的享誉阶段。……而原作的生命之花在其译作中得到了最新的也是最繁盛的绽放，这种不断的更新使原作青春常驻。……译作在

终极意义上正服从于这一目的（表达生命的本质），因为它表现出不同语言之间的至关重要的互补关系。翻译不可能自己提示或建立这一暗藏的关系，但它却可以通过把它实现于胚胎阶段的或强烈的形式之中而显现这一关系。……意义总是处于不断流动的状态，直到它能够作为纯粹语言从各种各样的意象性样式的和谐中浮现出来。……译者的任务是在译作的语言里创造出原作的回声，为此，译作者必须找到作用于这种语言的意图效果，即意象性。[3]

在一种无神论文化中，本雅明人间救赎的意义也许可以带来完全不同的"启迪"。

《传说—江南》给出的是穿越现代科技与文明废墟的另一种寓言图画，这种图画试图告诉我们如何不依赖超验的感悟和未来的神话艺术也能参与自然和历史的谈话。《传说—江南》征用了"江南意象"这一传统诗画关系的特质，但很显然它并不想从形态上真正回到这种传统（像"新文人画"期许的那样），它知道它无须也无法真正回到这种传统，它希望的是某种"修复"和"翻

译"，并循此路径找到本雅明所谓的过去人与现代人之间的"秘密协议"《传说—江南》的图像来源不再是波普主义式的现成挪用，而是艺术家精心拍摄和选择的"有意味"的照片，这就为图像逻辑和图像文字关系的非意义状态向某种意象状态的转移埋下了伏笔。在将这些照片移入画面之前艺术家在电脑中对它们进行了修饰，真实清晰的城市街景、自然湖山、古迹建筑被处理成朦胧恍惚的低调影像，使用了淅沥的雨滴效果，它篡改了照片的复制本性，仿佛使它们重新处于某种"本真性"（Echtheit）状态，这一"修复"过程似乎旨在逆向解决那个著名的本雅明焦虑——机械复制技术对艺术品"灵光"的扼杀，而在将这些意象手绘移入画面时他又对图像做了钴蓝色基调的统一处理，对"江南意象"所特有的萧散空灵、简洁含蓄的这种视觉诠释，使现代风景和偏冷色调这一对"喻体"具有了对古代山水意象的"喻指"功能，它以当代图像方式为这一古代意象重新赋予了气韵灵光，也为它们之间的对话提供了可能性的场景。

诗、书、画内在统一的要求构成了中国古典文字和图像关系的基本逻辑，在这一逻辑关系中，文字与图像的关系既不是支配与说明的内在关系，像西方古典图文关系那样；也不是毫无关联和制约的外在形式，像西方后现代主义的图文逻辑那样，它们之间的有机性是由"诗意"这一意象性结构所规定和支配的，"诗意"通过书法这种表意性的文字中介以两种意象方式（"笔法"和"题跋"）与"画意"发生联系，从而构成了听觉（韵律）与视觉（画面）相对统一的意象发生过程，这个过程也可以逆向发生，如题画诗。

《传说—江南》借用了传统诗画的这种表意方式，当然，这是一种"修复"和"翻译"式的借用。

《传说—江南之三》（2007年）是对王昌龄诗《芙蓉楼送辛渐》的"翻译"，原诗是：

寒雨连江夜入吴，平明送客楚山孤。
洛阳亲友如相问，一片冰心在玉壶。

诗写王昌龄雨夜送别好友时的孤寂与无奈，是一首时空（寒雨、夜、吴之楚山）、事件（送客）和心理（冰心）意象都十分明确的送别诗。《传说—江南之三》对这一意象的诠释和翻译是通过几个视觉步骤完成的：首先，画面选取了一张我们日常所见的街景照片，但通过前面叙述的图像修饰，它已具备了"寒雨"这类基本的意象特质；其次，马路和汽车暗喻了"送别"这一事件元素；最后，画面中央英译版的印刷体原诗采用的是一种我们熟悉的电影或电视的文字叠印方式，在这里它替代书法成为一种新的意象元素，提供给我们的是一种现代视觉观看意义上的"诗意"，而采用英译原诗意在加大原诗与现代视觉方式之间的疏离感。现代版的王昌龄诗《芙蓉楼送辛渐》在借用古典诗画逻辑又不断颠覆其语言特质中延续着这种逻辑，这也许正应验着本雅明的那句名言：

> 原作在它的来世里必须经历其生命中活生生的东西的改变和更新，否则就不成其为来世。[4]

2011 年

注释：

[1]原文载李诗文编，《景深：杨国辛作品》，广州：岭南美术出版社，2011 年，第 1—5 页。另载《诗书画》，2014 年总第 11 期，第 221—232 页。标题编者稍做改动，原标题为《废墟之后》。——编者注

[2][美]高友工、梅祖麟，《唐诗的魅力》，李世耀译，上海：上海古籍出版社，1989 年。

[3]本雅明，《译作者的任务》，载汉娜·阿伦特编，《启迪：本雅明文选》，张旭东、王斑译，北京：生活·读书·新知三联书店，2008 年，第 81—94 页。

[4]同上。

# 当代艺术中的古典世界：论王广义 [1]

在中世纪，人们已习惯于将上帝比作艺术家，以说明"神圣创造"的本质，而后来，艺术家又被比作上帝，以便为艺术创作赋予英雄式的涵义，正是在这一刻，他开始被人们称赞为是"神性的"（divino）。

——潘诺夫斯基《理念——艺术理论中的一个概念》[2]

## 0

在《视觉政治学：另一个王广义》中，我们讨论了王广义艺术世界中的政治经验及问题，这些经验及问题构成了艺术家的公共形象和世俗功名的重要内容，但它们却远不是这个艺术世界的全部，甚至可以说与它的另一些更重要的内容——超验世界的内容——比较，这些经验和内容更像是附着在那个莫名世界身上的阴霾和尘埃。

尼采说，真实世界与表象世界或虚构世界与现实世界这一对"观念的谎言"是一切现实世界的祸因，但他并不是一个世俗意义上的无神论者，他要剥夺的是上帝这个没有存在根据的理性偶像的一切历史权力（上帝存在的依据就是它的不存在），代之以另一种个人神学——艺术家的超人神学：

我们的宗教、道德和哲学是人的颓废形式。

相反的形式：艺术！[3]

王广义的艺术世界也弥漫着这种个人神学的气息，但和尼采不同，这个世界充斥着启示信仰和世俗智慧间无法割舍的矛盾，他依然相信在我们的世俗经验背后存在着一个神秘莫名的超验世界，一个"自在之物"，他对它始终存有迷恋和敬畏，正如他自己所说：想象上帝的绝对存在使他获得了某种现实的安全感，正是这种安全感使他与尼采那种非此即彼的虚无主义保持着谨慎的距离。

## 1

一切艺术的问题都源自柏拉图那个半哲学、半神学的问题：最高理念的模仿问题

（能否模仿和如何模仿），它不仅催生了艺术中的古典问题，也催生了艺术中的现代问题和当代问题。

柏拉图虽然没有将理念立法的使命交给艺术家，但他对两类理念模仿——感观性模仿与启示性模仿——的区别却为后世艺术家争取自己神性创造的权力留下了足够的想象空间。亚里士多德以共相与殊相概念取代理念与表象二分法，从逻辑上将柏拉图的"超验实体"降格为与人的理智相匹配的地位，而对质料表达形式的论证更为艺术家的神性创造提供了合法理据。普洛丁选择了一种弥合柏拉图超验主义和亚里士多德经验主义的"三位一体"方案，来说明宇宙、灵魂与感官影像的关系，他的做法就是赋予艺术家以"奴斯"（nous）的本质——一种神秘主义的心灵创造能力，使其具有超越个体和自然的力量，艺术品正是通过将这种非尘世的内在形式"倾注"入"惰性的"质料世界而完成人的神性创造。和柏拉图一样，普洛丁的方案也有着严重诋毁感观表象世界的倾向，但它肯定了艺术家通过内在之眼洞察神秘世界的可能。从此以后，如何克服表象的视觉世界与启示的沉思世界间的两难就成为所有艺术问题中必须首先回答的问题。

基督教的人格神——上帝搅乱和重构了柏拉图非人格的理念世界，无中生有的创世论和自由意志的肉身救赎提供了一个更为完备的超验神学的版本，但基督教神学中对个人性救赎和认信的肯定，成为中世纪回答新柏拉图主义两难问题的前提，圣奥古斯丁在上帝超神的创造活动和艺术家美的创作活动的比较中，赋予了后者同样的神圣性质：艺术家的创造具有毕达哥拉斯式的神秘主义的"设计"性质，它是宇宙超验、整一、和谐秩序的象征呈现，这种逻辑为艺术家充当上帝代言人的身份寻找到了心理上的依据。圣阿奎那并没有为艺术家美善合一的创造活动提供更多的神学论证，但他为这一活动建构了一个亚里士多德式的逻辑链条，以保证经验世界与超验世界间的某种平衡，虽然艺术家先验性的心智形式（准理念）与自然事物的经验活动的关系问题要等到文艺复兴时代才最终被提出来。

文艺复兴"发掘"出了古典主义时代艺术品忠实模拟现实的观点，也唤醒了超越自然的信念，主客体问题和艺术规则中数、比例、秩序问题的讨论，使艺术家追求"协调、均衡、和谐"世界的创造成为可能,"从而第一次解除了美与善的古老联系"(潘诺夫斯基)。虽然新柏拉图主义在一定时空中(文艺复兴晚期)仍控制着神圣创造的权威,但亚里士多德式对感官经验活动(尤其是视觉与听觉活动)在神性创作中作用的强调,尤其是对质料制造技艺的肯定已兆示着近代美学的一些形式特征,而艺术家也不再满足仅仅是上帝代言人的身份,灵感、天才和艺术自律观念的出现使他们产生了更多的非分之想:由给上帝代言到扮演上帝。

## 2

如果说王广义在二十世纪八十年代的创作与我们上面描述的神学与艺术问题的历史息息相关,这并没有什么值得奇怪,事实上,无论在心理还是在现实中,王广义都一直确认有两个世界,一个是超验、理性、秩序化的古典世界,另一个是感观、非理性、零乱无序的当代世界。古典世界是与神话、宗教、先知预言、英雄主义和启示信仰相关的必然世界,而当代是一个偶像化的、现实的、犬儒性的、没有共同问题的偶然世界。

在他的经历里,这两个世界都真实存在和发生着,他的艺术更像是在这两个交织着的世界棋盘上的赌局。

1984年,在"八五美术新潮"运动刚刚开始时,他就与他的学术伙伴组织成立了当时最早的现代艺术团体"北方艺术群体",在此后他在一系列宣言式的论文中表明了他们投身这场现代主义艺术运动的动机:与"星星画会"明确的意识形态反叛纲领不同,与当时流行的各种现代主义的形式实验不同,甚至也与"八五美术新潮"运动启蒙主义的现实批判意识不同,他们将自己的艺术目标确定为"创造"一种全新的、启示录性的神学"世界",[4] 他和他的学术伙伴称它为"北方文明"或"寒带文明"。这个艺术目标的假想敌并不是专制文化和艺术(这是"八五美术新潮运动"的主流价值),而是各种"末梢的罗可可艺术"和"纯形式主义的病态艺术",这个目标与"八五美术新潮"运动的微妙差异是耐人寻味的,虽然"北方艺术群体"和它倡导的"理性绘画"一直被视为这场运动的主流:

生命的内趋力——这一文化的背后力量在今天真正到了高扬的时刻了!

我们渴望并"高兴地看待生命的各种形态"建树起一个新的更为人本的精神模式,使之生命的进化过程更为有序。为此我们仅反对那些病态的、末梢的罗可可式的艺术,以及一切不健康的对生命进化不利的东西。因为这些艺术将助长人类弱的方面,它使人远离健康,远离生命。

……

我们反对那种所谓纯艺术形式问题的思辨,因为这种问题的过分研讨会导致形式主义病态艺术的泛滥,进而使得人类忘记了自身所处的困境。所以我们重新提出一个古老的命题"内容决定形式"。我们的图像表述并不是艺术!它是关于新文化(北方文化)的一个预言。我们之所以选择绘画作为传递预言的媒介,那是因为绘画这一图像表述的行为本身所具有的深层语义的不可知性,更接近终极本质的实在。[5]

这个艺术纲领是黑格尔历史哲学和尼采生命哲学的奇异和声,它的关键词是"创造""秩序"和"终极本质"。"创造"作为一个神学观念,在柏拉图那里是指神通过至高无上的理念模型对自然万物的秩序重造,艺术家可能可以模拟或影射出这个秩序化的表象世界,但他永远无法完整还原这个模型;在亚里士多德那里创造是指通过质料因、形式因、动力因对目的因的呈现;在奥古斯丁和阿奎那那里创造是指上帝没有理据的、超验的、无中生有的创世过程;在黑格尔那里是绝对精神的历史演进;而在现代主义进步观念中创造是指人如神一般的、永无休止的创新活动。王广义的"创造"似乎是一个现代主义的文化口号("高扬人本对崇高和自然的和谐,建树一个新的精神模式"),但其实它蕴含着更多的神谕色彩,它是指超越感观审美表象对宇宙和精神的理性秩序的造型性表达,这是一种典型的黑格尔式的精神神学的产物。他决定选择一种与这个新柏拉图主义—黑格尔性质的艺术纲领相匹配的艺术形式,它近似于"斯特拉斯堡教堂":

这种具有上升感的绘画,从其外观上来看应当带有"斯特拉斯"(德国的一座著名建筑)那样的形态,它腾空而起,崇高壮观,浓荫广复而千枝纷呈,在它的巨大而和谐的一体之中,表现出一种崇高的理念之美,它包含有人本的永恒的协调和健康的情感。在这里，创造者和被创造者所感受到的是静穆与庄严，而绝非一般意义的赏心悦目。绘画所物化出的人的精神状态越是升华到接近崇高、庄严的理念的美的原型时，这种美也就越具有人本的深层意义上的真实，这种美所引起的美的感受也就越渗透人类的健康精神。[6]

1985年至1986年两年时间内王广义创作了《凝固的北方极地》系列，它们可视为这种神学宣言的视觉版本。事实上，据研究者描述，在浙江美术学院油画系第一工作室学习油画的王广义一开始就表现出对古典主义油画技法的迷恋，这种迷恋恰好与他对刚刚在中国流行的各种现代主义流派风格的反感态度形成强烈对比，这也与这所以开放著称的艺术学院的艺术气氛显得格格不入。在给校友的一封信中他坦诚地表达了这种趣味与他的理论兴趣的关系：

　　当时，你们这届学生的读书之风给我以很大的影响。不过，我的兴趣和你们不一样，你们的兴趣在思辨哲学和自然科学，我的兴趣则在宗教哲学和存在哲学。我最爱读的是托马斯·阿

图1　《凝固的北方极地31号》，王广义，1985年，布面油画，200cm×160cm，图片由艺术家提供

奎那、尼采、萨特的书，后来便热衷于中世纪的神学，而你们则走向了现代的科学哲学。我喜欢古典的、神秘的东西，你们喜欢现代的、分析的东西。我的这种哲学兴趣与我当时对艺术的看法是互有影响的。严格地说，我不喜欢印象派的东西。我搞了几张后便觉得它很肤浅，它只是一种视网膜游戏或科学实验，缺乏一种内在和深刻的东西，大约在二年级时，我就开始彻底地迷上了古典主义，并痛苦地折腾了整整两年时间。[7]

《凝固的北方极地》（图1）是一组象征主义的实验作品，说它是象征主义是指它具有古典象征主义的一切特征；说它是实验性的是指它是通过一系列"塞尚式"的抽象过程而达到的。按照约翰·赫伊津哈的定义，"象征主义想象了一个有着无可挑剔的秩序世界，有着建筑式的结构、等级森严的层层

图2 《雪》，王广义，1984年，布面油画，150cm×120cm，图片由艺术家提供

依附关系……象征主义思想设想了事物间无穷无尽的关系"。象征主义的心理基础在于，人们将对现象界的感知能力凝神于"全一"，[8] 从而获得某种永恒的程式化的信仰过程，它建立在对世界事物本质的共同特征的判断上：

> 在上帝那里，没有什么是虚无的：圣英纳勒尤斯（Saint Irenaeus）如是说。所以，确信万事万物之中存在一种先验意义的信念寻求表达自身。言及神性形象，必会关涉到一个恢宏庄严的体系，而所有的事物都由神来获得意义。这个世界就像一个巨大且整合的象征体系一般呈露出来，就好比一座理念构筑的大教堂。这是对世界极富韵味的构想，宛如复调音乐表达的永恒和谐。[9]

《凝固的北方极地》就是对世界极富韵味的构想和一系列"塞尚式"自然母题的抽象实验的结果，在塞尚那里，为了清除主观感受天生的"混乱性"，完成对古典透视法和印象派光影效果的超越成为工作的自然起点，他希望通过对自然母题（风景、肖像、静物）混乱秩序的线条和色彩的组织整理，使它们获得一种客观意义上的稳定结构，达到"完全根据自然，重画普桑的画"的目的。尽管塞尚的实验并没有任何神学意图，他对柏拉图"模仿"理念的诠释也是世俗意义上的——人如何可能不带任何主观情感地再现自然，但这种实验的古典气质仍深深打动了正在寻找一种实验方法的王广义，尤其是塞尚那句"运用圆筒、球体和圆锥体；每件物体都要置于适当的透视之中，是物体的每一面都直接趋向一个中性点"的箴言，对他选择图像方法具有启示性的作用。

和塞尚不同，《凝固的北方极地》选择的"母题"不是自然，而是他创作于1984年的毕业作品《雪》（图2），这是一张标准的中国式学院作品，现实主义的题材和中规中矩的表现方法使它看起来没有任何超常之处，不过对鄂温克族生活场景的描绘仍然显现了可以被抽象的图像特征：高视平线、凝固的人物、动物造型、较为统一的色调处理和寂静肃穆的整体意象为他接下来要完成的工作提供了视觉基础。不久，另一个造型母题进入这种实验过程，《人类的背部》和《温柔的背部》（图 3）本来是艺术家为他夫人创作的肖像作品，不过他一反常态地采取了背部的描绘方式，这就大大避免和削弱了对人的感官形象的琐碎描述，而容易将人的视觉关注转移到对某种结构的审视，在艺术家所要完成的超越感觉形式的努力中，这种结构性的造型方式很容易被那种概念化的图像程式所采用。

从 1985 年至 1986 年约两年时间里，王广义总共创作了三十多幅"北方极地"，从现在保持下来几幅手稿和成品中我们可以看到这一实验过程的内在逻辑。《凝固的北方极地》早期的两幅作品大大简化了人物和动物的体貌特征，造型结构开始几何化为圆柱或圆锥体，只有人物衣摆和厚重的皮靴能让人依稀辨认出北方游牧者的身份，他们虔诚的姿态表现的是宗教性的象征意象，高调的侧向光影和由普蓝和黑色统一的基调更强化了这种意象。在《凝固的北方极地

图 3 《温柔的背部》，王广义，1985 年，布面油画，70cm×85cm，图片由艺术家提供

图 4 《凝固的北方极地 25 号》，王广义，1985 年，布面油画，90cm×65cm，图片由艺术家提供

25 号》（图 4）中，形象被解体和重新组合为一个个矩形结构，人物、动物、天体，一切都几何化为某种基本的结构和秩序，典型的中世纪式的斜照光影隐喻了时间和空间的存在 [ 贡布里希曾经在《阿佩莱斯的遗产》中讨论过这种"斜影程式"（formula of a diagonal shadow）对中世纪艺术的影响 ]，[10] 它们呈现出一种与感知表象世界毫无关系的寂静、肃穆和庄严，仿佛是超验世界的精

图 5 《凝固的北方极地 32 号》，王广义，1985 年，布面油画，200cm×160cm，图片由艺术家提供

神摹写。《凝固的北方极地 32 号》（图 5）第一次采用了基督教题材，但除了位于画面正中的圣餐桌提示了这个宗教场景外，它剔除了所有有可能扰乱画面凝固秩序的视觉元素和故事情节，几何化的"背影人"和凝冻的云天维持了超自然的崇高感，餐桌上唯一的流质物体让人联想起达利《记忆的持续性》中的钟表，暗喻着时间和记忆。

《凝固的北方极地》通过对具象造型的提炼和抽象过程，把握了象征主义图像的一些基本原则，这就是以拟人化和隐喻性的手法将某种抽象观念视觉化，使其变成可以通过记忆唤起的心理图像，从而达到将高层世界的正确影像与感官记录的错误影像区别开来的目的，这个教谕式的图像表达方法本来是中世纪新柏拉图主义为传递基督教义对绘画提出的基本要求，在王广义这里却成为创造他的乌托邦理性世界的知识图式。

《凝固的北方极地》的实验以现代主

的方式完成了艺术家扮演上帝代言人的尝试，无疑，在他身边发生的现代主义艺术运动，无论是浪漫主义、表现主义的非理性思潮，还是立体主义、抽象主义的理性风格都无法引起他的兴趣，他像一个义无反顾的圣徒，在创造自己神秘的精神王国的坦途上一路前行，无暇旁顾：

世界犹如一件自我生育的艺术品。[11]

但是，一年后，一个新的知识遭遇几乎改变了他艺术的方向。

## 3

二十世纪八十年代中期，中国现代艺术运动如火如荼地开展的同时，一个艺术理论翻译工程也在王广义就读的浙江美术学院悄然地进行着。这项由范景中领导的学术工程与当时在中国发生的那次现代艺术运动没有任何意义上的直接联系，它对这场运动中黑格尔历史决定论观念和各种非理性思潮的批判甚至使它一直作为这场运动的反题而存在，但从更宽广的历史维度看，它为中国艺术的当代走向提供了更为开放和深刻的理论资源。

从1984年第1期起，范景中主编的《美术译丛》就开始系统、有规划地编译引进西方艺术史及艺术批评理论，第1期刊载了贡布里希《艺术的故事》中的一个章节《古代希腊艺术》和他的一篇研究文艺复兴时期美术理论和风景画关系的重要论文。接下来又介绍了沃尔夫林的形式分析、瓦尔堡和潘诺夫斯基的图像学及维也纳美术史学派的艺术史理论。1985年第1期以头条位置刊登了林夕摘译的贡布里希重要著作《艺术与错觉》（它的全译本要在两年后才正式出版），这篇仅仅六页的以《论艺术再现》为题的摘录文章，肯定无法引起正在投入那场轰轰烈烈的现代艺术运动的王广义的兴趣，但两年后在新潮报刊《中国美术报》介绍王广义的专栏中，我们赫然发现了这样的自述：

> （近来，我）读了一些尼采和贡布里希的书，尼采使我明白怎样走出人自身所处的困境，贡布里希给了我一点关于图式——文化的修正和延续方面的启示。[12]

大多数研究者甚至艺术家本人也许并没有认真地看待这段没头没脑的自述，他们至多把它看成艺术家习惯的直觉性理论组合中的一种，就像他对黑格尔与尼采理论的组合运用一样。但从艺术家接下来的艺术方案的重大调整中，我们可以在贡布里希的图式修正理论与艺术家的创作之间建立某种猜测性的联系，就像贡布里希在《波提切利的神话作品》中通过历史情境的重构在《维纳斯诞生》与新柏拉图主义间建立起来的那种猜测性联系一样。

《艺术与错觉》研究的是西方艺术史上一个重大的理论问题："知道"（knowing）和"观看"（seeing）是如何影响我们再现世界的图像生产史的，这个同样源于柏拉图两个世界理论的问题对西方艺术史研究意义重大。贡布里希在波普尔科学哲学中理论假说先于感觉资料的"探照灯理论"（searchlight theory）和科学证伪过程的"试错法"的基础上创立了图式修正理论，这个理论运用哲学、文化学、现代心理学和艺术史方法对这一问题的综合解答使它成为这个领域最为经典的现代艺术理论之一。林夕摘译的《艺术与错觉》言简意赅地介绍了这个理论，这个理论首先以视觉心理学方法论证了"知觉主要是一个预期的矫正"过程，我们只能根据某种期待符号（心理定向）在具体符号情境（sign situation）中去调整和修正我们的所见，没有"中立的自然主义"（neutral naturalism），同样没有所谓"纯真之眼"。一切艺术创作和观看同样不能违背这个理性常识，艺术语言本质上都是"概念性"的，"没有一个出发点，一个初始图式（initial schema）我们就不能掌握滔滔奔流的经历"。一个"正确的"图像正如一张有用的地图，是漫长的图式修正的结果。柏拉图在理念与模本再现之间虚构的那个两难推论只有在漫长的制图史中才具有艺术史的意义。根据卡西尔人的本质存在于符号制作之中的原理，"人的世界不仅仅是事物的世界；在实在和虚假没有区别的时候，人的世界就是符号的世界"，符号制作永远都是"先制作后匹配，先创作后指称"，而决定这一过程的是我们经验世界的文化上下文。

在波普尔科学证伪理论中，科学中猜测与反驳的试错过程是由"情境逻辑"（situation logic）所决定的，波普尔在他的著名政治哲学著作《历史决定论的贫困》中将它作为黑格尔历史决定论的替代理论。贡布里希在他的研究中赋予这一理论以艺术史和文化史的意义，他将艺术竞争中"风尚的压力"（pressures of fashions）和"趣味的奥秘"（mysteries of taste）的概念引入到制图史中"制作与匹配"的分析之中，他创造了一个描述各种影响制图历史的短语"图像的生态学"（ecology of the image），还为艺术史中的情境逻辑起了一个专业绰号"名利场逻辑"（vanity fair），从而赋予了其超越视觉心理学范围的文化史涵义。[13]

王广义对这一理论的兴趣一定与他对印象派这类"视网膜游戏"的鄙夷态度有关，在贡布里希对"纯真之眼"的批判中他或许找到了自己艺术趣味的理论依据，但这个理论对他同样重要的是，这时运动情境的变化逼迫每一个参与者选择新的理论资源，以维持自己在这个运动中的位置。《凝固的北方极地》这种新柏拉图主义式的"神秘图像"在当时的运动情境中已越来越无法引起艺术家所期待的"文化涟漪"，它甚至成为开始为大家所厌恶的那种过度哲学化的艺术样式的范本，而从另一个角度看，这场运动日益"国际化"的竞争要求，使这种近似于本土宗教的绘画样式也越来越与艺术潮流格格不入。如何选择一种新的艺术方案既能保持自己的神学趣味又能拉开与这个运动的距离，成为艺术家必须首先面对的艺术难题。

我们也许无法还原艺术家阅读和接收这一理论的具体过程，但从他与范景中学术集团的两位重要成员洪再新和严善錞（他们也是他艺术的最早研究者和解释者）的持续交往中，我们可以看到艺术家在重新拟定艺术方案和信守自己的神学信念间调整自己思想的过程，这个理论对他的新方案形成，按艺术家自己的说法至少是"启示性"的。在一封公开发表的洪再新给他的信中，我们看到一位艺术史家对他艺术的中肯评价和批评，它不仅涉及艺术自身的一些问题，还涉及大众传播和新闻效应等情境问题，尤其是对他艺术中封闭的文化态度的批评明显表达了对其黑格尔式的神学倾向的不满，他警惕地称它为一种具有文化专制色彩的"新宗教精神"。[14] 在与严善錞的多封通信讨论的范围更加广泛，在一封讨论艺术语言的长信中，我们看到他对"图式"概念的奇异解读，它告诉我们，对语言问题的思考已成为形成他的新方案的直接动因：

我认为，从以往的美术史和今天的艺术发展现状来看，我们可以将"绘画语言"分成两个层面：一、技法；二、图式。一般来说，从这两个点出发，大致上就可以将美术史比较清晰地勾勒出来，技法是指制作的程序和材料的运用；图式是指一定的造型（形、明暗、空间）的规范，它比风格更基本和稳定些。从技法史的角度看，在西方绘画中凡·艾克（Van Eyck）是第一个高峰，伦勃朗（Rembrandt）和委拉斯贵支（Velasquez）是第二个高峰。但在近现代绘画中，技法问题就不像图式问题显得那么突出。印象派的马奈和莫奈（Manet）就不像古典派的安格尔讲究，甚至连浪漫派的德拉克洛瓦（Delacroix）也不如，抽象派的一些画家如康定斯基（Kandinsky）和蒙德里安（Mondrian）就比印象派的画家更不讲究。当然，这只是相对而论的。我们可以发现，到了抽象表现主义的那些画家（如赵无极）那里，都又十分重视画面的制作问题。但是，注重图式，甚至为了强调图式的独特性和鲜明性而有意减弱画面的肌理效果和细微的感觉变化，则是现代绘画的一个重要特征。因而，当代艺术的语言也就更具有"标志性"。当然，这样说，也并不意味着只要有了图式就可以粗制滥造，而是强调技巧必须跟着图式走。你说呢？说来也怪，当我们接受了这些现代艺术的"原则"后，就不难想象用凡·艾克或伦勃朗的技法去制作一幅蒙德里安的图式的画将会多么别扭。[15]

在艺术家重新拟定的"图式修正"方案中，1986 年下半年开始的《后古典》系列是一个重要的过渡，它的目的是创作出一种与所有现代主义语言实验拉开距离的醒目的标志性"图式"，以便解决这些年来一直困扰着他的"宗教问题"。他选择了文艺复兴和新古典主义的现成图像作为修正的对象，这样，"图式修正"这个贡布里希运用在再现艺术研究中的视觉理论就被他有意误读为一种创新性的语言方式，进而被他改造成为新潮艺术中的图像竞争手段。《后古典——马拉之死》（图 6）是这个修正过程的第一件作品，和《凝固的北方极地》一样，他首先对人物形象进行了几何化的处理，并将它复数化为两个比例对称的造型，这个修正将

真实人物和事件转换为某种拟人化的寓意图像，从而剔除了这个新古典主义作品的任何偶然性的事件元素和场景细节，而将古典主义肃穆庄严的气氛和秩序感以一种隐喻性的意象方式提炼出来。在《后古典——天顶—圣晚餐》、《后古典——同一时刻的受胎告之》、《后古典——马太福音》、《后古典——大悲爱的复归》（图 7）等一系列基督题材的变体作品中艺术家采用了相同的修正手法，这些圣教题材并不表明他是一位真正意义上的基督教认信者，他甚至连现代自由神学的实践者也算不上，虽然他经常在《忏悔录》中参悟奥古斯丁关于创世问题的思考，在阿奎那的神学逻辑中体会亚里士多德的秩序感和"质料精神"，也喜好引用《圣经》新旧约的格言来表达某种"天启"，但对他而言，这些神圣图像只不过为他的图式修正提供了一种特定的超验模本，他这些图像修正的共同特征是，借用大师作品中的神学内容，将它们提炼成逃逸出具体故事情节和场景的意象化形式，从而制造出神学内容与当代语言实验之间的一种微妙张力，他后来坦率承认："我的'后古典'在很大程度上就是对人们在艺术欣赏中的这种神话效应的

一种测试。"[16]

与《凝固的北方极地》比较,《后古典》图像的神学旨趣是一致的,但由于运用了对古典现成图像的修正,不仅使他前一段的图像实验具有了更为牢靠的知识背景,而且抑制了前期作品中空洞的文化情绪和虚悬的神学问题。这种分析性的态度很容易将这些神学问题转换为具体的语言问题,从而为艺术家以后对现成图像的征用策略打开了方便之门,正如他后来总结的那样:"艺术家心中可以装着上帝,但他在寻找上帝的时候,却应当保持高度的理智,细心地处理各种琐碎的技术问题。"[17]

1986 年至 1987 年整整两年时间,艺术家在远离运动中心的珠海创作了《后古典》和《理性》两个系列,作为《后古典》图像修正过程的"逻辑推进"——这是王广义在这个时期自创的一个艺术词汇,指艺术家的个人创作不仅必须与其过往的创作相关联,而且应该与整体艺术史相关联的那种内在逻辑性:

> 我认为,一个当代艺术家除了应当精通以往的美术史之外,还必须准确地把握美术在当代文化运动中的地

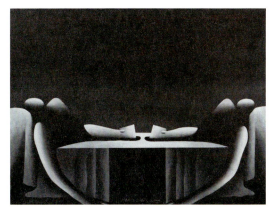

图 6 《后古典——马拉之死 B》,王广义,1987 年,布面油画,200cm×160cm,图片由艺术家提供

图 7 《后古典——大悲爱的复归》,王广义,1986 年,布面油画,200cm×150cm,图片由艺术家提供

位和意义。从这个角度看,我们可以把艺术家分为两类:一类是好艺术家,一类是有意义的艺术家。[18]

他明确定义了两类艺术家的任务:前者主要完成不同的语言风格的实验,而后者主要通过创造特殊图式提出有意义的文化问题。《理性》系列可以视为艺术家决心做"有意义的艺术家"的一个图像实践,如果说,在《凝固的北方极地》时期"理念""理性"在艺术家的词汇中是与"绝对精神""永

恒秩序"相关联的神学概念，那么，这时的"理性"则更多是与分析、修正这类知识概念和测试、趣味这类与情境概念相关联的经验话语，当然，这并不意味着王广义已经放弃了对超验世界的兴趣，恰恰相反，在现代艺术的名利场竞争中，他已敏感地意识到：超验问题只有置于经验世界的各种世俗或时尚问题的情境中才有希望得到真正意义上的解决，新柏拉图主义式的冥想和尼采式的狂妄只能使问题简单化，"欣赏神话"和"制造偶像"是现代艺术维护自己竞争机制和价值体系不可或缺的两翼，各种语言实验和观念竞争如果缺乏"神话"和"神秘东西"的背景，就无法最终产生文化史上的问题和效应，而这依然是艺术家最看重的"艺术的意义"。

《理性》系列对《后古典》系列的修正在图式上是简单的和反形式主义的：它只是粗暴地在后者修正的图式上加上网格、虚线和字母便完成了，事实上，在《后古典》时期的作品如《后古典——圣母子》(又名《三位一体》)、《后古典——大玩偶—圣母子》(图8)、《后古典——蒙娜丽莎之后》中已出现了虚线和字母符号，这些符号也许是对

毕达哥拉斯数学创世逻辑的视觉能指，它们与图像的几何形变体一起构成了某种神秘主义的隐喻。不过，在《理性》系列中艺术家选择的修正图像已不限于圣教题材，除了《红色理性——偶像的修正》、《后古典——大天使》(图9)和《红色理性——哀悼基督》，他还大量采用了异教和世俗题材，如对波提切利《维纳斯的诞生》的"修正"《人体三段式》，对基里科《梅杜萨之筏》的"修正"《黑色理性——炼狱分析》(图10)，对杜尚《泉》的"修正"《杜尚的九个小便池》、《杜尚的四个小便池》(图11)，甚至对他自己早期作品《人类的背部》(图12)的"修正"《黑色理性——白色卫生间》(图13)，从图像处理方式看，这不仅表明他"图式修正"范围已扩展至整个美术史，而且表明他的艺术趣味由单纯追求崇高和谐向更为多元化的方向发展，在《一般行为中的理性》和《人体三段式》中他甚至学会运用幽默、揶揄和调侃的方式"谈论"图像所涉及的问题。从另一个角度看，它还表明了艺术家希望自己的作品更加贴近"国际版本"的愿望(他在这一时期与朋友的谈话中多次提及整个问题，这个愿望也构成了他以后艺术方

图 8 《后古典——大玩偶一圣母子》，王广义，1988 年，布面油画，130cm×160cm，图片由艺术家提供

图 9 《后古典——大天使》，王广义，1986 年，布面油画，86cm×68cm，图片由艺术家提供

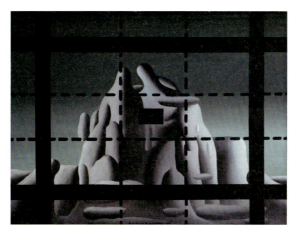

图 10 《黑色理性——炼狱分析 A》，王广义，1987 年，布面油画，103cm×79cm，图片由艺术家提供

图 11 《杜尚的四个小便池》，王广义，1987 年，布面油画，68cm×86cm，图片由艺术家提供

图 12 《人类的背部 A》，王广义，1985 年，布面油画，90cm×60cm，图片由艺术家提供

图 13 《黑色理性——白色卫生间》，王广义，1987 年，布面油画，150cm×150cm，图片由艺术家提供

案选择的重要情境）。对这一概念式的图像修正方法，艺术家在当时给出的解释是，他希望以此造成画面符号意义的变异和"亏空感"，以中止人们对图像的任何审美判断，而在以后的解释中他进一步赋予了这些概念符号以宗教的含义：

> 在某种程度上，我之所以后来在画面上打格子，都是与当时自己的这种观念有关。
>
> 这种格子，是一种视觉秩序，它可以使我们的感觉变得有序，通过这种有序，我们也可以证明上帝的存在……我所理解的形式的秩序、比例等，都是站在一个神圣性和不可知的基础上的，就是说，我当时的那些画面上的格子，主要是给人们的视觉提供一种秩序，这种秩序只是一种理性化的原则，它主要针对当时的普遍泛滥的形式主义。[19]

但这种自我解释也许只有置于这样一种矛盾的情境逻辑中才有意义：在艺术家保持自己对超验世界的认信与参与当代艺术运动的竞争中，他只有在处理语言与图像的关系中具有高度的平衡能力才有可能熊掌

和鱼兼得。

从另一个角度看，从《后古典》到《理性》系列的图像修正过程只有借助一种新的知识方式才能做出合理解释。贡布里希在《象征的图像》中区分了西方拟人化神学的两种象征图像传统：神秘的象征传统和隐喻的象征传统，前者是指新柏拉图主义式的符号象征传统而后者是指亚里士多德式的理性传统：

> 我所说的亚里士多德传统（卡罗和里帕都属于这个传统）实际上基于隐喻的理论，它的目的是通过隐喻的帮助，来获得所谓的视觉定义的方法，如我们通过研究孤寂的各种联系来了解孤寂这个概念。另一种传统是我说的新柏拉图主义的或神秘的解释象征法。这种传统甚至更强烈地反对程式的符号——语言观念。在这个传统中，一个符号的意义并不产生于约定俗成，它早已隐藏着，等待那些知道怎样寻求的人来发现它，在这种主要源于宗教而不是源于人类交流的概念中，象征被看作神的秘密语言。[20]

贡布里希指出了这两种图像象征传统

的利弊，前者由于过分强调艺术的非理性升华和宣泄而使我们有堕入"空虚愚妄"或"实为浅薄却貌似高深"的危险。而后者则由于过分强调有限系统的语言力量，而忘记了语言高度灵活性和创生力。[21]

神秘符号和隐喻性符号的传统不仅深刻地影响了古典艺术，也深刻地影响了现代艺术，各种形式的浪漫主义、表现主义和抽象主义与神秘符号的传统有关，而超现实主义、立体主义、象征主义和形而上画派则更多地保持着与隐喻性象征传统的血缘关系。如果说，《凝固的北方极地》代表着王广义艺术中的神秘象征图像传统，那么，《后古典》系列和《理性》系列则代表这种图像向隐喻性的理性图像传统转换，当然，在《后古典》系列和《理性》系列中存在着一种艺术家有意制造的矛盾，那些虚线、符号和网格与画面构成既是一种否定的关系，也是一种肯定的关系，它们使得图像性质具有了某种悖论的双重性：既是神秘主义的(蒙德里安式的)，也是理性主义的 (普桑式的)，它们是一种图像的"二律背反"。理解这种图像转变及性质对我们解释王广义艺术的历史逻辑至关重要。

1991年在与严善錞的一次重要谈话中，王广义已经可以娴熟运用贡布里希式的方法和口吻谈论种种艺术问题了，这篇对话是我们了解这一时期甚至以后王广义思想变化的重要文献，两个世界和两种语言方式给他带来的思考是这次谈话的中心内容：

我的《后古典》系列在很大程度上就是对人们在艺术欣赏中的这种神话效应的一种测试。我觉得，《后古典》系列之所以被很多批评家和艺术家认可，在很大程度上得感激"神话"。它向我们证明，我们无法摆脱由神话构成的传统对自己的艺术鉴赏力的影响。在浙江美术学院读书的时候，我曾模仿过各种流派的风格来作画，但总不太明白为什么古典的东西更有魅力。毕业后，我搞了"北方极地"，试图用"自己"的语汇来表达那种"崇高感"。尽管当时的评论界反映不错，但我自己仍觉得还缺少点什么。后来，我才慢慢懂得了当年为什么那么留恋西方古典作品，用自己比较熟悉的、上手的图式来不断地修正它们，一直将画面调整到在不失去现代意味的情况下，最大限度地将"原典"的那神话表达出来。

......

也许，这种神话对于人们欣赏艺术是必要的，但作为一个艺术家，当他手拿画笔面对画布的时候，就应当把这种心理涤荡干净。作为一个当代艺术家，就更应该如此。他应当先感觉和分析一下自己所处的这个社会的特定文化氛围，用通俗的话说，就是摸一下行情，推测一下哪类图式能够产生"神话效应"，能够成为文化热点的一部分。这就是说，一个当代的艺术家＝神奇的眼睛＋清醒的头脑＋入世的热情。

......

我想，我的《后古典》系列更多的是体现了一个当代文化修正主义者的历史观。很多人总是责备我们艺术家或批评家喜欢制造神话，这实在有点冤枉。试想，一种没有神话的生活，将是多么乏味的生活，世界将会像铁板一样冰冷、坚硬。这些年来，我一直在把握神话在生活中的比重，并尽可能将它放在一个恰当的位置。

......

完整地讲，当代艺术就是要先让人们产生一种美学冲动——因为它是以艺术的名义出现的，然后抑制人们的这种冲动——因为它尽可能地将艺术带回到生活之中。也可以说，它是一种很有魅力的心理圈套。我自己认为，对于这种试验，我们可以用波普尔—贡布里希的"情境逻辑"来加以分析。我觉得，现代艺术仍有很浓的神秘主义色彩，从精神上讲，它们指向"绝对"。康定斯基和蒙德里安的作品就是柏拉图和黑格尔的哲学在艺术上的一种翻版。也正是因为他们将这个问题推向了极端，使自己成了现代艺术与当代艺术之间的过渡性人物。而杜尚则完全摆脱了黑格尔主义在艺术中的影响。他从艺术史中发现了"神秘主义"是有问题的，然后，以此为出发点，开展了关于艺术观念的实验杜尚的影响是深远的，在六七十年代，世界上最具意义的艺术家基本上都是从正题上接受了他。他的作品具有很强的分析意义，他发现了一块可供后人无限开垦的处女地，他十分关注自己所处的"情境逻辑"。[22]

与贡布里希的理论遭遇，也许并没有根本改变他艺术中新柏拉图主义—黑格尔式的神学旨趣，但我们发现在 1988 年后他再绝少提及"绝对精神""终极本质"这类空洞的玄学口号，而代之以"神秘的东西""神话效应"，表明他的神学世界有了更为个人化和更为宽泛的所指。无论如何，在这种遭遇中，他训练了把握具体文化情境问题时的分析能力和敏感性，这保证了他在以后的艺术名利场竞争中在智力、知识和思想方面强烈的比较优势。在这个时候，他已显现出由一个尼采式的超人艺术家向一个具有思辨色彩和开放态度的当代艺术家转化的迹象。

4

1988 年创作的《毛泽东 AO》在王广义的个人艺术史中是一件怎样估价也不过分的重要作品，它几乎具备了进入当代艺术史的所有重要元素：独特的问题意识和语言状态、选取图像的高度敏感性和处理图像意义上的不确定性、在各种具体情境中由一系列偶发事件产生出的"神话"故事（构思、展出、发表及收藏拍卖）以及最重要的——它与艺术家自身艺术逻辑的密切相关性，这些足以使其成为在任何研究框架中都能进行充分

解释的对象。

从文献上看，至少从 1988 年开始，"当代问题"就成为王广义思考的各种艺术问题的中心，这个问题至少在两个方面对他艺术的"逻辑推进"是至关重要的：其一，与现代文化比较，当代文化是一种否定必然性、反对启蒙和理性价值、非信仰化的世俗文化，同时，它又是一个崇尚大众传播、及时生效和资本神话的偶像化文化；其二，与艺术家经历的现代中国的历史经验比较，当代文化是民主、市场和真正国际化的开放性文化，同时，它又是高度组织化、制度化和集权化的文化。当代文化的这种背反特征为当代艺术的双重性格提供了有力的逻辑资源。而在王广义看来，这虽然是一种与他的信仰格格不入的文化，但仍然是充斥着超验世界与经验世界矛盾的世界，一个仍然需要神启的世界。经过图像的文化修正和情境逻辑的理论训练，王广义很快就重新确定了自己在当代艺术中的方位。这时他已知道，一个当代艺术家只有同时具备"出世的信仰"和"入世的姿态"才有可能在这场文化赌局中获胜。

在 1989 年《画廊》杂志题为《王广义如是说》（一个尼采式的标题）的采访文章

中，他首次将自己自1985年以来的艺术观念的变化分为三阶段：1985年至1986年重建衰落的信仰，高扬崇高的人文精神的阶段；1986年末至1987年对艺术史进行文化修正的阶段；1988年至1989年"清理由人文热情的无逻辑化所引起的'意义泛滥'"，他称这是对前两个阶段"无聊假设"的自身清理，因为，他开始意识到"当代艺术的本质是意义的盲点，而盲点的获得要靠对艺术语言的分析处理，具有意义盲点性的艺术品会将当代人的判断力阻隔在途中"，当被问及这是否意味着他改变了他的文化信仰而成为一个文化虚无主义者时他做出了否定的回答，强调他仍是一个靠"精神自足性"生活和创作的艺术家。[23]

在同年《艺术广角》杂志的采访中他以人类学的口吻和少有的诗性语言再次谈及这个问题，在他看来"人的存在史"也经历了三个阶段：其一，人尚未作为概念的存在，人处于和动物和谐相处的时期；其二，人的信仰假设期，人通过失乐园获得了某种"虚无感"，作为概念存在的人开始了对于无限性问题的无休止的追究，创造出高于我们的本质和目标；其三，人的消失期，人作为一个种属的存在丧失了一切"在者的经验性"，崇高精神不再成为问题，"我们现在要做的最为有意义的事情就是抓住每一个有意味的经验，作为对类的共通性的否定去体验它，去描述它"。他认为，文化不但不能拯救反而只能加速这一消失过程：

> 文化的本质是使人成为概念的人而不是成为具体的人，唯一能够使得这一消失时刻迟一些到来的东西，只能是激情和爱的能力，谁的这种能力强谁就能拯救自己。当一双衰败的手一经触摸到青春之物时，刹那间就会出现奇迹！衰败而干枯的荒原会响起青春的血腥的歌声，焦土里会荡漾着孩子们的欢笑。[24]

但无论是对文化的悲观主义判断还是对自己艺术的清理，看来并没有使艺术家成为一个彻底的虚无主义者，维持这一点的是被艺术家称为二我分离的状态：艺术家的创造是精神假设不断置换的过程，一个假设物的中断会由另一个假设物替换，正是在这种转换中"幻觉的参照"显现出其恒定性和无限性。

人的伟大和可悲、图式的崇高与荒诞是从此在的我和假设的我两方面推导出来的……人的悲剧在于人是一个被废黜的神，神性早已消失，现在人性也要消失了，还是对那曾经具有过的神性和快乐要消失的人性来一场伟大而虚无的假设追思呢（吧）！以此使人的一堆无用的热情能够在二我之间燃起火光，这便是今天的人所能拥有的唯一的福祉了。[25]

这段圣徒般的语言是不是《毛泽东AO》产生的心理动机呢？《毛泽东AO》是不是就是"一场伟大而虚无的假设追思"呢？这种"假设追思"与艺术家那个引起极大争议的口号"清理人文热情"到底具有怎样的逻辑关联呢？

"清理人文热情"和《毛泽东AO》的草图是1988年11月艺术家参加黄山现代艺术研讨会时同时拿出来的两件宣言式的作品，次年2月在中国现代艺术展上《毛泽东AO》正式展出，获得巨大反响（"巨大"的一个证据是这件作品甚至在当时的《时代周刊》上刊载），在展览期间接受《北京青年报》记者的采访时他再次强调："今年起我的主要工作是清理艺术界由人文热情的无逻辑化所导致的困境。"据后来的研究者描述，"无论如何，在1989年的上半年，'清理人文热情'在中国艺术界成了一个众所周知的风头主义口号"，但直到1990年10月他才在《江苏画刊》上以撰文形式清晰地阐述了这个理论口号。

这篇名为《关于"清理人文热情"》的文章首先对艺术史做了"古典艺术""现代艺术"和"当代艺术"的区分，并明确地指出"清理人文热情"主要就是针对"古典艺术"和"现代艺术"的语言发生原点："在共同的幻象中所经验的一般经验事实为出发点共同建构神话史。"在他看来，当代艺术的任务就是抛弃这种"神话的幻觉感"和对于人文热情的依赖，"进入到对艺术问题的解决关系之中，建立起以往文化事实为经验材料的具有逻辑实证性质的语言背景"，将"古典艺术"和"现代艺术"遗留下来的问题作为自己工作的逻辑起点。他在同样反省了自己前两个阶段的神话情境下的创作经历后，区分了艺术中的两种"神话倾向"：在人文热情投射下的非学科性的意义创造和对神话问题的逻辑解决，这也正是两种艺术的分界点。在明确了自己以后的艺术工作是"解决若干文化遗留问题"后，他有点动情地写道：

> 但同时我又深深地意识到，能够停留在神话之中静静的干着古典和现代意义的工作是件幸福的事情，进入到对文化遗留问题的学科化研究和解决状态确实有违人性的东西在里边，这样，我们就可以理解像博伊斯这样的当代主义者也会偶然地返回神话乐园的动机了。[26]

三篇文献从个人史、人类学和艺术史角度为我们提供了"清理人文热情"这个理论口号的完整背景，它是艺术的终极态度和艺术的时尚压力冲突下的产物，我们或许可以学究气地称它为一种"生存性悖论"。明星效应、大众传播、国际生效甚至市场生产（虽然刚刚开始），这些都是王广义在与严善錞那篇重要谈话中已经涉及的内容，显然，《凝固的北方极地》和《后古典》系列的图像创造与这样的现实情境比较不仅显得矫情而且显得空洞，既缺乏问题的针对性也缺乏引起公众关注的可能性，《理性》系列的分析色彩虽然一定程度上抑制了这种空泛的"人

文热情"，但修正图像的古典性质还是使得这种艺术方案与现实问题格格不入。但"清理"并不意味着放弃，在对波普尔—贡布里希"逻辑情境"理论实用主义的阅读中，王广义已经懂得，在当代艺术中提出问题比创造意义更为重要，而提出不具备任何情感导向和意义内容的问题更为重要（制造"意义盲点"）。只有真正能够提出与我们文化相关的富有逻辑而又敏感的当下问题，同时使这种问题不流于人文主义的滥情，才能有效地调动公众的关注和反应，获得一个成功艺术家需要的文化效应。在经验世界中富有逻辑地解决超验世界的问题，将神话这类古典艺术问题置于当代艺术问题的知识系统和解释框架之中，这就是"清理人文热情"所要表达的逻辑。

在艺术家眼里，"毛泽东"就是我们记忆历史遗留下的经验材料中的一个典型的文化问题，而《毛泽东 AO》则是他对这一问题进行"语言清理"和"逻辑实证"的结果。在中国现代史上，没有哪位政治领袖人物获得过像毛泽东这样的地位（甚至在古代中国史上也屈指可数）。王广义从不隐讳他对毛泽东的文化崇拜，这种崇拜并不是源于政治

信仰，恰恰相反，它源于某种超越任何世俗经验和道德判断的理由，正如基督教徒的超逻辑认信一样，他曾说，只有毛泽东的实践使他真正体会到一种超越物质和现实世界的崇高生活的可能，他相信它对我们超越世俗生活和寻求生命价值都有不可取代的心理意义。对历史人物（或文化符号）的这种绝对性信仰是他将毛泽东图像作为修正对象的心理基础，这就使他与在他之前将毛泽东作为政治符号和在他之后将毛泽东作为大众文化符号的艺术家处于完全不同的认知位置。对他而言，毛泽东是唯一可以将他的超验世界与经验世界、信仰与理性认知、精神情感与世俗生活统一起来的现世偶像，而《毛泽东 AO》正是"一场伟大而虚无的假设追思"。

《毛泽东 AO》的创作延续了《理性》系列的图像修正方法，但与对古典作品的几何化处理方式不同。《毛泽东 AO》有效利用了象征性图像在"象征"与"再现"、视觉符号与概念符号上的悖论性功能，改变了图像的原典意义，使其产生了多义阅读和解释的可能，成为一个"开放的符号"（open sign）。

我们看看这个图像修正过程是怎样完成的。首先，写实的领袖像提供的既是一位历史伟人的"再现"，同时在特定的文化上下文中它又是某种非同寻常的"象征"，既可以唤起我们超感官世界的理智沉思，又可以调动我们的世俗情感，这正符合新柏拉图主义象征寓意图像的理论要义。[27] 事实上，在中国，领袖图像的这种象征功能依然有效地存在着。[28] 但图像上的网格和字符突然悬置了图像的原典意义，这种悬置王广义称为"中性态度"，其目的是中止人们的审美判断，清理在他看来无逻辑的人文热情。[29] 这种解释使这些概念符号进入贡布里希所谓的"亚里士多德式的理性象征的传统"之中，网格和字符的中性性质既可以理解为"图解性隐喻"，也可理解为一种理性的分析，正是利用了新柏拉图主义神秘论和亚里士多德的唯智论这样"两种思想样式之间的张力"，[30]《毛泽东 AO》在当时和以后的文化情境和艺术情境中产生了持续的多倍效应和历史影响（试想想，如果是"叉"或是别的否定性符号，这种符号的中性张力会马上消失）。

无论是研究者还是艺术家本人都认为《毛泽东 AO》是一件"转折性的作品"，

虽然对这种转折含义的解读并不一致。《毛泽东 AO》解决了艺术家对艺术的终极信仰与当下情境之间几乎无法调和的矛盾，从我们对这件作品的观念和情境背景的分析可知，这件作品虽然采用了现成图像的复制方式和复数性的图像样式（艺术家本人从来没有对作品为什么采取三联画的形式做过严肃的解释），但它与他后来采用的"波普主义"的图像方法显然并不相同，而与他在《凝固的北方极地》《后古典》和《理性》系列中表现出来的古典气质、美学模式和图像方法一致，它仍属于他的"图像修正"时期的典型作品，但现在的情形就像约翰·赫伊津哈笔下衰落的中世纪一样：

> 事实上，象征主义已经穷途末路了。寻找象征事物或寓意形式，已变成一种毫无意义的智力游戏。浅薄的幻想依赖于单一的类推。神圣事物倒还有些许精神价值，而一旦涉及尘俗或简明的道德事例，象征主义的衰竭就十分明显。[31]

《毛泽东 AO》完成了艺术家由一个文化乌托邦主义者向具有情境掌控能力和开放思维的当代艺术家的转变，这使他在面临更为复杂的艺术问题时显得从容自如、游刃有余。

# 5

1964 年 4 月，捷克裔美国艺术家安迪·沃霍尔在纽约曼哈顿第 74 东大街的斯特堡画廊（Stable Gallery）展出了一堆布里洛牌（Brillo）的包装盒，这件恶作剧似的作品触动了哲学家和艺术史家阿瑟·C. 丹托敏感的神经，他开始重新思考艺术的本质这个哲学问题，二十年后他写出了《艺术的终结》（再过十年他写了《艺术的终极之后——当代艺术与历史的界限》），以一种黑格尔式的历史决定论的口吻宣布艺术已经终结，艺术史从此进入"后历史"时代（几乎在同一时间，德国艺术史家汉斯·贝尔廷用德语不约而同地宣布了这一信息），"波普主义"挑战和根本改变了维持十四世纪以来（汉斯·贝尔廷将此之前的时代称为"艺术之前的图像史"）艺术史发展的基本的价值准则、美学逻辑和道德底线，它是现代主义一系列非连续性形式实验的直接后果。终结意味着维系我们艺术史的"内在驱动力"和"叙事结构"最终消失，"人们感觉不到任何叙事方向"[32]，它的外在形式是高雅艺术与低俗艺术、艺术品与现成品甚至艺术家与非艺术家界限的消失。从此，艺术审美时代已经完结，更为诡异的——和黑格尔在十九世纪初预言的一样——"哲学授权"时代正式开始。一方面，艺术家获得了空前的解放，干他们想干的任何事；另一方面，他们变得无事可干，除了宣称自己的艺术与某种特定的哲学观念相关以外，他们的创造与任何小写的艺术无关。

"后历史"这种艺术终结理论无论是一种"批评判断"，还是一种"历史事件"的描述都深深影响了二十世纪艺术史的情境，使它开始脱离艺术史的轨道而转向成为一种玄学运动。"波普主义"（当然，还包括它之前的"达达主义"）使问题重新回到柏拉图的那个神学原点：制作床还是摹写床，它用一种看似激进的哲学伎俩抹平了这个问题，但从图像使用方式看，它不过是通过"挪用"手法改变了古典艺术赖以表达的基础——象征主义。"挪用"通过平移现成品或现成图像达到转换图像性质和意义的目的，按流行的说法，它既有解构的意义也有

建构的意义，例如，在阿瑟·C.丹托看来，这个过程还具有神学的含义：

> 转化是一个宗教概念。它的意思是指对普通物的崇拜，如对其原来面貌的崇拜；在《马太福音》中，它意味着崇拜人，将其看作是上帝……对我而言，现在波普的一部分大众性在于这样的事实，即它转化了对人们最有意义的东西或一类东西，将它们提高到高级艺术的主题的地位上……抽象表现主义关注的是隐藏的程序……然而波普则庆祝最普通生活中最普通的东西——玉米饼、罐装的汤、肥皂块、电影明星、喜剧。它通过转化的过程，赋予它们一种近乎超验的气质。[33]

而让·鲍德里亚同样描述了消费逻辑中流行艺术的平庸和崇高的双重性质：

> 首先它是一种社会一体化的意识形态；另一方面它复辟了整个艺术圣化的过程，这便取消了它的基础性目标……流行希望成为平庸的艺术（正是因此它才叫作人民的艺术），但是平庸只是崇高这个范畴的当代版本，也是一种超验范畴。[34]

1989 年，在珠海王广义创作了他的第一件现成品作品《易燃易爆》（图 15）；1990 年，在武汉王广义创作了他的第一件"波普主义"风格的作品《大批判——可口可乐》，这两件作品都具有某种断代性质，它们不仅使他的艺术真正进入"当代"的语境，也构成了我们理解他的艺术的一个巨大的陷阱。在对这些作品的多重解释中，政治和商业是主要的维度，而我们还是希望将它置于超验世界与经验世界的冲突这个基本问题层面进行解释，以理清这种转变的内在逻辑。

王广义多次强调，对他的艺术而言，启示知识（或信仰知识）比经验知识（或世俗知识）更重要，而在启示知识中，特别的启示（由上帝提供的启示）比一般的启示（由自然观察获得的启示）更重要，按照这个逻辑，他八十年代的作品就是一般启示的产物，它源于一般文化经验的认知；而九十年代以后的作品更多是特别启示的产物，它源于对现实情境的心性体悟，这又歪打正着地与当代艺术的玄学转向契合。

其实，《大批判》并不是一蹴而就的作品，在它前后出现的波普风格的作品如《被批判的伦勃朗》（图 16）、《批量生产的圣婴》（图 17）都还与他前期作品涉及的问题保持着相关性，而《大批判》则一超直入地使问题进入当代的语境，他曾在一次访谈中谈及安迪·沃霍尔将普通物品和形象转化为圣物对他的启发：

安迪·沃霍尔是把最平常、最司空见惯的东西神化，我是采取相反的方式……但从思想脉络上看，它与安迪·沃霍尔有一种关联性。

……我就一直关心两个东西：一个是神话，一个是人民……西方商品是一种文化渗透，这种渗透又与人民这个概念构成一种既严肃而又有趣的关系，两个时空、两个历史的两种大众图像奇妙地组合在一起，抛开它的思想含义不谈，它的画面所提供的视觉张力就非常复杂。而作为一个艺术家，我只表达了某种中立立场。[35]

也许，在王广义看来，波普主义这种类似禅的表达方式可以延续自己对超验世界的兴趣，《大批判》所关心的正是这种平庸的图像方式的"圣化"功能和超验性质。

但与一般意义上的波普主义不同，在安

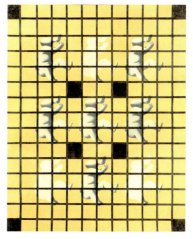

图 15 《易燃易爆》，王广义，1989 年，装置（综合材料），50cm×60cm×35cm / 件，图片由艺术家提供

图 16 《被批判的伦勃朗》，王广义，1990 年，布面油画，200cm×300cm，图片由艺术家提供

图 17 《批量生产的圣婴——黄色》，王广义，1990 年，布面油画，120cm×150cm，图片由艺术家提供

迪·沃霍尔那里现成图像的平行挪用是一种去意义化的图像方式，而《大批判》采取的图像策略则是一种交叉性的"征用"，它的方式是将意义落差巨大的两种图像强行并置，使其处于某种悖论状态，目的并不是简单的去意义化，而是制造某种背反的意义。另外，《大批判》一方面选取了"文革"宣传画和西方商品符号，使图像"彻底概念化"，以避免对它们进行任何审美观照的可能性；而另一方面，它并没有在技术上采用波普艺术惯常使用的图像复制或拼贴方式，仍然保留传统油画的手绘技术，使流水线的机械复制图像与传统的"技艺特权"（本雅明）间保持着某种技术上的张力；最后——也许是最重要的，与一般意义上的波普主义不同，《大批判》所要呈现的主体经验并不是消费文化的现世经验而是唯物主义的历史经验

（他后来称之为"社会主义视觉经验"）。对《大批判》而言，它的兴趣不是赋予这一案例以道德解释，而是希望通过将"人民"这个宏大叙事符号与"商品"这个世俗叙事符号置于某种非线性的矛盾之中，使这一案例有可能获得某种更为开放的解读：

> "文革"对于我的意义和站在一般人的立场（对它的政治和经济的解读）是不同的……因为普通人的立场他可能更关心一个历史事件它可能带来的一个事实结果，那么艺术家的立场呢，他更关心一个历史事件可能带来的视觉样式里面包含的那种视觉的复杂性。艺术家在揭示这种视觉复杂性的同时，也达到了两种位置的转化。[36]

他也曾在"文化大革命"的样板戏（如

《大批判——红色娘子军》）与夏尔丹的农妇、贝尼尼的《圣特蕾莎的狂喜》（*Ecstasy of Saint Teresa*）和凡·高的《吃土豆的人》之间寻找到相同的"戏剧效果"，并以此论证"人民"这一超历史概念的特定性质：

> 人民具有一种原始的想象力和创造力……当他们中间的某一个人创造了一件东西后，大家就普遍接受了它，并在他们中间传播，成为他们精神生活乃至日常中一个非常重要的内容……我想我的作品还是体现了这样一种价值观，我的作品中的图像来源于"人民"，我想"人民"也能客观地解读我的作品。我的作品中确实有一种比较模糊的东西或者说神秘的东西存在，但它的基本意义是清晰的，是可以捉摸的，确实，在很长的一个时间里，我努力排除我作为艺术家个人的想法，努力排除掉我非常私人的感受，而努力去表达一个公众的、人民的概念。而事实上，我也不可能真正知道人民到底在想什么，从《大批判》以来的作品，我也一直基于这样的假设……艺术家所要做的事就是努力地去想象一个世界，想象自己的作品的意义与公

众的关系，至于真实情况如何，这不是我关心的事。[37]

也许我们很难想象这是一位波普主义艺术家的心理现实，但情况就是这样，从图像方式看，《大批判》是一种折中性质的波普主义，一种变体了的波普主义，它在经典波普主义"终结的历史"以外寻找到一种另类的历史叙事，一种只有在两种异类的意识形态经验——普遍性的消费文化和特殊性的历史经验相遇时才有可能产生意义的波普主义，在看似激进的图像策略背后仍然是艺术家关心的那个古典问题：艺术如何在不同的文化中保持神性的本质，他甚至直接描述了这种历史主义的波普主义与安迪·沃霍尔式的波普主义的区别：

> 其实我非常羡慕沃霍尔的那种单纯与直接，但我性格中总是有一些因素把自己往神秘和不确定的方向拖，这是一个非常痛苦的经验，只能独自承受。沃霍尔的这种无意义的传播效果，可能也与他选择的图像有关，他的那些图像没有太多的意义，或者说根本无意义，它们没有情节，没有故事。我的《大批判》里就不是那么简单了，虽然造型

非常明确，图式非常简单，但它们不是产业化的结果，它们归根到底还是一种神性的普遍性下降的产物。[38]

《大批判》为艺术家带来了巨大的世俗荣誉和成功，但吊诡的是，在真正获得市场、政治和国际新闻的关注后，它甚至更多地被人们视为时尚噱头和资本游戏，这种现实促使艺术家在2000年后放弃了《大批判》这种二元论的图像游戏，创作了一批非架上作品，如《唯物主义时代》《基础教育》《唯物主义者》和《东风·金龙》，在《视觉政治学：另一个王广义》中，我对这类作品进行了不同角度的解读。[39]

6

奥古斯丁认为上帝是全知全能的，是绝对自由的，他不需借助一些现成物完全可以从虚无中创造出物质世界来。在这一点上，我也借助了一些他的思想，从某种意义上来说，我也是把上帝替换成了艺术家，这与我后来的现成品《易燃易爆》的出现都是有关系的，我相信

艺术家应当用自己的直觉创造，应当凭空去创造，从自然的状态中去发现一些东西，这和《大批判》是完全不同的一种方式，是一种彻底的玄学精神。[40]

这是王广义在最近的一次谈话中首次解释他的第一件现成品作品《易燃易爆》，这件几乎与《大批判》同时出现的作品像一部音乐作品的两个声部，只有它们处于和声状态时我们才能听出它的弦外之音。如果说《大批判》是对安迪·沃霍尔式的世俗哲学的回应，那么，《易燃易爆》则是对马塞尔·杜尚和约瑟夫·博伊斯精神神学的回应，这种回应与艺术家一直强调的"质料精神"有关。"形式"与"质料"是亚里士多德形而上学(或神学)中的一对核心范畴，罗素说亚里士多德的形而上学是"被常识感所冲淡了的柏拉图"，在柏拉图那里虚无缥缈的"理念"在亚里士多德这里就是"形式"，是事物之为事物的"唯一实在性"，而"质料"则是这种实在性得以成立的现实界限，它们的关系就像雕像与石料，没有实现的形式就只能是一种潜能。这种神学的另一种比喻方式是身体与灵魂，灵魂是身体的目的因，"灵魂必定是在一个物体的形式的内部就潜存着生

命的那种意义上的一种实质。但是实质是现实，因而灵魂就是具有上述特征的身体的现实"，但在这两种比喻里面潜藏着一个基本的矛盾：形式，或者说作为纯形式的神或灵魂是永恒不可变易的，是"不动的推动者"，是一切活动的"目的因"，而质料或身体则永远是不完整的，它只能追随和逼近形式或神，所以罗素说："但是当潜能用来作为一种根本的不可简化的概念时，它就往往隐藏着思想的混乱了。亚里士多德对它的运用是他体系中的缺点之一。"亚里士多德通过将灵魂区别为理性和非理性两个部分来解释这种矛盾，只有理性的灵魂，或与身体联系不那么紧的"心灵"才能使我们的生命尽量接近不朽。"他只是相信就人有理性而言，他们分享着神圣的东西，而神圣的东西才是不朽的。人是可以增加自己天性中的神圣的成分，并且这样做就是最高的德行了。可是假如他真的完全成功了的话，他也就会不再成其为一个个别的人而存在了。"[41]

我们也许无法完全了解王广义的"质料精神"是否与亚里士多德的矛盾有关，我们甚至无法确定"质料精神"是否是一个合理的概念，但从他的表述看，"质料精神"

至少与他一直关注的艺术的神圣性问题有关，也与当代观念艺术中过度哲学化的虚无态度有关，事实上，"质料精神"正是他谈及他与博伊斯的区别时使用的一个概念：

博伊斯的作品也许有太强的观念。显然他作品的物质性或者说质料性，要远远落后于他的意识性。所以他的大多数的作品无法以实物的形式保留下来，还有一些行为艺术以及布置在展览中的装置。他的绝大部分的作品具有这种不可记录性，但是，在这一点上，我还是采取了一种相对古典的态度，我对作品的物质性是比较看重的，我强调的是"质料精神"，也就是说，精神是借助于某种质料呈现手可及的材料，才能担负起某种精神的使命，或者反过来说，精神或者说灵魂只有找到了一种物质的载体，才能得以呈现，这也就是我的"灵魂附体"的思想。所以，我不搞行为艺术，我也不喜欢所谓的"参与"和"互动"，我觉得那是一种即生即灭、过于无常的东西。我的作品都有一个实在的物质载体，也意味着我的每个灵魂有个安身之处。我必须这样去思考和面对我的艺术，这样我才能心安理得……艺术是少数人的事，这点我必须要说明。我觉得博伊斯过度地将艺术扩展到一切对象和行为是非常可疑的。[42]

虽然，他一直十分认真地看待杜尚的"思想即艺术"的观念启示作用，也十分羡慕博伊斯身上天然带有的先知色彩，但他一直谨守着他自认为的一个艺术家的职业本分——对物的创造，或者说这种创造的神启功能，在他看来，对艺术过度技术化（创造美）和过度平民化（创造观念）的态度都无法保证艺术的神性创造。

海德格尔在《艺术作品的本源》中以哲学—神学的方式讨论过纯然之物如何可能成为艺术作品，进而成为比喻或指涉无蔽真理的"艺术"，呈现作为不可显现的世界整体："自在之物"。在他看来，艺术家实现将质料转换为形式的这个过程既需要先在的信仰，也需要知觉的体验，它还是一个历史的"进入过程"[43]，这些都恰好吻合了《易燃易爆》这类现成品作品的心理现实。《易燃易爆》产生于一个重大政治事件的转折前后，这个时间节点给艺术家制造了"生命的恐惧"和"信仰的执守"间的巨大张力，它不是小便器那样的玄学游戏，而是"个人忍受着历史"的心理反应，简陋的包装材料和突兀的神秘符号将这种心理反应还原为某种暧昧的、不确切的物的事实。在这以后的一系列涉猎广泛的现成品作品中，由信仰、感知和历史经验共同构成的物的表达就成为王广义这类作品的典型形态，《中国温度计》、《中国与美国温度的比较》（1990年）中的泥土和温度计，《卫生检疫——所有食品都可能是有毒的》（1996年）中的蔬菜，《唯物主义者》（2000年）中的小米，《基础教育》（2001年）中的铁锹和脚手架和近作《圣物》（2012年，图18）中的油毡与石灰，这些特定历史和心理环境中的物质材料有着与他的架上绘画完全不同的象征功能，它们的区别类似于基督教对"非手工制品"（acheiropoieta）的圣物和崇拜图像的区别。如果说对《大批判》这类图像的阅读借助共同的艺术史知识就可以完成，那么，对他现成品作品的阅读则需要借助更为精细的历史感觉和心理调试，这种感觉按他自己的说法，既是历史主义的，也是神秘主义的，他曾这样劝告希望了解他作品的西方阅读者：

博伊斯作品中的"毛毡"所具有

的文化含义及欧洲精神，对于一个没有介入欧洲文化的人而言是完全看不出来的，甚至有些莫名其妙，因为毛毡也不过就是一块毛毡而已。反过来说，你如果没有介入中国文化，我的这些"小米"也不过就是一些小米而已。[44]

"自在之物"既是王广义艺术哲学的中心概念，也是他 2012 年艺术回顾展主题作品的名称，在他眼里，"自在之物"与"平凡的圣物"相关：

> 在我看来，康德的"自在之物"是一个极其平凡又极其神圣的概念。他设定了一个"自在之物"，这是我们的理性永远不可认识到的东西，但是它又在不断地刺激着我们的感觉，我们感觉到了它的存在，但不知道确切的理由，但它的背后肯定有一个支持它的"显现者"。
>
> ……
>
> 我从他的"自在之物"概念里获得的是这样的信息：在我们所看到的物体背后，有一种神秘的力量存在，这种力量导致它以一种特殊的方法呈现给我们，这种力量不是我们可以通过

知识的方式去理解的。我当时在夏尔丹所画的静物中，看到这种力量。我不可能说更多的东西，我没有办法用常识的语言来一步步描述。[45]

在康德那里，"自在之物"是认识的原因及界限，我们"纯粹直观"（anschauung）的感觉形式：时间和空间只能部分经验而永远无法完全证明，这种认识模式是一种保留了神学尾巴的哲学，所以罗素称它是"康德哲学中的累赘成分"，而尼采从极端主观主义的立场称它是"一个完全无益的假说""一个悖理的概念"。"自在之物"不可认识，而一旦被认识它就不再是"自在之物"，但尼采并没有彻底否定"自在之物"，而是将它替换成"生存着的世界"——在我们透视世界背后为我们虚构但却无法为我们知性所把握的另一个悖理世界。[46]

也许，对王广义而言，"自在之物"的理论确证并不那么重要，这个名词的心理启示意义远远大于它的学理意义，它的无知无名的背反特征正好可以用来说明他在超验世界与经验世界、古典世界与当代世界中的精神困境。

2012 年艺术家为他在北京的回顾展创

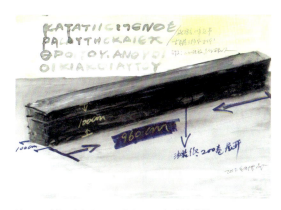

图18 《圣物》方案之一，王广义，2012年，纸上草图，42cm×29.5cm，图片由艺术家提供

作的大型装置作品《自在之物》似乎是这一艺术观念的视觉诠释。这件作品完全占有今日美术馆主厅900平方米的空间，四周墙壁呈斗形层层向上整齐堆置装满大米的麻袋，使得这个空间的性质具有了双重的可能：既可能是粮仓也可能是教堂，屋顶上一望而知的七盏具有寓意功能的顶灯和扑鼻的米香使我们的视觉与嗅觉无所适从，二十多年前，王广义将艺术家比喻成在麻袋中塞入粮食的人："艺术家是精神的自觉塞入者，麻袋具有精神性是艺术家的偶然塞入，而一幅画具有精神性则是艺术家的必然塞入，塞入即创造。"[47] 二十年后当艺术家将这个比喻变成一个意象化的现实后，不知道这个比喻的意义是放大了还是缩小了。贡布里希曾嘲笑过那位博物馆里善意的讲解者，她在一堆黏土作品背后发现了神秘的无限世界，他告诫我们，当代艺术中这种过度解释的时尚不仅有害于发现真正的艺术问题，而且还会挫伤我们对艺术的鉴赏力。[48] 为了避免重蹈覆辙，我将中止对这件作品的解读，而希望读者在这篇粗率的论文中去发现这件作品所依据的观念和艺术家所遭遇的艺术情境与问题的关系。

## 7

信仰的分裂和离弃是现代主义基本的历史事件之一，在上帝缺席之后，世界突然陷入"某种可怕的暧昧性"，[49] 但悖论性的是，这种离弃不仅没有断绝人对信仰的需求，相反，它以一种更为理性的方式成为知识分子的一种普遍性的"个体选择"，在克尔凯郭尔那里这种选择表现为绝望与信仰的辩证逻辑中的个人自救；在本雅明那里这种选择表现为如何重建"孤独个人"与"先验之家"（transcendental home）被割断的联系，完成非史诗时代寓言性的个体救赎；在海德格尔那里，这种选择则表现为在堕入技术时代的深渊时对神性时代的企慕和钩沉，就是在基督信仰内部，恢复信仰的努力也变得越来越"个人化"，当代神学家特洛尔奇（Ernst Troeltsch）就高度肯定了基督教的集体认信向个人自觉体悟转移的合理性，个体的宗教绝对性与教义宗教的绝对性具有同样的救赎价值，[50] 正如克尔凯郭尔所言：基督教关心的不是罗马征服者的历史行为，而是"一些渔夫给了世界什么"。[51]

　　王广义不是某个具体宗教的认信者，虽然他的艺术充满着超验世界的幻觉和沉思；他也不是一个真正意义上的有神论者，虽然他的历史观具有浓郁的决定论色彩，他的艺术观念庞杂而含混，既有神谕哲学的寓言也有唯理智论的思辨，但作为艺术家，他的问题与方案明确而富有逻辑，他希望在两个世界和两个时代剧烈冲突的历史夹缝中寻找自己艺术的位置，他将艺术作为他的"个人神学"的载体：

　　　　对我来说，艺术是信仰的产物……我想"神秘的东西"在艺术中的存在是必须的，艺术一旦失去神秘的感觉，就成了一种工艺品，所以，在这个意义上我一直是传统艺术价值的捍卫者。[52]

从这个意义上说：
他是他自己的预言者和拯救者。

2012 年 7 月 1 日
广州

注释：

[1]原文载黄专主编，《"自在之物"：乌托邦、波普与个人神学》，广州：岭南美术出版社，2012 年，第 6—59 页。另载黄专，《当代艺术中的政治与神学：论王广义》，北京：中国青年出版社，2013 年，第 89—188 页，标题改为《艺术中的神学》，内容稍做修订。本文在中国青年出版社的版本上进行校订收录，内容有删节。——编者注

[2]潘诺夫斯基，《理念——艺术理论中的一个概念》，高士明中译，载范景中、曹意强主编，《美术史与观念史Ⅱ》，南京：南京师范大学出版社，2003 年，第 565—657 页。

[3]尼采，《悲剧的诞生：尼采美学文集》，周国平译，太原：北岳文艺出版社，2004 年，第 339 页。

[4]本文的"神学"概念取其最广泛的含义，不仅指柏拉图主义和基督教的神学，也指所有与超验问题相关的思想和观念，接近罗素在与科学和哲学对比中给出的定义："一切涉及超乎确切知识之外的教条都属神学。"罗素，《西方哲学史》"绪论"。

[5]王广义，《我们——"85 美术运动"的参与者》，载《中国美术报》，1986 年第 36 期。

[6]王广义，《我们这个时代需要什么样的绘画》，载《江苏画刊》，1986 年第 4 期，第 33 页。

[7]严善錞，《当代艺术潮流中的王广义》，载严善錞、吕澎编，《当代艺术潮流中的王广义》，成都：四川美术出版社，1992 年，第 3 页。

[8]约翰·赫伊津哈，《中世纪的衰落》，刘军、舒炜、吕滇雯、俞国强译，杭州：中国美术学院出版社，1997 年，第 214 页。

[9]同上，第 210—211 页。

[10]贡布里希，《阿佩莱斯的遗产》，载范景中编选，《艺术与人文科学——贡布里希文选》，杭州：浙江摄影出版社，1989 年，第 211 页。

[11]尼采，《悲剧的诞生：尼采美学文集》，第 339 页。

[12]《新潮美术家（二）王广义》，载《中国美术报》，1987 年第 39 期。

[13]《现代美学文选：论艺术再现》，载《美术译丛》，1985 年第 1 期，第 2—6 页。贡布里希，《艺术与错觉：图像再现的心理学研究》，林夕、

李本正、范景中译，杭州: 浙江摄影出版社，1987年。

[14]洪再新，《批判的图式与图式的批判》，载严善錞、吕澎编，《当代艺术潮流中的王广义》，第65页。

[15]严善錞，《当代艺术潮流中的王广义》，载严善錞、吕澎编，《当代艺术潮流中的王广义》，第14页。

[16]严善錞，《王广义和我谈神话与游戏》，载严善錞、吕澎编，《当代艺术潮流中的王广义》，第75页。

[17]同上，第74页。

[18]同上，第75页。

[19]严善錞，《王广义访谈录》（未刊稿）。

[20]贡布里希，《图像学的目的和范围》，载杨思梁、范景中编选，《象征的图像: 贡布里希图像学文集》，上海: 上海书画出版社，1996年，第14页。

[21]同上，第299页。

[22]严善錞，《王广义和我谈神话与游戏》，载严善錞、吕澎编，《当代艺术潮流中的王广义》，第75—77页。

[23]胡力展，《王广义如是说》，载《画廊》，1989年第9期，第19页。

[24]王广义，《对话: 关于人的消失和艺术创造的二我分离》，载《艺术广角》，1989年第4期，第51页。

[25]同上。

[26]王广义，《关于"清理人文热情"》，载《江苏画刊》，1990年第10期，第17—18页。

[27]贡布里希，《图像学的目的和范围》，载杨思梁、范景中编选，《象征的图像: 贡布里希图像学文集》，第251页。

[28]巫鸿，《权威的面容》，载《国家遗产，一项关于视觉政治史的研究》，加州: 瑞顿出版社（Righton Press），2009年，第442—477页。

[29]吕澎，《图式修正与文化批判》，载严善錞、吕澎编，《当代艺术潮流中的王广义》，第36页。

[30]贡布里希，《图像学的目的和范围》，第299页。

[31]约翰·赫伊津哈，《中世纪的衰落》，第217页。

[32]阿瑟·C.丹托，《艺术的终结之后——当代艺术与历史的界限》，王春辰译，南京: 江苏人民出版社，2007年，第5页。

[33]同上，第142页。

[34]让·鲍德里亚，《消费社会》，刘成富、全志钢译，南京: 南京大学出版社，2008年，第107—108页。

[35]《凤凰卫视王广义访谈录》（未刊稿）。

[36]《关于社会主义视觉经验——王广义访谈录》，载《视觉政治学: 另一个王广义》，广州: 岭南美术出版社，2008年，第201页。

[37]严善錞，《王广义访谈录》（未刊稿）。

[38]同上。

[39]黄专，《视觉政治学: 另一个王广义》，载《艺术世界中的思想与行动》，北京: 北京大学出版社，2010年，第129页。

[40]严善錞，《王广义访谈录》（未刊稿）。

[41]伯兰特·罗素，《西方哲学史》（上卷），何兆武、李约瑟译，北京: 商务印书馆，1963年。

[42]严善錞，《王广义访谈录》（未刊稿）。

[43]马丁·海德格尔，《艺术作品的本源》，载《林中路》，孙周兴译，上海: 上海译文出版社，2004年，第1—7页。

[44]《关于社会主义视觉经验——王广义访谈录》，第201页。

[45]严善錞，《王广义访谈录》（未刊稿）。

[46]参见周国平，《尼采与形而上学》，北京: 新世界出版社，2008年，第142—184页。

[47]王广义，《三个问题的回答》，载《美术》，1988年第3期，第57页。

[48]《贡布里希谈话录》，载《美术译丛》，1988年第4期，第5页。

[49]米兰·昆德拉，《小说的艺术》，董强译，上海: 上海译文出版社，2004年，第7页。

[50]特洛尔奇，《基督教理论与现代》，朱雁冰译，北京: 华夏出版社，2004年，第16—17页。

[51]卡尔·波普尔，《开放社会及其敌人》（第二卷），郑一明等译，北京: 中国社会科学出版社，1999年，第410页。

[52]严善錞，《王广义访谈录》（未刊稿）。

# "图"与"画"之间的观念艺术

## ——王鲁炎研讨会上的发言

王鲁炎是中国八十年代以来为数不多的在观念艺术上跨世纪的人物，对这样的艺术家如何评价，上午各位专家的发言给我很多启发，我想在这里谈一谈评价王鲁炎观念艺术之前要做什么准备。

我们在观念艺术的研讨会上常常遇到一些很尴尬的情况，很多评论家以谈论现实主义的方式来谈论观念艺术，例如这个作品反映了什么，或者这个作品想说明什么、表达什么，而有些观念艺术家也许恰恰并不想表达什么，这些都是批评语言不对位引起的尴尬。所以当我们在研究观念主义时也许避免不了回答一个先在的问题：当观念艺术成为历史研究对象时是不是需要具备一些特殊的解释条件？或者说，比如说，观念主义有很多是反艺术的，甚至反视觉的，一般而言它们还否定对艺术的意义进行线性解读，有的甚至否认艺术的主体性，有的作品本身是用图像方式反图像。所以在这样的艺术样式面前，我们可否简单使用原来的艺术史方式解读？比如，古典艺术史中经典的风格性方法、图像性方法，或者社会学方法，等等。

对我来讲，"当代史"这个词是一个悖论，当代何以成为历史？通过王鲁炎的艺术展览，我想提出评论观念艺术时需要哪些条件。第一个是历史学条件，这一点和研究其他艺术史差不多，需要具备两个条件：这类艺术产生的知识环境和思想环境条件。例如，我们研究中国八十年代的艺术，八十年代的艺术是在两种力量的冲突下形成的，不是单一的，是由两种张力共同作用完成，一种是我们比较熟悉的现实主义、现代主义，另外一种就是观念主义。这两种张力事实上从 1985 年就发生了，但当时这种内在张力一直没有被呈现，所以现在与一些中国观念艺术家谈起那时的环境，他们普遍都很反感八十年代这种运动的方式。八十年代后，中国艺术又出现另外一种张力，中国经验与国际经验，不过这个不在我们今天要谈论的范围。当时的环境为什么会出现这种张力？观念主义是何时传入中国的？中国的艺术家是通过什么途径了解观念艺术？从我个人经验来看，1980 年几乎每个从事当代艺术的人都读过 1979 年出版的赫伯特·里德的《现代绘画简史》。

那本书中提供的信息几乎都被中国八十年代的艺术运动的实践所吸收，它也是黄永砅洗书的作品中的一本。这本书的最后一章是由作者的儿子所写，简单介绍了抽象主义之后，写到从六十年代开始与观念主义相关的极少主义、概念艺术、波普艺术和光效应艺术。1985年又出现了阿纳森的《西方现代艺术史》。当时艺术家的阅读几乎囊括所有西方现当代哲学著作，从生命哲学、存在主义到语言哲学、后结构主义，这就是我们要研究的第一个条件，就是他们所接受的知识状况。第二个研究历史学的条件就是文献与档案。八十年代中国有三个最重要的观念艺术小组或团体：一个是1986年黄永砅领导发起的"厦门达达"，一个是1986年在杭州由张培力和耿建翌领导发起的"池社"，第三个就是1988年在北京出现的触觉小组和后来延续到九十年代的"新刻度"。从"触觉"到"解析"再到"新刻度"，这个线索中有重叠，成员也是有进有出。我觉得这些都应该从研究史料上弄清楚，比如"新刻度"和"解析"的成员有多少？为什么叫"新刻度"？为什么会有成员退出？退出团体的成员与"新刻度"的关系。当时"新刻度"小组有一定规则，这些规则是怎么形成的？与其他两个观念主义小组相比，"新刻度"有非常明显的特征，它的规则在未创作作品前就已形成。它不是松散的组合，而是具有很明确的观念方式，为了完成共同作品而形成的严密的观念主义小组，所以它具有极高的纯度，这是与另外两个小组的不同之处。从内在方式看，三个小组所做的事情是不一样的，比如黄永砅于1985年创作非表达的绘画，从某种意义上讲，他与"新刻度"是有所接近的，去掉了艺术的表现性和主体性，与去主体化方向一致，但他的表达形式是不一样的，他有更多达达的特征。这种复杂的关系要经过更多历史文献梳理才能明了。

第二个条件就是理论条件。如何以艺术史的方法定位和研究观念艺术，也许不仅是中国也是全球研究观念主义艺术时的一个共同问题。我个人认为，从学科角度，观念艺术可以分为四类：第一类叫作"概念观念主义"，从约瑟夫·科索斯开始，他认为艺术的本质就是艺术的定义，艺术的指涉。艺术所有元素都在一个传统和审美的封闭系统中存在，他现在要把这个系统打破，下定义后艺术即完成，强调艺术本质。在这个意义上，艺术和语言学的任务是一致的。第二类叫作"结构观念主义"，以索尔·勒维特的极少主义为代表，他们也强调艺术来源于思想，是观念的产物，但他更强调它是在某种结构中发挥作用。艺术是艺术的观念，但艺术观念具有呈现性。科索斯在最后阶段认为艺术只需要定义，不需要视觉化和形态，但是结构主义保留了艺术形态。第三个类型叫作"社会观念主义"，指博伊斯、汉斯·哈克和安迪·沃霍尔这类艺术家等，他们通常利用特定的社会历史、社会制度、社会媒介和社会结构来寻找观念主义的问题。这种观念主义之后延伸变异成为另一种观念主义，就是"景观观念主义"，它们是观念主义发展到高度消费时代的产物，与居伊·德波定义的"景观社会"有关。它是在一个高度消费化的商业制度系统里发生的观念艺术，杰夫·昆斯、马修·巴尼、达明·赫斯特等八十年代后兴起的新一代艺术家都属这类。他们的作品与前代观念艺术比较，通常不再与社会产生批判性的紧张关系，它们植根于消费系统的社会形态之中，甚至就是消费系统的符号生产的一个有机部分，通过制造景观或者内在于景观而生成。

这只是一个大概的划分，我想强调这不是一个理论性的定义，而是一个艺术发生学意义上的划分，杜尚是观念主义的起点，但这个起点包括了观念艺术的多重因子，我们现在比较熟悉的是他的作品中达达主义性质的现成品，如小便池，画胡子的蒙娜丽莎。但是杜尚的观念主义具有复杂的多面性，如他的"大玻璃"不仅是他艺术生涯中延续时间最长的作品（从 1915 年到 1923 年），也是意义最为复杂的作品，这件作品包含了语言符号与图像符号间的悖论性因素，复杂的材料寓意，严格的制图方式等都对后来的概念性观念艺术和结构性观念艺术产生了启发作用。大概而言，在五六十年代概念性观念艺术和结构性观念性艺术占主流；七八十年代是以博伊斯、安迪·沃霍尔为代表的社会性观念主义主导时期，观念艺术才正式被哲学和其他领域关注研究，随着后结构主义和视觉文化研究的兴起逐渐理论化、系统化；到了八九十年代以后就进入了我所谓的景观性观念艺术的时代。

我以为只有在了解了观念主义的历史场景和理论场景的条件下，我们才能研究中国的观念艺术，才能避免对中国当代艺术不加区分地贴上各种批评标签，比如王鲁炎的艺术也许某个时期可以定义为概念主义，某个时期定义为结构主义，某个时期定义为社会观念主义，或者说这个场地展出的作品也具有某些景观性观念主义色彩，但所有定义只有与具体的语境研究和问题研究相结合时才有意义，尤其是中国观念艺术有时与西方观念主义有着相同的视觉形态却有着完全不同的问题对象和针对性，比如西方极少主义针对的主要是抽象主义的意义表现，而中国的概念主义恰好针对的是启蒙时代的现实主义表达方式。对象不同，上下文不同，观念主义的历史定位与判断也就不同，这些都只有在中国自身语境下通过专业的史学研究才能做出结论。

我是王鲁炎艺术生涯的近距离观察者，九十年代以后几乎他的每一个阶段我都关注过，但没有针对性的研究，特别是"小组"时期对于我来说完全是一个谜。我和张培力聊过"池社"，和黄永砯聊过"厦门达达"，但我没有和王鲁炎认真聊过他们的"解析"。我觉得只有具备了充分的史学意识和理论条件才能做出分析、判断，所以，我想我现在还没有办法在这个地方赞颂、评价王鲁炎的艺术，我想把赞颂、评价留到我对他的充分研究之后。

最后，我想再强调一下，我刚才描述的这些分类在这里无法详细展开解释，因为这是些很理论性的问题。首先，我简要回答一下巫鸿老师，这个分界是历史性的，它是观念艺术发展不同阶段的产物。当然这类分类可以有更多的分法，需要更复杂的理论框架，但当代艺术作为史学研究对象时我们需要建立一些基本的时代分期，只有在这样一些分期中我们才可能谈论问题，当然，这些分期在有些时候会减弱艺术的魅力，但作为历史研究对象时这是没有办法的办法。所以我想强调说，这个分类或分期不是要为王鲁炎的艺术进行一个对位的解释。譬如，最早期概念性的约瑟夫·科索斯，他发表的第一篇文章名叫《哲学以后的艺术》，实际上是说在现代主义所有风格运用以后对艺术的探讨又回到了原点，就是艺术的本质是什么，这是从柏拉图就开始的。这个就是巫老师刚才所讲的"图"与"画"："图"就是用符号的方式描述概念的本质部分，如方位，中国八卦中的天地系统，当然图也可以用王鲁炎的这种方式；"画"就是描述人的视觉感官的表象。到了科索斯这里，"图"和"画"的关系就是简单的"图"的关系，艺术就是关于艺术定义，定义完成了艺术也就完成了。所以这是一个非常绕口的哲学的逻辑。和后来游弋于极少主义和概念主义之间的勒维特相比，科索斯强调主体，而勒维特更强调作品在于它的解读，通过视觉结构形式制造一种解读的可能性。大地艺术也是制造一种结构，不是纯粹一种语言，让这个结构产生无穷的意义，所以这个类型也探讨概念与视觉的一种关系。有不少中国艺术家以为把观念以视觉方式呈现出来就是观念艺术，这样理解所有的艺术都可称观念艺术，观念艺术主要讨论的是视觉与语词的关系，或概念与图像的关系，就是巫老师讲的"图"和"画"之间的关系。战后观念艺术发生了很大变化，它将艺术对象扩展到整个社会，例如博伊斯、汉斯·哈克或者安迪·沃霍尔呈现对工业生产时代的反思，观念主义的范围扩大了，讨论的基本问题是关于艺术的界线、艺术过程与结果之类的辩证问题。这个时代最可贵的特征就是批判性，去掉早期概念主义、观念主义的冷漠性，带有某种非理性色彩。我个人比较喜欢早期概念主义和我称之为社会性的观念艺术，尤其它对整个资本主义体制化的反思态度，它的政治诉求和表达很模糊，但的确又是一种政治行为，包含了很多传统的人文主义价值。

九十年代以后的景观性的观念艺术延续了社会性观念艺术与社会结构发生关系的特点，但它采取了完全不同的政治态度和图像制造方式，鲍德里亚称消费社会的生产是一种"类像"生产或"景观"生产，他举了美国的迪士尼乐园作为这种视觉符号生产的例子。迪士尼是一个靠梦幻形象塑造的虚假乐园，但消费价值使它似乎成为另一种真实的存在，所以他说，现在不是迪斯尼乐园像美国，而是美国像迪斯尼乐园。他把这种景观生产叫作"超真实"，支撑和控制这种景观生产的就是非暴力的资本力量和象征交换逻辑，现在当代艺术也加入了这种景观生产并成为它的主要产品，像村上隆、达明·赫斯特、杰夫·昆斯这类艺术家就是在这种生产结构中成为和阿玛尼类似的消费品牌。这种类型的观念主义和我们讲的六七十年代革命性的、批判性的社会观念主义完全不同。

我非常简单地解释这个问题。当然我们不能以这样的理论模式或分期解释所有单独存在的作品，我们只能在一种更复杂的语境和结构中讨论这种变化，在中国，观念艺术的变化更为复杂。

2013 年 3 月 24 日
北京

# 突然想起顾德新

顾德新从艺术界彻底消失已整整五个年头，这五年来我一直在苦苦思索这个事件（或者说没有事件的事件）的真实意味，尽管每一种解释都有它的合理之处，就像关于艺术起源的各种理论一样。不过今天我突然想起了一个新的，也许更加平庸、也许有点过度的解释。我想它是一件新的作品，一件人类自有艺术这个概念以来还没有过的作品：一件以个人的全部剩余时间为媒介的作品。这件作品的结束无法预测，就像我们无法真正知道它的起点一样：也许是北京常青画廊那个该死的个展，也许是他真正不再对外界谈论艺术这件事情的时候（今年3月我与他谈起编辑他的文献时，他给我的答复是"这事与我无关"），也许是三十年前在他开始从事"艺术"时就开始孕育这个方案的那一刻。但我可以肯定的是，与这件作品的分量相比，他一生前四十年所创作的作品都只能算是个背景，或者更夸张点说，所有在他之前或之后的行为艺术，无论博伊斯的"社会雕塑"、谢德庆的年度行为、阿布（Marina Abramović）的 MoMA 秀还是提诺的"虚构场景"都只能算是个背景，算是一场场"秀"。

也许将这个事件（或"非事件"）作为一件作品本身就有违顾德新的初衷，更不要说对这个事件做各种哲学和社会学的臆断，也许他真的厌倦了"艺术"这件事？也许他真的希望以这个行为抵抗我们身边过度媚俗的现实？也许这是一件真正"禅宗"的作品：以虚无的实有占领物理的实有？我不知道该相信哪种解释，但在我心里这件事的分量远远超过这些解释的意义，相信任何解释都只会减轻这种分量，也许无语是对这件无语作品最好的观看方式、最好的理解方式和最好的尊重。

我时常庆幸我能和创作这件作品的人生活在一个时代，庆幸能成为他的朋友，2009年我和他通电话谈论这件事时，我说放弃创作这件事是他把艺术太当回事了，他平静地回答，恰恰是我没把艺术当回事。直到现在当我真正想不再把艺术当回事时,我才想到他这句话的真实意味。不过,现在该放下所有这些无端的念想了,我也许该拿起电话拨打那个三十年不变的座机号码,约他去和平里我新知道的一家打卤面馆了。

2013 年 10 月 18 日凌晨

# 王广义：艺术家的"神圣之书"[1]

如果说将艺术家的阅读与他的艺术经验简单对等的做法是愚蠢的，那么完全无视书籍，或者说，无视书籍的阅读方式对塑造艺术家人格和其艺术成就的作用则会令我们陷入更大的危险。王广义曾多次提到，对他而言，阅读更多在于获取启示而不是获得知识，对这种特殊阅读经验的了解会使我们在理解他的艺术方向上获益良多。我选择了他处于人生和艺术节点时阅读过的三部书来说明这个道理，这些书或者影响了他对世界的态度，或者直接导致了他对艺术方案的选择。

阅读也是一种遭遇，命运无常，没有一份可以提供人生正确目标的书目，但有时一部书可以决定你的人生态度和品质，这是一种偶然与必然的辩证法，对王广义而言，这部书叫《马丁·伊登》。王广义是在二十世纪七十年代中期读到这部美国小说的，那时是他人生极度窘迫的时期，下放、当铁路工人和高考落榜成为他与这部命运小说相遇的心理背景，他后来说，"挽救我的是我母亲的精神和杰克·伦敦笔下的马丁·伊登"。

如果说他母亲隐忍善良的品行使他在险恶严峻的环境中始终保持了对人的信任，那么，马丁·伊登由卑贱到富贵终至自我毁灭的戏剧人生就成了他日后反复咀嚼和体味的一部生活教材，他说："我从来也没有如此投入地看过一本书，揣之于怀，藏之于枕，反复诵读。它是我日后认识凡·高、尼采、基督、庄子乃至马基雅弗利的基础。它影响了我后来的方方面面。"他对社会残酷性的特殊认识，对人性无常的哲理体悟甚至在艺术上的赌徒性格都与这部书的细节和场景息息相关。

1980年他终于考入他梦寐以求的浙江美术学院，但他很快就对学院式写实主义甚至各种形式的现代主义风格实验感到厌倦，却对古罗马艺术中神秘的废墟感和静穆单纯的形式产生了兴趣，这一年，他与大多数在那个年代进入艺术之途的年轻人一样开始阅读哲学，不过他的阅读方向并不是时髦的现代主义哲学，而是中世纪的神学理论和前希腊时期和古罗马时期的各种神秘哲学，罗素笔调轻松的《西方哲学史》为他提供了一幅了解西方哲学史的知识地图，"在罗素的这本书中，有四个人物我反复读过，他们是，奥古斯丁、阿奎那、康德、马基雅弗利。"而在这张地图上，他首先发现的是康德的"自在之物"这样一个半神学、半哲学的精神城堡。这个概念来自《纯粹理性批判》一书，当然，王广义感兴趣的并不是围绕这个概念的有关认识与知识的复杂的逻辑论证，而是隐藏在这个暧昧概念背后的不可知论的神秘气息，正是这种气息引导他在奥古斯丁创世理论中寻找艺术以虚无创造世界的背后逻辑，假设隐藏在这个世界背后的那个本质世界，甚至寻找艺术家与上帝相同的地方。他后来说："康德对于我的影响，仅仅是两个词，'二律背反'和'自在之物'。我后来常常在文章中使用它们。"如果没有这样的阅读背景，我们很难对《凝固的北方极地》《后古典》《理性》系列，甚至他终其一生的艺术履历进行真正史学意义上的判断，"自在之物"这个在王广义自我逻辑中被反复解读的概念，成为我们进入他的艺术世界的一把钥匙。

1987年是王广义艺术的一个拐点，这年他离开运动的中心来到偏远的珠海，两年的新潮美术运动的经历虽然奠定了他的江湖地位，但纯粹自我精神的运动方式和决定论性质的思维惯性已使他的艺术与日渐开放的艺术情境格格不入，这时，一部艺术理论著作又启示录般地进入他的视野。《艺术与错觉》是英国艺术史家贡布里希的艺术理论名著，它主要运用波普尔"猜测与反驳"原理研究西方古典艺术中"知道"和"观看"是如何影响再现世界的图像生产史的，它将西方艺术史理解为一个漫长的"图式修正"过程，而影响这个过程的除了艺术自身的符号制作和匹配逻辑外，更依靠艺术竞争中各种复杂的"情境逻辑"（或"名利场逻辑"），如果说康德的"自在之物"与"二律背反"塑造了王广义艺术的精神逻辑和思维方式，那么，"图式修正"和"情境逻辑"这两个概念则成就了他作为一个开放的当代艺术家在智力、知识和心理方面的比较优势。正是对这一具有文化史厚度的艺术史理论的"误读"，成为王广义重新选择自己艺术方向和方案的理论基座。严善錞先生在一部关于王广义传记的著作中以第一人称方式这样描述了这部著作对他艺术的转折性意义：

1987年，我开始渐渐离开了运动的中心，摆脱了狭隘的地域主义思想。我把目光从玄虚的哲学中收缩回来，瞄准了艺术史，瞄准了艺术史所记载的种种神话。贡布里希的图式理论给了我一些启示。图式不仅有助于我们去观察世界和表现世界，图式也有助于我们修正世界。删繁就简，去芜存真。通过对历史名作的重新修正，我创作了一系列的《后古典》作品，我创造了自己的艺术图式。我的画面造型静穆，色调深沉，构图平衡对称，显示出了一种庄严崇高的气派。我把贡氏的图式修正改造成了文化修正，把他的视觉认知理论改造成了精神认知理论。我找到了艺术史中业已存在的精神性，我开始学会了借他人说话，借历史说话。我的这种修正，与马奈的《草地上的午餐》的改头换面不可同日而语。在他那里，历史的名作只是一种形式。在我这里，名作的历史有了新的灵魂。在艺术方面，我不是历史决定论者，历史没有必然性。人类的知识有延续性，但没有逻辑性，人类从来就没有朝着一个目标齐步前进。我欣赏经济学中的无知之幕理论。

博尔赫斯说，任何一部书都是神圣的东西，当然，他说的"任何一部书"是指神明时代的神圣之书和所有解释神圣的书，这句话如果用在艺术家身上，那就应该是"任何一部启示过艺术家的书都是神圣的东西"，它们自身也成为艺术神圣创造的依据和佐证，对于王广义而言，《马丁·伊登》《纯粹理性批判》和《艺术与错觉》就是这样的"神圣之书"。

2013 年 1 月 17 日

注释:

[1]原文载黄专，《当代艺术中的政治与神学：论王广义》，北京：中国青年出版社，2013 年，第 189—191 页。标题为编者改动，原标题为《艺术家的"神圣之书"》。——编者注

# 岑龙和他的白银时代[1]

　　岑龙像是一位身处白银时代的艺术家，一个辉煌和荒诞时代缝隙中的人，他企慕黄金时代的辉煌，也感叹它的衰微，他知道那种辉煌不会再生，又不愿随波逐流，他希望以一己之力营造自己的白银时代：一个在神圣和堕落之间的中间时代。这个理想促使他的绘画从技法到情绪都保持着与我们所处的浮华时代格格不入的静谧和天趣。

　　岑龙的绘画是严肃的古典现实主义和有节制的表现主义的一种混合，他常常借古典诗词、女童、山民、农夫、少数民族甚至拟人化的动物世界叙述他想象中的乌托邦，寄托现代人迷失家园后的乡愁。他的绘画残留着质朴、伤感的气质和许多与我们时代渐行渐远的怀旧情趣，他毫不避讳他的艺术就是对这些善意的人性世界的追忆和赞颂。对伟大艺术的追慕使他产生了对艺术的技艺和质量近乎苛刻的自我要求，他把这些都看成他从事艺术的责任和目的。他对为艺术而艺术的信条始终保持着一种不合时宜的固执，以至于在我们习惯了虚浮、夸张的各类

后现代图像后再去观看他的作品，往往会产生一种恍若隔世的陈旧感和距离感。

　　岑龙出生在二十世纪中叶一位知识分子家庭，父亲岑家梧是中国民族学和人类学的先驱者，母亲是一位历史学家。在一门被称为"艺术人类学"的中国学科史中，他父亲于1937年出版的著作《图腾艺术史》被奉为这个领域的开山之作。时任中南民族学院院长的父亲在"文化大革命"开始时就成为运动的主要批判对象，死时54岁，成为命运多舛的中国现代学术史的一个悲剧性的篇章。父亲和家庭留给他的遗产除了与生俱来的艺术基因、良好的家庭教养、高雅诚实和善良谦恭的品质外，也包括某种内敛孤傲和不善交际的性格。儿童时代在法国的一段短暂的生活经历成为他以后理解和学习西方艺术的一段无法磨灭的记忆。直到今天，他仍保持着对中国古典艺术、欧洲浪漫主义和从黄金时代到白银时代的俄罗斯文学和诗歌的浓厚兴趣，对巴洛克至浪漫主义时代早期的古典音乐的爱好也是他日常生

活的一部分。他喜欢从早期印象主义、表现主义到各种新浪潮的电影，他熟悉从让·雷诺阿、希区柯克、布努艾尔、伯格曼、布列松到费里尼、戈达尔、雷奈、贝托鲁奇、安东尼奥尼、安哲罗普洛斯、波兰斯基、基斯诺夫斯基、塔可夫斯基、小津安二郎、黑泽明、赫尔佐格、哈内克的每一部经典作品。但与我们时代大多数文艺青年不同，对他而言，保有这种爱好不是为了谈资和娱乐，更不是为了炫耀，这些爱好提供了与膳食一样的生存平衡，是他与他内心那个乌托邦世界沟通的灵媒，没有它们他几乎无法独自面对浮躁、喧嚣的外部世界，更不用说创作。

在岑龙艺术创作的近四十年中，中国绘画经历了由意识形态化的写实主义到各种激进的现代主义、后现代图像的场景转换，但时代的复杂变迁似乎从来没有改变岑龙热爱绘画的初衷：他一直视绘画为参悟生命和表达情感的途径，也许在他的生活世界里只有绘画能给他的生活带来勇气、慰藉和希望。岑龙的早期绘画吸收了欧洲古典写实主义、浪漫主义和印象派画风，这一时期的作品无论肖像还是主题性作品的人物都展现

图1 《暮雪》，岑龙，1987 年，布面油画，160cm×180cm，图片由艺术家提供

了他娴熟的造型能力和神经质般的色彩笔触，如《红衣女孩》《带红头巾的青年》《儿童剧院演员》《阿克苏之晨》。在八十年代轰轰烈烈的现代主义运动中他一度尝试过现代表现主义画风，并在现代绘画史的谱系中寻找到了一位能在精神和语言上与自己交流的奥地利艺术家——席勒。席勒的表现主义画风承袭他老师克里姆特的装饰画法，在造型上吸收浮世绘线型传统和平面化变形风格，但在人物动态和表情描绘上席勒采取了高度神经质的直接画法，这种主观性色彩表现与节制性造型手法之间的张力，形成了席勒与早期德国粗犷表现主义的最大差

图2 《远方》，岑龙，1997年，布面油画，120cm×120cm，图片由艺术家提供

图3 《迟暮银滩》，岑龙，1989年，布面油画，100cm×50cm，图片由艺术家提供

异，而这也正是岑龙在自己绘画中所希望达到的质量：高度个性和高度理性之间的某种微妙平衡。《喀什之夜》《红月亮》《自画像》《爱》，以及《暮雪》（图1）都是这种影响下的作品。1987年岑龙30岁时创作的《暮雪》是一幅"而立之作"，也是他的艺术走向成熟的标志。作品以低视角刻画了一个封闭的山区，几何变形的山峦与粗放笔触下的阴郁色彩共同营造出一种极度压抑的意象，艰难

行进在山路上的毛驴是人格化的艺术家自己，一个孤寂而义无反顾的精神独体。

岑龙一直生活在都市，但他作品的背景几乎都是山区和农村，这种取材与早期现实主义"返回自然"的动机不同，也与印象主义和后印象主义视觉实验的目标不同，驱使他做出这类母题选择的既是对都市化文明的一种直觉性逆反，也是他内心乌托邦空间的想象结果。在《远方》（图2）、《小马》、《故事》、《童年》、《马》、《小银与我》中，我们可以发现岑龙绘画的另一个图像来源：十六世纪老皮特尔·勃鲁盖尔的尼德兰风俗画传统。岑龙曾借席勒之手表达了现代世界中孤寂的独我，而在这些风俗画的寓言叙事的传统中，他寻找到了现代人迷失家园后的心理寄托。在被评论家称为"净界时期"和"游吟时期"的一系列近作中，他以陕北农民和新疆游牧民族为主题，将主体想象与自然描绘高度融合，刻画出一个个自足而具有象征意味的理想世界，使这种营造个人乌托邦的努力达到了一个近似宗教的高度。

岑龙的绘画是关于迷路的现代人寻找返乡之路的叙事神话，也是对这种返乡之路

图 4 《热瓦甫》，岑龙，2001 年，布面油画，120cm×120cm，
图片由艺术家提供

图 6 《大地夕阳》，岑龙，2003 年，布面油画，150cm×150cm，
图片由艺术家提供

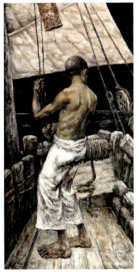

图 5 《净界》，岑龙，1997 年，三联画布面油画，75cm×150cm（左、右），150cm×150cm（中），图片由艺术家提供

的心理记录，在这些记忆中，既有悲天悯人的婉约故事，也有对时光不再的深切感叹，在《起风的原野》、《断奶的小牛犊》和《迟暮银滩》（图 3）中他将这种迷失的冲突简约为人与他（她）的动物伴侣之间的纯朴故事，极力将迷失的冲突嵌入一种诗意化的画面之中。《游牧人生》、《远眺穆斯塔塔》、《热瓦甫》（图 4）、《心系高原》、《白马》、《山鹰》、《净界》三联画（图 5）、《大地夕阳》（图 6）、《山风》都是关于人、动物和自然

之间的活动叙事，但就像音乐和意识流小说一样，艺术家将这种叙事的内容降到最低限度，以便给我们预留出足够的解读空间。

贡布里希曾称那些不趋从时尚压力、不贪恋虚荣、寂寥无名的艺术家为"地下"艺术家。[2] 在与我们过去的生活渐行渐远的艺术世界里，他们谨守自己的艺术底线，以不变应万变，使我们有机会重新体会艺术中一些已经消弭了的价值。岑龙正是这样一位心怀理想，生活在自己想象世界中的艺术家，他知道，他的所有努力都只在营造一个仅属于他自己的"白银时代"。[3]

2014 年

注释：

[1] 原文载《湖北美术学院学报》，2014 年第 4 期，第 23—24 页。——编者注
[2] 贡布里希，《艺术与科学》，范景中译，杭州：浙江摄影出版社，1998 年。——编者注
[3] 本文参考了林暄涵女士《云端上的歌者》一书，谨致谢忱。

# 王友身：无关空间的"每平米"[1]

"每平米"是一个关于"事件"的展览。

2007 年至 2011 年王友身分别在北京蟹岛和葛渠经历了工作室的租赁和拆迁，艺术家以一组多媒体作品重现了这个在北京司空见惯的艺术家搬迁事件，赋予了这个事件某种图像档案学的含义。这组被命名为"每平米"的作品，希望以一个基本的物理单位提示这个事件所能展开的空间意义，但它的意图很显然不止如此。王友身这样说明"每平米"这个概念的三个递进层次：

1. 每平米是可复数的计量单位；

2. 每平米是不可控的日常行为；

3. 每平米是可持续的艺术生产。

在这里，"每平米"描述的是一个空间物理单位向社会事件和艺术事件发展的延伸过程，而完成这一流程的是几组记录性的图片、档案文件和声音装置，它们之间多层次的视觉关系为我们提供了解读这个展览的有趣路径。

《每平米·我的肖像》（图 1）是与事件和环境相关的第一个叙事主体，"我"既是事件的亲历者，也是事件的叙述者。《每平米·我的风景》则构成了事件的第二叙事主体，作为一种空间性的叙事单位，"风景"也是为事件的展开和转换而设置的一个内在动因。空镜头的自然风景和工作室被拆除后的废墟环境给我们带来了一种双重意象：既是诗意性的，又是暴力性的。自然风景和废墟都是静默无语的，但这种静默本身暗含着某种无声的叙事力量，因为它们展示的是

图 1 《每平米·我的肖像》，王友身，2012 年，布面油画，100cm×100cm，图片由艺术家提供

事件发生过程背后的内在矛盾和张力。在这里，图片的叙述功能并不是通过记录"事件"完成的，它们将时间性事件转换成空间性隐喻，将真相陈述转换成某种对"风景"的凝视，风景和废墟的意象叠加使图片彻底从叙事的诱惑中解脱出来，将我们对事件的反应和事件的后果引向心理思索的层面。"我的风景"既是事件得以展开的空间背景，也是事件得以深入的心理背景，它的诗意和暴力相混合的视觉特质确定了这个展览的基本调性。

陈述事件和记录事件的功能在展览中是由一些档案文本所承载的：一份是甲乙双方签署的有准确时间但并无任何法律效应的租赁合同，另一份是无可争辩的权力主体签发的强制拆迁公文，它们之间强烈的不对等凸显了事件可以预知的荒诞性。在展览环境中这几份冷冰冰的文件既像是为我们考证事件所提供的确凿证据，又像是一个不在场者的喃喃辩词，它们共同完成了一个卡夫卡式的荒谬故事，记录了一个"不可控"的日常行为。

展览的下一个环节转换到两个主体对事件的另一次陈述，王友身称它为《每平米·风景的重建》：艺术家用拆迁废墟的墙体材料拼贴出多个一平方米的抽象图案，并将它们穿插在"我的风景"之间，从而在艺术家工作室里制作一面"新墙"，"我"以这种方式重新介入事件，并与"我的风景"共同完成了一次不真实的重建。在这种重建中，"不可控"的日常行为和社会事件转换成一种"可控"的艺术生产和美学事件，一切好像未曾发生，一切都由真实的、物的世界重新跳转到幻象的、心理的世界，只有艺术家拼贴图案现场的记录影像在提醒我们事件的来由。

一切剧情都有高潮，这个展览的高潮是展场中央被艺术家命名为《每平米·我的空间》（图2）的场景作品，它们由图片、现成材料和声音装置混合组成。残墙、废墟和中央三个声音装置重新演绎了一个暧昧的剧场，拆迁现场的声音和混杂在废墟间的图片构成某种含糊其词的对话，在回溯事件时，"我的空间"采用了蒙太奇剪辑的方式，不同媒体的混合运用把对事件过程的解读和体验交给了观众。

图2 《每平米·我的空间》，王友身，2010—2014年，石膏板、照片、木板、胶、木箱、声音，尺寸可变，图片由艺术家提供

图3 《每平米·清洗·我的风景6-4》，王友身，2010—2014年，照片、水、石膏板、花籽、胶、铝塑板，100cm×100cm，图片由艺术家提供

王友身用他惯用的图片策略"清洗"完成了展览的最后一组作品《每平米·清洗·我的风景》（图3），使展览在一种略带诗意又令人不安的情绪中结束。早在二十世纪八十年代，王友身就一直致力于揭示图片的记录和遮蔽、记忆和遗忘机制之间的悖谬关系，在他看来，摄影这个行为为我们提供的"记录"功能和记忆机制只是一种心理假象，他关注的是这个行为背后复杂的档案关系，即图片在与语言环境、物理环境和其他历史文本复杂的关系中凸显出的意义本质，而这种意义的生产过程有时恰恰是一种图像表面信息的衰减过程，记录与遮蔽、记忆与遗忘的这种悖谬关系恰好构成照片图像的双重本质。为了突现这种双重本质，他在九十年代创造出一种独特的图像修饰策略——清洗，通过水浸清洗过程使图片表面信息处于

某种递减状态，在完成这种清洗后，图片的最后呈像往往出现一种若即若离、似有似无的模糊效果，它们好像是对照片纪实特征和记忆功能的某种质疑。《每平米·清洗·我的风景》将事件的自然主体——风景再一次交给了清洗，事件的两个叙述主体——艺术家和自然风景仿佛都消融在图片暧昧模糊的呈像中。在图片最后的处理中，王友身将残墙碎片和波斯菊、二月兰籽拼贴在图片表面，这种象征性的图像手法最后将展览定格在一种寓言性的虚无语境之中。

王友身这个隐喻性极强的展览也许并不在于呈现某种特定环境中的事件，不在于表明某种确定伦理立场，他试图展示的只是那些在我们习以为常的荒谬现实背后的心理断层以及艺术生产机制的内在矛盾，在一种混合型的意识形态场景中，艺术家的不安

全感不仅来自物理空间的不断压缩，还来自它与不断膨胀的欲望世界的深度张力，在一个彻底失去重心的时代，世界的荒谬性不仅反映"在权利与理想生活的现实冲突，也反映在欲望与虚无之间的心理博弈，王友身说，他的作品呈现了诱惑与操控、合作与对抗、建设与破坏的相互关系，而这种关系带来的是不可避免的矛盾体验"。

2014 年 5 月 29 日

注释：

[1]原文载《王友身：每平米》，2014 年。此为修订稿。标题为主编略做改动，原标题为《无关空间的"每平米"》。——编者注

# 张晓刚：记忆的迷宫[1]

从某一点开始便不复存在退路，这一点是能够达到的。

——卡夫卡

记忆是我们在虚幻的王国中为心灵建造的一块可以栖身的墓穴。

——张晓刚

人的丰功伟业和渺小生命赖时间而呈现，而时间又是这一切的主宰者和终结者，时间是人无法超越的自然法则，它既是一种绝对的存在，又是存在的最大敌人，所以，悲观的斯多葛哲学家塞内卡说："除了时间，我们一无所有。"记忆是人思考时间的核心，也是人企图把握时间的各种妄想中最悖谬的维度，记忆把我们的生活主观地划分为过去和现在，并使它成为我们思考人生的一个辩证的基座：以真实材料为基础而组织起来的虚幻世界。

古典世界中人对时间和记忆的思考大体形状是线性、宏观和史诗性的，主要体现为对永恒、延续性历史和自然关系的把握，现代世界的人则被迫返诸自身，首先将时间和记忆认定为一种关于人存在的心理事实，

时间不再仅仅是度量世界的物理尺度，记忆也不再仅仅是获取过去的想象空间，"现在"或"当下"而不是"过去"和"未来"成为思考时间和记忆的起点，它意味着过去和未来只有在当下的思考中才具有意义。现代世界的时间思考是在一个统一、秩序和神话世界丧失后的思考，具有极强的碎片化、无根性、背反性的悲观性格，这种特质在艺术中最早由法国艺术家高更 1897 年一幅作品的标题提示出来——"我们从哪里来？我们是谁？我们到哪里去？"而在二十年后，另一位法国人普鲁斯特则以《追忆似水年华》寻找到了呈现现代记忆最初的小说方式。

张晓刚艺术世界中的一个恒定主题也是关于记忆及其对遗忘与记忆关系的悖谬性思考，记忆既构成了他艺术世界的一个巨大迷宫，也是我们理解他艺术世界的一个阿里阿德涅线团。

## 一、记忆之门

讲述一个艺术家的故事和讲述一段艺

术史的故事一样，可以选择的途径和方法很多：他的人生轨迹、他作品的风格演变、他与社会和历史场景间的有机关系以及他复杂的心理、思想、阅读和才情。在艺术史中对艺术家进行研究的中心问题永远都是：在构成艺术家成就的复杂因素中，哪些是来源于他的天赋，哪些是来源于习得的艺术传统，哪些是他对艺术问题和社会问题的反应，而这些都只能从艺术家的作品中寻找端倪。我选择 1984 年张晓刚创作的一组作品作为讲述这个艺术家故事的开始，这组作品像一粒种子，既包蕴着它的过去，也呈现着它的现在，更兆示着它的未来。海德格尔说："每当艺术发生，亦即有一个开端存在之际，就有一种冲力进入历史之中，历史才开始或者重又开始。"[2] 这组作品就具有这样的意义。尤其特别的是，这组作品复杂的图像志和戏剧化的心理经历本身就像是某种预兆，它呈现的是在一个分裂了的现代世界中，个人生活里普遍存在的疏离感、漂泊感和悖谬性，而这又几乎是张晓刚艺术故事的一个基调。

这组被称为《黑白之间的幽灵》系列的纸本素描由 16 幅独立作品构成，画幅均为 19 厘米 ×13.8 厘米，有严格的时间顺序。

1982 年张晓刚在大学毕业后就被命运抛弃到了昆明，事实上，这组作品是 1984 年他 26 岁时因酗酒成疾而住院期间的图像日记，除了每幅作品画面都有题记，他在以后还有关于这组作品详尽的追述文字，所以，从艺术史角度看，这是一组文献十分完整的作品。从内容，甚至从画面题记就能看出，它很显然不是作者缜密构思的作品，而是某种异常精神状态下的即兴之作，是游走在理性与非理性边缘时的心理叙事，是一组死亡体验的日志，一种超验的现场记忆，也是对疾病的一种真正意义上的"隐喻性思考"（桑塔格）。这组作品如果不是一位日后名声显赫的艺术家的作品，它完全可能被归为某种心理疾病的案宗，虽然我们将它视为艺术作品，但它似乎更适合成为精神分析的对象。不过，如果不希望从一开始就走入对作品过度阐释的误区，也许我们应该首先仔细考察一下艺术家早期习得的图像技法和惯例对这组精神图像的作用，如果说我们永远无法真正揣度艺术家的所思所想，那么这些技法和惯例是我们接近艺术家内心的最好介质。

这组作品按时间顺序分别是：《黑白之间的幽灵 1 号：洗床单的老妪》、《黑白之

图 1 《黑白之间的幽灵 9 号：辞别——一个幽灵面临着两种选择：回头或是驶向忘川》，张晓刚，1984 年，纸本素描，19cm×13.8cm，图片由艺术家提供

图 2 《黑白之间的幽灵 12 号：两个病人的对话》，张晓刚，1984 年，纸本素描，19cm×13.8cm，图片由艺术家提供

间的幽灵 2 号：白色床单》、《黑白之间的幽灵 3 号：两个幽灵之吻》、《黑白之间的幽灵 4 号：清晨——一个疲惫的幽灵来到阳台上》、《黑白之间的幽灵 5 号：领药方的人们》、《黑白之间的幽灵 6 号：医生和病人》、《黑白之间的幽灵 7 号：一个病人帮助另外一个病人》、《黑白之间的幽灵 8 号：辞别——一个幽灵在冥河边漫游》、《黑白之间的幽灵 9 号：辞别——一个幽灵面临着两种选择：回头或是驶向忘川》（图 1）、《黑白之间的幽灵 10 号：两个幽灵的对话》、《黑白之间的幽灵 11 号：子夜的梦——来自深渊的恐怖

不正是生存的意义吗？》、《黑白之间的幽灵 12 号：两个病人的对话》（图 2）、《黑白之间的幽灵 13 号：一个失眠的幽灵——白色的床你的开始和结尾是什么样呢？》、《黑白之间的幽灵 14 号：病人的行列》、《黑白之间的幽灵 15 号：因为 mistakes 使你爬起来然后爬下去为了 mistakes 由于 mistakes 使你得到了孤独》、《黑白之间的幽灵 16 号：幽灵和它的羊》，从画面标明的时间可以确认创作时间在 1984 年 1 月到 2 月期间。

白色床单几乎是唯一始终贯穿这组图像的象征性视觉母题，它来源于被他称为

"真正的现代主义之父"的格列柯的《揭开第五封印》，据他自己的回忆，他见到这幅作品的时间是 1980 年，这幅刊登在《世界美术》上的小幅作品甚至被他剪下来贴在自己的床头，他后来描述，在差不多二十年后他在美国大都会博物馆见到这幅作品的原作时仍"激动不已"。另一幅影响这组作品的图像是格列柯的《托莱多风景》，它们像两个梦魇符号支配了这组记忆图像的走向。《揭开第五封印》取材于《旧约·启示录》第六篇第九章，描述的是圣约翰目睹基督揭开上帝第五封启示之书的场景：在祭坛底下的那些信徒们有罪的灵魂已经被基督的血所遮盖，代表公正的白衣是基督赐给他们每个人的礼物，强调他们作为上帝选民的灵魂只有末日审判之时才能真正得到救赎。这一宗教题材故事在格列柯神经质的表现性笔触下被诠释成为一种关于末日和死亡的意象。张晓刚虽然只是在用尚不成熟的线描技法传述这一意象，但已经给我们足够的视觉震撼，在这组记忆图像中最接近《揭开第五封印》和《托莱多风景》的是第 12 幅作品《黑白之间的幽灵 12 号：两个病人的对话》，除了人体被高度抽象化以外，这幅作品几乎就是格列柯那两幅作品的意象拼凑。在《揭开第五封印》中，无论是圣约翰还是圣徒都是被缠裹在白布里面，仰望天空，但这幅画中的两个人都被处理成埋头沉思的形象，在类似托莱多风景的远方，突兀地画了一只前脚站在废墟、后脚站在山坡上的羊，它们都强化了作品的梦魇性质和超现实的感觉，而减弱了它的宗教情节。这种对宗教题材的意象拼凑在后来被他发展为一种高度个性化的图像样式，白色床单这个幽灵意象也在他以后的作品中一直延续着，直到《血缘——大家庭》的出现才完全消失。

除了宗教意象，这组作品还涉猎了广泛的存在性命题，如第 15 幅作品《黑白之间的幽灵 15 号：因为 mistakes 你爬起来然后爬下去为了 mistakes 由于 mistakes 使你得到了孤独》，描绘了一个从母亲的子宫里面爬出来的幽灵意象，影射了"偶然"与"错误"这一组同义词[3] 所包含的象征寓意。第 5 幅作品《黑白之间的幽灵 5 号：领药方的人们》，描绘了一群在死神的推搡下前行的领取药方的病人。第 6 幅作品《黑白之间的幽灵 6 号：医生和病人》（图 3）突出了在医生和病人中间一堆高耸的白骨，都隐喻了治疗与死亡之间的悖谬关系。从造型方式上看，这组作品展示了从柯勒惠支到蒙克的表现主义和从达利到马格利特的超现实主义，甚至伯格曼式的电影镜头的复杂影响，如《黑白之间的幽灵 11 号：子夜的梦——来自深渊的恐怖不正是生存的意义吗?》中从高空滚落的车轮、撕裂的女人身体和垂落的幕布，虽然这一时期他对这些风格的理解和取舍还显得那么肤浅和随意。

在这组作品中真正涉及"记忆"这个主题的是《黑白之间的幽灵 9 号：辞别——一个幽灵面临着两种选择：回头或是驶向忘川》。"忘川"源于希腊神话（其实在伊斯兰文化、犹太文化、基督教文化和中国文化中都能找到类似的神话版本，这可能因为"遗忘"与"记忆"的抗争是所有文化无法回避的生存主题)，其名源于不和女神厄里斯 (Eris) 之女"遗忘"女神勒忒 (Lethe)，她的对立者是记忆女神谟涅摩绪涅 (Mnemosyne)。以她名字命名的忘川是冥府五条河流中的一支，传说人只有饮过忘川之水才能渡过冥河抵达彼岸天国，而它的代价就是抛却记忆。遗忘与记忆在这则神话中以这种残酷的形式被编织在一起，而《黑

图 3 《黑白之间的幽灵 6 号：医生和病人》，张晓刚，1984 年，纸本素描，19cm×13.8cm，图片由艺术家提供

白之间的幽灵 9 号：辞别——一个幽灵面临着两种选择：回头或是驶向忘川》展示的就是这种纠结和抗争，作品图像很显然参考了古斯塔夫·多雷的《神曲》插图和哥雅晚年版画中那些令人不安的场景：航行在冥河中的死亡之舟由象征死亡的鬼魂主导，他们身后是象征过去时光的白骨和蜿蜒的河道，死神蒙住了正在划舟的幽灵的双眼，而幽灵手上像翅膀一样沉重的双桨寓示着无法预知的未来。对时间和记忆的否定性恐惧既构成了这幅作品的一种心理隐喻，也成为后来张晓刚艺术的一个长久的话题。

桑塔格曾说，疾病（她具体指的是曾被视为"不治之症"的结核病）"是对生命的偷偷摸摸、毫不留情的盗劫"，同时，它又是一种关于时间的隐喻，"它加速了生命，照亮了生命，使生命超凡脱俗"。[4] 在后来的追忆中，艺术家讲述了疾病如何使他对死亡的恐惧演化成一种梦魇记忆的纠缠，以及最后如何上升成为一种关于存在的思考：

> 病魔带给我们的最大好处就在于，当我们被遗弃在生与死交汇的白床上时，在这两个世界之间才明白什么叫"梦"，你迫切地推动着我向前移动，因为我占据了你的床。我枕在前人的尸骨上，迷梦使我暂时忘却我也正在日惭腐烂的躯体。这就是我和你的关系：谁也不欠谁，谁也无法完全地主宰谁，我们都是死亡行列的参与者和推动者。

> 我们都是病人，都是一个结构中互相关联、互相制约的扣子。……我相信每个人都面临着自己的深渊，人活着本来就荒唐，再生病就更荒唐。不论是医生还是病人，实际上大家都是"病人"。不同的是，只有当你进了医院，才更清楚地看到自己身上腐烂的地方。

来自深渊的孤独，使我们更深地体会到超越的含义，而一旦我们知道了如何去使用我们的孤独，世界对我们而言，又开始有了全新的意义。[5]

这种自白是卡夫卡式的，它冷酷、荒诞却逼近真实。

疾病与死亡记忆这个主题紧密相联，导致了艺术家在 1984 年至 1985 年间对这个隐喻主题有某种成瘾性的依恋。虽然在这一时期艺术家也以油画形式尝试处理"幽灵"这个主题（《充满色彩的幽灵：初生的幽灵》《充满色彩的幽灵：白色床单》《充满色彩的幽灵：向边缘移动》《充满色彩的幽灵：白浪》《充满色彩的幽灵：红月亮》《疲倦的幽灵》《浑沌中的冥想 1 号》《浑沌中的冥想 2 号》《春之祭》），但色彩和保罗·克利式的装饰造型似乎都没有帮助他达到这组即兴素描作品的意象品质，他最终选择了另外的途径去延续对这种神秘主义的心理探索。

从后来的发展看，"幽灵"系列在艺术家选择的艺术途径中具有重要的起始意义，在当时可供艺术家选择的语言谱系中，他最早抛弃了在他周围的朋友中刚刚流行并得到社会广泛认同的伤痕美术和乡土怀旧风。

在他看来，这种建立在现实主义原则上的绘画与他纠结的内向性格格格不入，更深一步说，对乡土、伤痕艺术的内心抵抗来源于这样一种心理，他认为任何现实主义的艺术形式都具有意识形态和美学心理上高度的欺瞒性，任何统一性世界的幻象无论善恶都无法真正容纳来自他内心世界的复杂、低沉和悖谬的声音。而另一方面，印象派肤浅的视觉游戏和塞尚、毕加索式过于冷峻的逻辑实验显然也不适合他的口味，所以，他一开始就本能性地选择了格列柯、蒙克这类源于个体经验又具有神秘主义色彩的表现性语言，这种适合表现"幽灵似的、变形的真实"的北欧传统，[6] 在他看来，似乎只有那些源于宗教迷狂的神秘图像才能真正激发起他抑郁的心理波澜。

这组作品终结了艺术家在"乡土时期"对米勒的宗教性绘画和凡·高的色彩与造型的纠结，确定了他借神话、宗教和历史题材进行心理描述的持久兴趣。以此为起点，他开始营造起属于他自己的有关记忆的视觉迷宫，他能走多远，完全取决于他遭遇的历史场景、艺术问题和心智与技能的高度，当然，还需要一点不可预知的运气。

"幽灵"系列不再仅仅是他个人心理状况的描述，更不是对他生活现实的反映，它与现实无关，而与"存在"这个至关紧要的现代性主题相关，对张晓刚而言，艺术的作用不再是对已知世界的客观描述和道德评价，它只能是对一切可能和未知世界的预感。在社会主义这张现实的幻象之网消弭之后，他希望在他的艺术中发现人对"存在"的巨大困惑和焦虑，就像西方人在诸神退去之后的境遇一样。对张晓刚今后的创作而言，这组作品既像是他为"记忆之宫"建造的一座大门，又像是为自己编织的一张"预言之网"。

## 二、神话记忆

1985 年至 1986 年，张晓刚的个人生活因为几件事发生了一些根本和微妙的改变：这期间，他调入四川美术学院油画系任教，并与他热恋中的爱人组成了家庭，同时他开始摆脱完全孤独、寂寥的个人生活，投入到刚刚兴起的"八五美术新潮"运动，成为"西南艺术群体"的组织者之一。从更宽泛的视野看，在二十世纪八十年代，中国知识界在这一时期出现了一股本土文化反思的潮流，对中西文化的比较兴趣可以从甘阳主编的"文化：中国与世界"系列丛书、刘小枫的《拯救与逍遥》、铃木大拙与弗洛姆的《禅与心理分析》这类出版物的热销中反映出来。1984年马尔克斯《百年孤独》中译本的出版更引发了普遍的"寻根热"，拉美魔幻现实主义使在传统与现代的双重困境中喘息的中国人看到了一种用文学描述自我焦虑的希望。

如果说在"幽灵"系列中神话和宗教题材还只是个人境遇和心态的图像依托，那么在接下来被艺术家自己称为"彼岸时期"（又称"梦幻时期"）的创作中，神话和宗教则被他发展成一个与他周遭世界相关联的笼罩性主题，它在一系列绘画性问题中扮演了绝对精神主体的角色。现在，他要解决的不再仅仅是对梦魇般心理现实的描摹和再现，他要进一步探讨的是在意识与无意识、历史记忆与个人记忆之间存在的复杂的视觉关联，它意味着表现主义这种冲动、游离和极端个人化的语言风格不再能够满足他对存在问题的思考。显然，为了完成这种转变，在"幽灵"系列中使用的意象形式也很自然地转变为象征图像。

"象征"是在世界物象与心理模板之间寻找对应关系的语言修饰手法。古典象征主义是在神的世界与人世界中建立符号对应关系，而现代象征主义则是在人的外在世界与内在世界中建立起这种关系，在人的历史和现实间建立这种联系。中世纪基督神秘主义与二十世纪内观性神秘主义的最大不同在于，前者的目的是引导集体走向救赎之路，而后者只在于宣泄和表现孤独、本能性甚至无意识的个人体验。拉塞尔说现代象征运动"是自由人向权力的报复。在这个意义上，象征的重要实质是它不叙述熟悉的故事。事实上，它什么故事都不讲，它播下了一颗种子：一颗不安、惊奇、思索和怀疑的种子。……象征是炸毁陈旧思想的地雷"[7]。

在寻找神秘主义象征语言的张晓刚选择了来自两个方向上的绘画样式，一是来自西方中世纪的宗教绘画，一是来自中国魏晋时代顾恺之的概念性山水和陈老莲式的人物变形样式，同时他对各种象征主义采取了一种折中的态度，将它们离奇和没有任何内在逻辑联系地拼凑和组合，这构成了这一时期张晓刚绘画的基本格局。

图 4 《月光下的山丘与生灵》，张晓刚，1987年，布面油画，83cm×102cm，图片由艺术家提供

　　"梦幻时期"（1986—1989年）的作品由《遗梦集》和一系列以生命、爱与死亡为主题的作品构成。纸本油画《月光下的山丘与生灵》（1987年，图4）几乎是他这一时期生活和心理活动的写照，主人公是以热恋中的爱人为模特，它赋予她一种天使般的宁静，人物衣纹来源于波提切利的《春》，她双手交叉放于胸前，一手持象征安宁的树枝，一手握象征生命的瓶壶，背景以中国青绿山水的色彩营造了一种高古而阴郁的基调。使作品具有象征主义品质的还有主人公右后方一个类似基督诞生的场景，而诞生的却是一只躺在襁褓中的羊羔，这个场面的背后是一个树状的祭坛，祭坛顶端是一颗头颅，围绕祭坛的是一群悲哀莫名的信众，它与画面左方负载尸体的羊只共同营造了一种关于死亡的意象，右下方鸟与蛇的对话强化了这种令人不安的寓言意象，"爱和生命是一种祭祀"构成了这幅伤感作品的主题。

　　值得我们高度关注的是这幅作品中象征主义的图像来源，它几乎一直贯穿在《遗梦集》《恶梦集》和后来的一系列作品之中。1986年张晓刚买了一本法国象征主义画家奥迪隆·雷东的画册，1991年他差不多花掉了当时他家庭的全部存款，以200元人民币买了第二本雷东的画册，表明了对这位艺术家的持续兴趣（第一本是黑白画册，第二本是彩色色粉画册，表明张晓刚很长一段时间内都仅仅是通过印刷品来了解雷东的）。这件事像某种天启，从此，雷东式的象征主义语言就开始像另一种魔咒一样进入他的画面。作为法国象征主义的代表画家，雷东的艺术几乎就是视觉版的马拉美和波德莱尔，他以象征、寓意和虚幻手法构造了远离现实的内观世界，极度朦胧的色彩、高度敏感的线条、夸张变形的人体和令人不安的头颅……这些都将颓废、凄美、伤感的美学提炼到一个令人窒息的高度。在张晓刚这一时期的作品中，我们不仅能够看到他在意象组织方式上对雷东的模仿，如神话性空间的营造、高度梦幻的场景铺陈，而且可以看到在象征母题、人物线条造型上对雷东的明显借

图5 《生生息息之爱》，张晓刚，1988年，三联布面油画，130cm×100cm×3，图片由艺术家提供

鉴，可以说，雷东对他的艺术是启示性的，不仅给了他一种心理上的共鸣，还给了他一种可以自由叙述这种共鸣的语言。在他这一时期的其他作品中，我们都能看到这种共鸣，如《阴阳交替》中艺术家与他爱人雌雄同体的戏剧场景，《遗梦集：灵与肉》《遗梦集：背负山羊的生灵》《遗梦集：珍贵的种子》中肉欲、自然与灵魂的象征性纠缠都是通过使用雷东式的迷幻语言达到的。

所有乐曲都会有高潮，"梦幻时期"的高潮就是三联画《生生息息之爱》（1988年，图5），它同时也是这一时期的尾声，因为像是某种不安的预兆，这幅作品的乌托邦图像背后隐喻的危机后来都一一化为现实。阅读这幅作品需要更多的图像志背景，包括中世纪祭坛画的样式传统、乔托的隐喻性人物造型、夏加尔式的迷幻场景，甚至爱侣人图案的生命暗示，这些元素使这幅三联画更像是一件类宗教的作品，它的主题仍然是爱、生命和对死亡的超度，但它却赋予了这些主题一种既宏大又琐碎、既完美又阴郁的矛盾气质。画面的所有象征成分都是围绕这一主题设计的：露出根须的大树、牢笼中的头颅、褓褓中的婴儿、蜷缩的火鸡、祭祀用的羊头、葬坑中的合葬男女，在三幅作品中央如神一般裸身盘坐的人物身后或周围都画有艺术家自己，他既像是祭祀场景的旁观者，又像是这场生命盛宴中的一位不祥的幽灵。令我们好奇的是，画面中所有宗教和神话图像的杂乱组合仿佛并不是为了完整呈现"生""死"和"爱"这一象征秩序，而是为了叙述一种错乱的寓言世界。时间在这里像一座再也无法计量的沙漏，使这一切主题都变得偶然、突兀和极端矛盾。

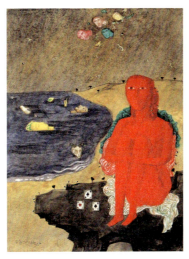

图 6 《忘川》，张晓刚，1989 年，纸本油画，55cm×39cm，图片由艺术家提供

图 7 《翻开第 135 页》，张晓刚，1989 年，纸本油画，70cm×54cm，图片由艺术家提供

完成这幅史诗性的作品后，张晓刚又陆续创作了一批小幅纸本油画作品，如《春之祭》、《忘川》（图 6）、《翻开第 135 页》（图 7）、《最后的晚餐》《升腾的头颅》《头戴荆冠的男子》。除了延续前期作品的神话和宗教主题外，雷东式的头颅和身躯骤然成为画面的中心母题，同时，一些超现实主义的造型元素也开始出现在画面中，如《忘川》中漂浮于冥河和天际的头颅、象征不测命运的纸牌，尤其是在《翻开第 135 页》中投射在人物面容上的光斑，明显来自基里科式的形而上光影的影响，这也成为以后艺术家肖像作品中重要的造型手段。这组小幅线描油画作品是象征性的《遗梦集》向超现实的《恶梦集》的一种令人不安的过渡，它预示着《遗梦集》这种牧歌式的"神话叙事"的结束。

# 三、历史记忆

"梦幻时期"虽然阴郁伤感但还算完整的神话世界被终结之后，艺术家被迫由梦幻般的彼岸世界回归到噩梦般的此岸世界，这段时期被他称为"回归人的世界"。在这一时期，艺术家陆续创作了《恶梦集》《深渊集》和《手记》等系列作品，它们是一种典型的创伤记忆。

赫伯特·里德认为，作为一种"纯粹精神的自动主义"，超现实主义经历了两个性质不同的时期：直觉时期与推理时期。[8] 前者是个人化和心理性的，后者是社会性和政治性的。作为一个典型的知识分子的艺术运动，它把对梦境的非逻辑描绘和对梦境的逻辑反思作为自己的双重任务，这就构成了这个运动复杂甚至悖谬性的双重性格，它是一

图8　《黑色三部曲》，张晓刚，1989年—1990年，三联布面油画、拼贴，180cm×115cm×3，图片由艺术家提供

个由外向的、玩世不恭的达利到内向的、冥思苦想的马格利特所共同营造的艺术运动。而我们在张晓刚从"幽灵时期""梦幻时期"到"回归人的世界"的作品中的确可以捕捉到这两种矛盾性的超现实主义的复杂交集。

随着此岸和彼岸世界界线的日益模糊，维系象征世界的内在逻辑丧失了叙事的合理性，象征叙事在"梦幻时期"的使命已经结束，一个统一世界的幻象将被破碎、残酷与具体场景和事件的记忆所代替。在《恶梦集1号》《恶梦集2号》《不眠的殉道者1号》《幸存者》这些作品中，他开始直接使用塔皮埃斯式的拼贴手法，以麻布和报纸增加画面的肌理感和厚度，这一手法的运用也使电视和报纸的信息转换成一种更为直接的情境元素。主题的突然转换甚至使艺术家

产生了在超现实语言和表现主义语言间的痛苦选择，因为从个人气质上他所喜欢的象征主义、超现实主义语言虽然可以传达晦涩和梦幻的意象，但在表达感情的直接性上实在无法与表现主义语言相比，在一段时期内他一直在这种选择中纠结，《夜2号》（1990年）就是这两种对立语言反复修正和调试的结果。而《黑色三部曲》（图8）与"梦幻时期"生命、死亡和爱那类相对抽象的主题相比，更突出了人的心理活动，神秘的纸牌以及作为背景的屏风使我们看到一个完全不同于《生生息息之爱》的内观化的象征世界。

在1990年和1991年之间张晓刚还创作了一组《重复的空间》，按他后来的自述，这组作品既是对历史的某种封闭性循环的体悟，也是对刚刚开始的商品化和媒体化时

图9 《手记3号：致不为人知的历史作家》，张晓刚，1991年，布面油画、拼贴，180cm×575cm，图片由艺术家提供

代的反思。在这组作品和同时期的其他作品中，他还多次尝试将表现主义笔触、罗斯科的抽象色块和塔皮埃斯式拼贴技法的肌理效果相混合，将碑帖、红色抽象色块和各种神秘符号相混合的方法，但这些语言实验似乎都没有给他带来预期的效果。

1991年上半年开始的《深渊集》和随后创作的《手记》系列把问题进一步延伸到对历史事件进行心理考察的方向，因为历史对个人的压迫既是现实性的，也是心理性的，"深渊"不仅仅是具体事件的外在感觉，更是偶在生命的内在状况。《深渊集》由六幅尺寸相等的纸本油画作品构成，与《恶梦集》相比它增加了更多的历史图像元素，如传统的窗棂、兵马俑、书卷、梅花、古埃及的书记员雕像，封闭的空间和阴郁的光影虽然突显了这种思考的心理维度，但个人与历史的关系在这个系列中依然停留在某种概念表达的层面，到1991年下半年开始的《手记》系列，张晓刚似乎才真正在画面上寻找到一

种在宏大的历史叙事与微观的个体感觉之间的某种平衡。《手记》这个名称来源于陀思妥耶夫斯基的《死屋手记》，这个借用也许是暗喻这时艺术家自己牢狱般的心境，也许是比喻原著那种融随笔、日记、特写、小说为一体的记忆方式，而张晓刚自己则称这是一次以图像和书写记录个人"心理空间"的尝试。

《手记3号：致不为人知的历史作家》（1991年，图9）是《手记》系列中尺寸最大的作品。作品主题是关于两种历史的思考：公共历史和私人历史。在艺术家看来，公共的历史是国家以意识形态意志塑造的历史，它是与权力相关的历史；而另一种历史应该来自私密方式书写的历史，即那些在历史边缘和角落里隐藏的历史，它是与活生生的个体生命相关的历史。画面依然采用了象征主义、超现实主义与表现主义的混合画法，躯体上基里科式的世纪光阴和幽灵般的裹尸布为作品营造了一种挥之不去的梦魇意

象，两边两幅拼贴手稿和中央三幅画面上方展开的书卷寓意着两种历史的纠缠与抗争。画面的书写性元素从"幽灵"系列开始几乎就是张晓刚使用的一种独白性的语言方式，手写的私密性和个性化特征不仅构成画面的图像元素，而且成为画面的一种视觉隐喻，张晓刚乐此不疲，直到现在。这幅作品中的手稿采取了非意识状态的"盲写"方式（严善錞、邵宏称之为"自动性书写"），即它的书写内容和笔迹时而具体可识时而抽象难辨，张晓刚也是用这种状态进行书写的，在他看来，这正好符合个人化书写的"历史"特征：捕捉在有意识与无意识、清晰与模糊、显性与隐性、真实与虚假之间的那种跳跃式的晕眩感觉。

《一周手记》（图 10）由七幅连续性的图像日记构成（让人联想起《幽灵》系列的日记形式）。"一周"是一种双关的隐喻：既与基督教创世七天的观念相关，也与个体生命流程相关。按艺术家后来的描述，在这段特殊时期，他的身心都处于某种漂浮、虚空和分裂的状态，这组作品既像是这种状态的真实记录，更像是脆弱、渺小的个体生命对自己的仔细审视和端详。7 幅作品都沿用

了《深渊集》封闭的空间构图，但墙壁上的日历清晰地显示着事件的"当下性"。这组"手记"作品中除了随处可见的马格利特式的魔幻现实主义的影响，艺术家还使用了另一种绘画程式来完成画面的心理叙事，这种程式在绘画史上一直具有宗教与心理两种叙事功能，如卡拉瓦乔和基里科就分别使用了这两种不同的光影叙事功能，对张晓刚来说这两种功能也许同样重要，在他以后的创作中光影进一步发展成画面的主要叙事手法。

除了象征幽灵和死亡的白布、象征生命的鱼和象征无常命运的纸牌，《手记》系列的作品中还增加了一些新的象征物件，如木箱、屏风、手稿和灯泡，这些物件就像是这种记忆中的一种独白或私密性的寓言，它们与那些具有神性的象征物不同，不具有公共的意义，仅仅是来自个体的记忆：或许是与特定场景相关的生理痛楚或心理愉悦，或许是某种无意识的经验片，甚至只是由某种特定气味引发的嗅觉联想。如果说，《手记》是一种被迫性的图像记忆，是个体生命在巨大的历史机器面前的喃喃低语，那么，这些物件就像凡·高的那双著名的皮靴，它是艺术家由现实走入幻象的"真实中介物"，是

艺术家自己为自己点亮的一盏孤灯，也是使自己变成"宇宙中心"的物质根据。

《手记》系列直到1992年初才结束，它预示着艺术家绘画追求的一个新方向的开始，即由神话世界向历史世界转移，在推动这种转移的众多因素中，一位传奇性的拉丁美洲女艺术家的命运故事和一种新的绘画样式起到了关键作用。

弗里达·卡洛的故事也是关于死亡的故事，只不过它不再仅仅是与人的普遍经验相关的抽象历史，而且是在偶然和具体场景中发生的个人故事。她的一生与痛苦、疾病和死亡相伴，美貌、才华和爱情与这些形影不离。她选择绘画纯粹来自内在的需要，她以稚拙而充满灵性的细腻笔法描绘美丽与苦难在自己的世界中宿命性共存的现实，这种既面对苦难又漠视苦难的哲学来自印第安人对"生"与"死"的一种原始性的达观态度和自然血统。在她的作品中，个人命运与万物有灵的自然、血脉相通的家族息息相关，和马尔克斯一样，她否认自己的艺术是超现实的，因为集中在她命运中的那些梦魇般的残酷故事（车祸、流产、背叛……）与墨西哥文化中那些诡异的神话仿佛源自同一种

图10 《一周手记之一》，张晓刚，1991年，纸本油画，51cm×39cm，图片由艺术家提供

现实：魔幻的现实。弗里达的艺术对张晓刚的图像启发至少是双重的：一是她通过自传性肖像将个人命运与家族历史紧密相连的图像方法（在弗里达一生200多幅作品中有三分之一是她的自画像），一是她在使用象征语言与超现实语言时的那种辩证态度。后来"血缘—大家庭"中的某些肖像程式甚至那根象征血缘关系的红线都直接来自弗里达。

如前所述，在相当长的时间内，在象征主义、表现主义和超现实主义语言之间的矛盾纠结一直是张晓刚艺术问题的核心，对他而言，这既是个趣味问题，也是个技法问

题，更是一个如何使自己的艺术观念获得一种独特的表达方式的问题，艺术创作始终是艺术家在观念问题与技术问题之间博弈的产物。在经过各种尝试后，他遇到一种新的语言方式：新表现主义。二十世纪七十年代末八十年代初在德国兴起的新表现主义不是二十世纪初表现主义绘画的单纯复兴，而是针对战后观念主义和波普主义对待历史的冷漠态度的一种人文反思运动。它继承表现主义直率、粗放的语言手法和抽象表现主义对绘画的精英主义态度，将个人情感宣泄根植于对德意志文化、历史和政治问题的反思态度之中，重新探讨绘画的自由、超越与它的政治和历史责任。张晓刚至少在1992年前后就接触到了新表现主义，并且一开始就对它产生了浓厚的兴趣，A.R.彭克直率天真、玩世不恭的即兴画法，J.伊门多夫对虚幻与现实、想象与历史场景的微妙把握，G.巴泽利茨鲜明色彩和粗放笔触下自由夸张的人物造型，S.波尔克把表现主义语言与波普主义现成图像手法相结合时的幽默态度，以及安塞尔姆·基弗的作品体现出的恢宏气质和在运用多重矛盾图像及材料上的自由态度给他留下深刻印象，对张晓刚而言，

新表现主义给他的最大启示是：通过自由使用图像和技巧，就能在敏锐而单薄的个人化情绪表达与厚重而广阔的历史思考之间保持某种必要的平衡。就这样，绘画史上两位毫无关联的画家——弗里达和基弗，成为他重新思考绘画问题的一种灵媒，事实上，他在1992年创作的《手记6号》中就很明显地表现出这种来自德国新表现主义的影响，而在接下来的工作中，这种影响具有了更为根本的意义。

# 四、家庭记忆

历史场景的复杂转换在中国几乎只用了一年时间就完成了。1992年，中国消费时代的元年，它就像是两个时代之间的一道忘川：新时代的到来仿佛注定要以抹平旧的创伤记忆为代价，启蒙性的愤怒刚刚开始就被玩世性的嬉闹所取代。就像那段介绍摇滚乐在中国命运的有趣文字："只不过在中国，故事刚刚开始就已结束。"

对张晓刚个人而言，1991年也是他个人故事转折的一年，这种转折来自一个在中国司空见惯的主题性展览，这使得这个转折

故事变得有些怪异。在这一年，为了参加学校组织的庆祝中国共产党建党七十周年的画展，他选择了"创世纪"这个主题，为了摆脱他过去画面中过于个性化的表现手法，他查阅了中国共产党早期图片资料，最后决定在画面上方直接使用复印、拼贴这些图片的手法，在画面中央沿用了《手记》时期寓意性的人物画法，将一个象征"诞生"或"创世"的红色婴儿置于一个皮箱之上，但这种象征手法并没有改变这幅"主题性"作品被淘汰的命运，这个可以预期的结果反倒刺激了他"再画一幅"的欲望，这个欲望又鬼使神差地与他前一时期关于两种历史记忆的思考联系了起来。第二幅《创世篇》是关于个人的"创世"故事，画面背景他选择了与他个人经历相关的下放知青的现成照片，画面中央是躺卧在木箱和翻开书卷上的黄色女婴，是以他朋友叶永青刚出生的女儿为模特，她被包裹在我们已经熟悉的白衣襁褓之中，据张晓刚自己解释，前一幅作品中的皮箱象征公共记忆，而这一幅的木箱代表个人的隐私。光影中的书卷和上方的书稿仍是以"盲写"的方式完成，与前一幅不同的是，第二幅画面中央的显著位置出现了在《手记》系列中

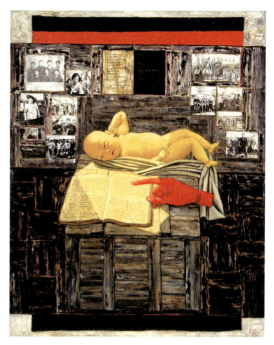

图 11 《创世篇：一个共和国的诞生二号》，张晓刚，1992 年，双联布面油画、拼贴（右联），149.4cm×119.4cm，图片由艺术家提供

经常出现的红色断手，它直指书卷，好像是对某种无法言说的秘密的突兀指认。

1992 年最终完成的《创世篇》（图 11）双联画从语言上看是一种混合性的新表现主义，但罗斯科的抽象色块、劳申伯格式波普主义的拼贴手法并没有在绘画技巧上给他的艺术带来多少推进，甚至可以说，为了"主题"性的表达，在画面空间处理上的四平八稳反倒减弱了他前期作品中的灵异色彩，这次绘画小实验的最大意义来自他对现成照片这个新媒体的"发现"，这个发现对他重新思考绘画问题意义重大，事实上，如果没有这个偶然的发现，他后来艺术中的所有转变也许都不会发生。

1993 年他疯狂地沉迷于新表现主义的实验，这种实验混杂在刚刚流行的波普主义和一种感官化的新现实主义之中。如果说《天安门 2 号》《红婴》《手抄本 1 号》还保留着《手记》系列中象征手法和表现手法的纠结，以广角镜头处理的有点玩世色彩的朋友肖像《红色肖像》和《黄色肖像》则是以新表现主义手法对现成照片的一次绘画性实验，而在《母与子 1 号》（图 12）、《母与子 2 号》中这种实验深入到艺术家记忆的另一个更为深层的层面——家庭的记忆，那个日后使他声名显赫的主题已呼之欲出，这两幅作品都以他本人与母亲的肖像为主体，但肖像之间有着一种马格利特式的悖谬关系，它们仿佛存在于两个不同的时间和空间维度之中，维系他们之间关系的是那根脆弱的弗里达红线。

记忆的噩梦由内心走入历史，又宿命性地由历史走入更为微观的家庭记忆，随着这个变化，张晓刚为自己营造的这座关于存在的"记忆之宫"开始由分裂的象征世界走进他自己的家庭，同时进入的问题还有如何处理公共记忆与私人记忆之间的巨大反差。

1958 年，张晓刚出生在中国昆明的一个革命军人家庭，这个家庭成分本身就是某种历史断裂的见证：在中国，二十世纪延续几千年的由血缘和家族维系的家庭结构受到冲击，这个背景值得我们重视，不仅因为它对张晓刚的人生产生了直接影响，还因为这种家庭结构在艺术家以后的创作中逐渐上升为一种主题性的图像方式。传统家族的没落和向现代家庭的转换是所有现代国家必须历经的阵痛，它既是空间性的也是时间性的，它的直接后果是离乡焦虑与记忆焦虑的共存，而这样的双重焦虑在中国又总是与战争创伤和政权更替的心理记忆如影随形。家庭老照片的发现对张晓刚而言也许是偶然的，但对于热衷探寻心理记忆这一主题的他来说，由个人世界走入家庭世界也许只是一步之遥。

1991 年到 1993 年间摄影图片的现成使用使张晓刚关于记忆的思考获得了一个新的媒介，使他更易摆脱对纯粹绘画性的依赖，但由象征图像到现成图像的转换更像是他为自己设置的一次重大的艺术冒险。很显然，他不可能按波普主义的方式直接挪用现成照片，这不符合他的性格和趣味；同样，他更不可能按照现实主义的方式处理照片，

图12 《母与子1号》，张晓刚，1993年，布面油画、拼贴，115cm×146.5cm，图片由艺术家提供

图13 《全家福1号》，张晓刚，1993年，布面油画，100cm×130cm，图片由艺术家提供

这是他早已拒绝了的艺术方向。现在他希望做的是使照片处于某种由手绘形成的"偏差感"和中性状态：一方面保存照片的现成特性，另一方面仍然保留有绘画性品质。这几乎是个悖谬性的图像修饰方案，张晓刚决定尝试解决这个问题。这一艺术方案的出现意味着典型的象征主义与表现主义时期在他的艺术历程中的结束，也意味着一种混合着现代性和当代性的图像实验的开始。照片图像可以捕捉"时间之点"上瞬间性的真实，并将这种真实转换成一种我们可以辨识的记忆，但如何将照片图像转换成绘画性图像，即在保存图像绘画性的前提下捕捉照片瞬间性真实的记忆特质，这是艺术家必然面对的第一个课题，这个课题也是"本雅明式"的：如何通过绘画使照片保持"灵光"（aura）。

第一张"大家庭"（《全家福1号》，图13）诞生在1993年11月。为了描摹照片，他开始使用他十分陌生的写实主义方法，最早的两幅作品直接以他父母和哥哥的合影为模本，但以写实手法处理照片的方法看来十分笨拙：它须兼顾他所习惯的变形化人物与照片肖像之间巨大的造型差异。很显然，他还没有处理这两种矛盾性图像的任何经验，所以最后我们看到的人物肖像更像是局部（脸部）写实画法和漫画式的整体造型的杂糅，除了我们熟悉的人物面部的光影、联系人物的红线和边框的表现性画法，画面中还调侃式地抄录了一些歌曲简谱和天气预报的图标，这种波普性处理图像的手法更加加剧了画面的不协调感。

这种情况到了第二年有了明显改善，《灰色背景的肖像》（图14）是他经过一个多月时间完成的实验性作品，在这里他终于找到了一种类型化处理人物肖像的画法，它的灵感来自中国近代为先人造像的一种绘

图 14 《灰色背景的肖像》，张晓刚，1994年，
布面油画，99cm×85cm，图片由艺术家提供

图 15 《血缘—大家庭：全家福1号》，张晓刚，1994年，布面油画，
150cm×180cm，图片由艺术家提供

制在瓷器表面的炭精画法：它是西方光影式肖像写实画法与中国概念性祖容像画法的奇异结合，既保留了肖像最低的可识别特征，又使肖像摆脱了照片的写实性限制，使它可以成为一种高度概念性的表现手法，而这正是张晓刚需要的"照片感觉"和"照片本身的魅力"。在这一年被他命名为《全家福》的几幅作品中，他不仅完全放弃了他熟悉的各类绘画性程式，而且大大减弱了画面各类象征符号和人物肖像的辨识性，使人物统一于一种概念性画法之中，画面的灰色调性也加强了这种统一性。在这些作品中，人物的面部光影越来越接近典型的"张晓刚光斑"：一种具有增强画面荒谬感和心理特征的独特技法，它与画面微妙的阴影效果和概念性的肖像造型共同形成了张晓刚作品中最微妙和最耐人寻味的美学效果，一种内观性的阴翳美学，或者用他自己的话说，"一种充满

诗意的中性化美感"，它来源于照片程式却能带给我们一种超越任何照片的图像魅力，这种魅力我们完全可以借由观看《血缘—大家庭：全家福1号》（1994，图15）体会出来。张晓刚后来说这一年是他最幸福、最兴奋的一年，因为他真正解决了困扰他数年的语言问题，摆脱了纸本绘画和布面绘画、表现主义与写实主义之间的长期纠结，也使他与当时主流性的"政治波普"和"玩世现实主义"拉开了距离，总之，"新的语言是从这一年诞生的"。[9]

1995年后张晓刚对正式命名为《血缘—大家庭》的系列作品做了进一步的语言"修饰"，一方面，更加概念化地处理肖像，强调了锐性而尖细的面部和鼻梁、凝神而呆滞的双眼甚至去性别化的面部特征，人物轮廓也更接近早期的线性造型；另一方面，进一步减弱和删除了像章、红领巾、军服这样一

些意识形态化的视觉元素，这些都使人物形象具有了某种克隆性和"超历史"的色彩。但令人不解的是，这些"减法"修饰却使作品具有了更为明显的个人化记忆的特征，这使他意识到另一个更加有趣的艺术问题：只有远离意识形态的集体记忆才能真正捕捉到更为内在化和特异性的个人记忆，这种心理记忆不依赖形象的逼真而依赖于画面整体氛围的营造。

照片可以记录瞬间的真实但并不可能真正保证记忆的"真实"，因为记忆作为一种特殊的意识行为，它有时反而是以"模糊"为特征的，这种记忆的悖论如何通过绘画性的方式呈现出来，这是《血缘—大家庭》要解决的另一个问题。幸运的是，这一课题在1992年那次被他后来称为"改变了一生"的欧洲之行中获得了某种启示，这次旅行中他在博物馆里亲历了由中世纪宗教绘画到马格利特哲学化的超现实主义的欧洲绘画史，更重要的是，他遇到了刚刚红遍欧洲的格哈德·里希特。

在照片诞生的一个很长时段内，它都被视为记忆最客观的再现物证，但里希特用一种绘画哲学就证明了这种图像记忆的悖谬

性，与人的选择性记忆相比这种源于机械复制的记忆反倒是反记忆和无记忆的，它提供了某种关于记忆的索引，却使记忆陷入一种非人性的怪圈，因为属于人的记忆总是与人的现场感知、历史想象甚至生理性趣味等复杂的偶然因素相关联（如普鲁斯特笔下的那块著名"小玛德莱娜"蛋糕），而照片在"时间之点"上的瞬间记忆却阻止了记忆的这些偶然性因素的进入，因此在里希特看来，图像的模糊也许比清晰更接近真实记忆的本质，他以精致又模糊的视觉手法和冷峻而不乏历史厚度的态度处理照片，挑战照片的真实性神话，也传达了一种超越政治和意识形态的图像逻辑。原来是摄影终结了绘画的再现之路，而现在摄影只有依赖绘画的修正才能重新获得再现的合法性，历史是一个诡异的循环。

当然，张晓刚在里希特那里获得的不仅仅是关于照片与绘画关系的哲学启迪，而且有处理图像与绘画关系的技术手段。他开始对照片的图像光影和绘画的绘画性光影采取了一种更加折中的态度，用他自己的话说，是一种更为模糊化的"修饰"态度。在1996年至1999年间的《血缘—大家庭》中，图像

技法发生了一些明显的变化，他开始进一步摆脱照片程式的控制（他说，1997年后他就不再依赖照片创作了），使人物肖像游离于一种更加诡谲而朦胧的程式化背景之中，锐性的面部造型和浅柔焦之间的光影的对立加剧了人物与背景的失焦效果。人物之间关系的克隆化处理（《血缘：大家庭10号》《血缘—大家庭：四姐妹》）已成为常态，突兀的红色或黄色的面部处理与灰色基调形成强烈反差，使画面具备了一种马格利特式的幽默情绪。"张晓刚光斑"仿佛失去神性叙事或心理描述的功能，而成为一种毫无意义的技法标志，虽然梦幻性的孤独感依然是画面的心理基调，但已不再有清晰明确的寓意，而变成了一种喃喃不清的呓语。

现在，对张晓刚而言，画面图像模糊或清晰都服从这样一种表达的欲望：使历史图像成为描绘个人心理感受的主观媒介，尤其是描摹梦魇式记忆的媒介。他选择家庭肖像的动机也许并不像马尔克斯那样在于展开宏大的历史场景和家族记忆，而在于记录微观的个人私语和心理活动，虽然从叙事类型上看，《血缘—大家庭》与马尔克斯的家族故事有异曲同工之妙，都是对现实的一种魔幻性的再构，在《百年孤独》中是人物与家族命运的反复循环（甚至体现为布恩蒂亚家族姓氏的雷同，如阿卡迪奥和奥雷连诺），在《血缘—大家庭》中则是人物肖像无休止的概念化重复，个人性格和命运最终总是消逝于家族谱系强大的寓言故事和历史记忆之中。

幸运或者不幸的是——视乎你的观察角度——从1994年开始，《血缘—大家庭》陆续参加了一系列重要的国际展览，并迅速成为西方对中国当代艺术关注的一个图像焦点，但随之而来的困扰是，展览的增多和日益升温的市场关注带来大量重复性生产和急迫的订件，至少从1998年开始这种局面已经让艺术家感到疲惫和厌倦。剧烈转换的历史场景再次把张晓刚投入需要选择的命运漩涡。

# 五、记忆的悖论

一个叫弗兰茨·卡夫卡的布拉格人以他的小说改变了世界，至少部分改变了世界的性格：荒诞、孤独、诡异、阴郁、踌躇、虚无和无所适从开始与现代人的生活息息相关，卡夫卡没有给记忆留下任何空间，他的世界是没有根据的世界，是只有现在没有过去的存在（寻找城堡的 K 先生和莫名其妙被审判的 K 先生一样，都是只与"现在"事件相关的存在代码）。半个世纪后，另一个深谙卡夫卡真谛的布拉格人米兰·昆德拉重拾记忆这样一个重要的存在性主题，不过在他的小说里记忆总是与遗忘形影不离，它描绘了一种更深层次的荒诞：记忆其实不过是人的一种生存赌注，记忆和遗忘最终都不过是一场场不大不小的生命玩笑，所以昆德拉说："回忆不是对遗忘的否定，回忆是遗忘的一种形式。"[10] 在"记忆与失忆"的悖论性关系中，空间压缩了时间，人的意识因此丧失了纵深感和方位感，它体现为"失重"和"眩晕"。

1999 年张晓刚由成都来到首都北京，这种迁徙源于偶然的家庭离异，却导致了他艺术视野和境遇的另一次转向，就像为寻找城堡而背井离乡的 K 先生，这种空间迁徙的意义既是物理上的更是心理上的。二十一世纪的北京作为一个已高度密集的中心城市，容纳和消化着来自全国甚至全球的人口和信息，它像是一个巨大的压缩机器，搅拌、榨干和浓缩了来自全球的地域差异，使时间和空间无可挽回地扁平化。对张晓刚而言，迁徙不再是简单地从一地移居到另一地，而是由有根之地走向无根之地，由有记忆的空间走向失却记忆的空间，直到今天他仍然必须每年返回成都、昆明，以缓解和抵御这种生存空间的扁平化对心理的巨大压迫感，而有的艺术家，如他的朋友毛旭辉就由于无法承受这种压力而在尝试了这种短暂迁徙后又选择了返乡之路。现在，记忆问题由历史转移到了日常生活，由集体经验转向碎片化的个人经验，它最显著的后果就是：记忆被眩晕的感觉代替。

对时间和记忆的再发现是最重要的现代性事件之一，这不是说它与历史上关于时间和记忆的思考有什么根本区别，它们都是关于人自身存在的根本性思考的维度之一，不过在没有信仰的时代，这种思考被赋予了更为复杂的心理意义。在二十世纪，如果说，这种思考首先来源于尼采对希腊酒神的追忆和"永劫回归"的历史观，但他把记忆寄托在超人身上，就既肯定了脱离神学主体的历史束缚后的个人，又保留了个人英雄主义的集体品质，而在爱尔兰作家乔伊斯和法国

图 16 《我的女儿 1 号》，张晓刚，2000 年，布面油画，40cm×50cm，图片由艺术家提供

作家普鲁斯特的小说里，记忆就完全成为个人的私享权利。在失去了对神的历史性依赖后，人只有通过个人化的记忆获得自我确认的机会，但记忆的弥散性、偶发性和碎片化特征又使得这种确定显得那么不可信赖。

到北京后不久，他画了《我的女儿 1 号》（图 16），这张只有 40 厘米 ×50 厘米的作品以他女儿欢欢为模特，除了它所流露出的思女（也是思乡）之情，在这幅作品中我们可以看到一些明显的图像变化，原来作品中的家庭和意识形态道具完全褪去，仿佛"历史慢慢被抹掉"，集体状态的人已转向个体状态的人，类型化的人被差异性的人所替代，人的肖像回到人自身。接下来他又画了几幅同类性质的肖像，在这类肖像里，《血缘—大家庭》中稳定的图像结构已不复存在，新的感觉"失重"和"眩晕"成为画面的中心意象，为了强调这种在"失忆"与"记忆"

之间混乱的纠结感觉，他甚至画了一系列闭眼的肖像（《失忆与记忆 6 号》，图 17）。这组作品开启了被他称为《失忆与记忆》系列的阶段。这些尺寸不大的肖像很显然是里希特式的，它们不仅从图像来源上彻底摆脱了《血缘—大家庭》的合影模式，而且在技法的处理上也发生了明显的变化，电影镜头般的瞬间感代替了照片图像的稳定感：头像充斥画面但构图位置却越来越失去重心，肖像的五官轮廓以及它们与背景之间浅焦距的镜头感造成的模糊效果也愈加突出，唯一加重了的是人物眼神的凝视特征，在他看来这一切改变都是为了凸显人的"失重"和"眩晕"。这组作品像是在里希特的朦胧技法与米兰·昆德拉的眩晕观念之间架起的一道视觉桥梁，"眩晕"是理解现代人的一把钥匙，是现代人一种无法逃避的基本感觉，它是一种时空的错位，是人失却了理解自己生存意义的基座后的一种虚无处境，昆德拉说："眩晕是沉醉于自身的软弱之中。意识到自己的软弱，却并不去抗争，反而自暴自弃。人一旦迷醉于自身的软弱，便会一味软弱下去，会在众人的目光下倒在街头，倒在地上，倒在比地面更低的地方。"[11]

图17 《失忆与记忆6号》，张晓刚，2004年，布面油画，200cm×250cm，图片由艺术家提供

到了2003年，张晓刚对肖像的兴趣发生了一次与"记忆"有关的逆转，他开始重画1997年《手记》系列中一批以物为题材的草稿，他说他花了十年时间才找到以油画方式表现这些"物"的感觉和方式，很显然，现在表现这些"物"有难度是因为它们不再是十年前单纯的象征之物，它们现在是必须承载记忆的"心性之物"，是凡·高笔下那双具有"无蔽"特征的皮靴。[12]他反复以细腻甚至有些生涩的笔触修饰画面物品的光影和造型，使那些突兀的灯泡、沉寂的老式电视、阴影下的笔记、钢笔和翻覆的墨汁，甚至阴暗角落里沮丧的灭蚊器，看起来更像是一帧帧早期默片里的柔焦镜头。这组作品色彩调性明显趋向单一，早期表现主义电影的光影效果和伯格曼式的叙事方式为这批以物为对象的作品带来了一种诡异而神性的意象，也使它们成为"具有魔力的物品"。[13]电影对张晓刚艺术的影响也许是一个需要专门论述的课题，这种影响在"幽灵"系列的一些构图中已经初现端倪，而《手记》系列中《手记1号：1999页如是说》的诡异光影和神秘情绪就直接来源于让－雅克·阿诺的电影《玫瑰之名》。在张晓刚感兴趣的片单里，我们可以看到他对早期印象主义、表现主义、超现实主义直到各种新浪潮电影的广泛兴趣：让·雷诺阿的《游戏规则》、维内的《卡里加里博士》、茂瑙的《吸血鬼》、希区柯克的《蝴蝶梦》和《迷魂记》、布努艾尔的《一条安达鲁狗》、德莱叶的《圣女贞德的受难》、伯格曼的《第七封印》、布列松的《上帝之手》、费里尼的《八部半》、戈达尔的《精疲力尽》、雷奈的《去年在马里昂巴德》、贝托鲁奇的《巴黎最后的探戈》、安东尼奥尼的《云上的日子》、安哲罗普洛斯的《哭泣的草原》、让－雅克·阿诺的《玫瑰之名》、波兰斯基的《荒岛惊魂》、基耶斯洛夫斯基的"红白蓝三部曲"、塔可夫斯基的《乡愁》、小津安二郎的《东京物语》、黑泽明的《罗生门》、赫尔佐格的《哭泣的石头》、哈内克的《白丝带》。很显然，这些电影有着某种共同的美学趣味和性格，如

深度性的心理叙事方式、阴郁神秘的影像风格以及通过场景调度揭示复杂人性的镜头技巧，而这些都是张晓刚希望捕捉和带入画面的视觉元素。

这种对电影镜头的迷恋在 2006 年由人和物转移到"风景"。2006 年开始的《里和外》系列和 2008 年开始的《绿墙》系列将"失忆与记忆"这一主题重新带回到公共记忆世界与私人记忆的关系之中。对于这种返回，张晓刚称之为重新寻找光的感觉，"这个时候，'失忆与记忆'又把这个东西变成光的感觉了，从印迹变回光的感觉了。所以，后来我就在画面上来回寻找两种不同的感觉：一种是图像表面的光的感觉，半透明的；一种是图像印迹的感觉，就是图像被腐蚀后的感觉，这个特别像一个电影的镜头"。[14]《里和外》系列中的"外"大多取材自二十世纪五六十年代中国画报上刊登的革命时代的风景照片，"里"则来自艺术家父母居所房间的照片（《里和外 4 号》《里和外 5 号》，2006），它们寓意着公共记忆与私人记忆的不同形态，如果说家庭照还是某种相对中立的记忆媒介，至少被摄者主观动机是保留自己"当下"的"印迹"，它的那些意识形态证物——服装、发型、徽章、袖标——都是这些动机的附属物，那么，五六十年代宣传性图像就是主动的、干预性的意识形态语词，作为一种强迫性的国家记忆，这些图像既凝固着某种"真实"，又是一种具有高度遮蔽功能的"不真实"，张晓刚对这些记忆性图像的再造既是一种重现，也是一种怀疑。在画面上这两种不同形态的空间都被艺术家处理成为空镜头的"风景"，像是被抽空了时间的静物。原野上孤耸的旗帜、村公所前阴郁的高音喇叭、静谧而咆哮着的大坝与空寂的房间像是一组组被剪辑过的蒙太奇镜头。《绿墙》系列以更敏锐、更微观的方式将"绿墙"这一特定时代家庭空间的意识形态"印迹"引入画面，作为联系公共记忆与私人记忆的一种视觉媒介。据说这种 1.2 米高的室内墙线装修手法来自冷战时期的东欧，它既是一种普通的家庭室内装饰标准，也是一种由国家提供的集体主义的美学规范，在特定时代人们似乎在这种装饰环境中才能获得某种虚幻的安全感，美学与秩序在"绿墙"这一微景观中得到了高度统一。在《绿墙》系列中，张晓刚对这种旧时代的空间记忆进行了明显的超现实主义的心理化处理，突出了它们所具有的冷战时代冷

图18 《有婴儿的风景》，张晓刚，2008年，布面油画，250cm×300mm，图片由艺术家提供

漠、灰暗的光影效果，这些都进一步使"记忆与失忆"这一悖论性主题进入某种临界状态（《绿墙：风景与电视》《绿墙：两张单人床》《绿墙：军大衣》《绿墙：白色的床》，2008）。"临界"是一个迷人的概念，它是在真实与梦幻、失忆与记忆、徘徊与超越甚至生与死之间的中间状态，临界使人和现实多了一种解读的可能性，而"绿墙"则是张晓刚为这种临界状态寻找到的一种视觉象征"印迹"，就像他早年作品中的白色布单成为"幽灵"的象征物一样，在以后的一系列架上油画和多媒体空间作品中，这一记忆"印迹"始终没有褪去。

在"记忆与失忆"系列中，最令人震撼的作品是2008年创作的《有婴儿的风景》（图18），这件作品采用了超广镜头的构图方法，将一片广漠无垠的田野定格在一种没有时间的维度之中，画面中央侧卧的红色婴儿加剧了空间的魔幻色彩，《血缘—大家庭》系列中浅焦距柔焦镜头在这里被大景深深焦距镜头所代替，这种镜头感很容易让人联

图19 《车窗：红梅》，张晓刚，2010年，布面油画，140cm×220cm，图片由艺术家提供

想起安哲罗普洛斯在《哭泣的草原》中令人窒息的缓慢摇移的长镜头，这种史诗性的叙事方式并不在于构造某种历史诗意，而是在凸显被展开的空间与被压缩的时间之间的心理冲突，这种辩证图像在2010年的《车窗》系列中衍生成一种更为微观的生活场景。按艺术家后来的自述，创作《车窗》系列的动机是想打破"里和外"这种生硬的图像关系，而提供一种对里与外、静止的空间与运动的时间之间的辩证思考，在这些作品中[《车窗：红梅》（图19）、《车窗：青松》《车窗：学校》，2010]，车厢里的人和物与窗外飞逝的景和事都诡异地呈现出某种静止状态，"失

忆"和"眩晕"仿佛被时间定格成为一种无法描述的"过去",关于过去的所有记忆都悬置、凝固在这种飞逝的运动中,它们既不属于现在,也不属于未来,就像萨特在分析福克纳的世界时说的那句话:"车子在他们往后瞧的时候把他们开走了。"[15]

在如何将记忆转换成一种绘画性的视觉图像上,张晓刚经历了三个不同的阶段和三种不同的模式:在"深渊时期"(1984—1991年)他主要借助神话和历史符号的象征意象,在"血缘时期"(1992—1999年)他主要借助对家庭照片的同质化修饰,而在"追忆时期"(2000年至今)他更多是采取一种内观性的知觉形式来叙述在记忆与遗忘间那种复杂的心理纠结。在接下来的实验中,他将涉足图像与媒介、图像与文字(词语)、绘画与书写等一系列更为复杂的视觉领域。

# 六、记忆的景观

2005年,一个偶然的展览使张晓刚对记忆问题的思考与另一种影像媒介结合了起来。"柏拉图和它的七种精灵"是一次关于媒介实验的展览,它的策划人要求参展艺术家以他们不熟悉的媒介进行创作,以体现艺术家跨界思考的能力,张晓刚被指定以照片方式进行创作,这给了他一次走出绘画进行多媒介实验的机会,这次实验与1992年那次使用现成图片的实验也许具有同样重要的意义。

张晓刚的参展作品原名叫《书写的记忆》,正式展出时定名为《描述》(图20),共16幅,它是艺术家以随机方式拍摄并加以书写完成的图片作品,图片素材包括老电影和纪录片的电视影像截屏、父母居室和笔记本。"描述"指构成作品的两种叙事方式,一种是图像的叙事,一种是文字书写的叙事,这两种不同描述方式的并置在张晓刚看来实现了他长期以来的一个愿望,那就是,他希望他的作品不仅应该诉诸"观看",也应诉诸"阅读"。如前所述,书写一直是张晓刚在画面上表现的第二"图像",因为在他看来,和色彩、造型及笔触比较,自动书写能更直接传达作者的当下感觉和情绪,这种思考是否来自对中国书法的体悟我们不得而知,但他对书写的痴迷的确与他一再强调的"内省性""封闭性"和"私密性"的自我感受有关。这组作品的书写内容包括杜

图20 《描述：2005—18》，张晓刚，2005年，彩色照片、白色签字笔，40cm×50cm，图片由艺术家提供

拉斯小说片断、《尼金斯基日记》等作品文本，艺术家自己的日记和各种流行音乐简谱，他说图像描述更多是一种公共记忆，而文字描述更多的是与私密经验相关的个体记忆，他力图以这种方式凸显个人记忆对公共记忆的某种抵抗，这种书写也许和昆德拉的小说具有相同的性质："历史记录写的是社会的历史，而非人的历史。所以我的小说讲的那些历史事件经常是被历史记录所遗忘了的。"[16] 在以前的作品中，书写这种私密性的"图像"往往是作为绘画性的一种偶然的辅助手段而存在于画面中，目的在于增加画面的趣味，但在《描述》中书写成为脱离绘画的另一种"记忆图像"，在这里，图像与文字（语词）的关系既不是传统的能指与所指的对应关系，也不是马格利特式的相互否定的紧张关系，它们更像是两种图像间既相互说明又互相覆盖的悖论关系。由绘画幻象到照片图像，由间接书写到直接书写，这不仅仅是风格和媒介的改变，也是某种视觉方式的改变，对张晓刚而言，这是跨越性的一步。

贡布里希说："如果我们失去（对过去的）记忆，我们便失去了为我们文化提供深度和实质的维度。"[17] 如果说，艺术捕捉记忆的努力在过去主要是通过绘画符号完成的，那么现在这种捕捉却面临着空前的挑战，我们的思想越来越多地遭遇到各种相对主义观念的侵蚀，我们的当下生活感觉和经验越来越碎片化，在现在与过去之间似乎已不存在任何逻辑上的线性联系，一切都高度无序和庞杂，"景观社会"（居伊·德波）重塑了人们的记忆经验，一切图像记录都表征化和符号化，观看被内在地建构成一种"瞬间"的行为，仿佛只有"瞬间"才是绝对的时间。张晓刚的《描述》也许"描述"的正是这样一场有关记忆的心理危机。这组作品先以电视影像截屏的方式使时间定格为某种稍纵即逝的"瞬间"，以提示这种表象性记忆方式的危险，接着使用书写抵御复制图像对深度记忆的干扰，它们使记忆叙事在一种悖论性的关系中展开，这也许是一个连他自己也没有完全意识到的冒险，尽管这种以书写抵

图 21　"史记：张晓刚个展"展览现场，2009 年，图片由艺术家提供

抗复制图像的努力在很大程度上是徒劳的。

　　如果说《描述》系列把张晓刚从纯粹绘画的禁锢中解放出来，那么，接下来的各种媒介形态的实验就都变得容易理解了。2008年开始，张晓刚创作了一批以《记忆与失忆》系列和《绿墙》系列中的图像元素和空间元素为素材的铜质雕塑和不锈钢板绘画，如书房、客厅、洗手间、餐厅、卧室、婴儿房、浴室、沙发、钢笔、灯泡、笔记本、墨水瓶、蜡烛，这批作品完整参加了 2009 年以"史记"为名的大型个展（图 21），它们与展览现场 60 块嵌入个人物品的砖块和两堵巨大的水泥幕墙构成了一个巨大的、虚拟化的记忆景观，张晓刚在现场以银色签字笔在不锈钢镜面、幕墙和雕塑上直接书写和抄录他的个人日记，希望给展厅中所有物件（或作品）

都印上张晓刚式的"独白"痕迹，但很显然，这种现场书写已不再是真正意义上的私人化书写，所以，这种书写本身实际上也变成一种景观行为，而展览空间也成为一个似是而非的"异托邦"[18]。

　　2010 年他在"16：9"展上再次展示了这种记忆景观，这次展览主要展出了以"天堂"和"车窗"为主题的两组系列作品，在准备展览期间，艺术家连续遭遇一场重大的心脏疾病和母亲的去世，这使展览宿命性地将记忆问题与生命这个主题有机地联系起来，关于张晓刚的记忆故事也好像回到了那个悲怆的开始。展览中的架上作品是以电视屏幕的标准比例制作，展览策划人这样解释了这个尺寸："16：9 是一种现时比较流行的电影、电脑和电视机屏幕尺寸，我们俗称

图22 《无法衡量》，张晓刚，2010年，不锈钢板、玻璃钢、油彩、丙烯、银色签字笔，140cm×220cm，图片由艺术家提供

图23 《天堂》，张晓刚，2010年，玻璃钢、银色签字笔，215cm×162cm×86cm，图片由艺术家提供

'宽银幕'。16∶9是今天我们看待世界的视觉角度和位置，我们越来越依赖这样的方式和尺寸去感知世界。张晓刚象征性地把他的记忆、现实和经验明确在今天这个角度和位置。"[19]这个展览除了展出张晓刚以这种新的"视觉感知方式"创作的布上油画外（如上面提及的《车窗》系列），还展出了他新创作的一批不锈钢钢板上的浅浮雕绘画，它们都没有超出《记忆与失忆》系列和《绿墙》系列的题材范围，但表达的情绪却有了明显的变化。《青松与药瓶》《母亲的灵魂》都是以他父母的房间为背景，插花和青松表达了他对母亲去世的哀悼，但灯泡、半导体收音机、药片和药瓶却将场景重新带回到个体化的记忆时空之中。《无法衡量》（图22）更像是一首关于生命的挽歌，不锈钢画面中央躺卧在磅秤上的绿色婴儿可以让我们的记忆镜头闪回到《创世篇》中的红色婴儿或黄色婴儿身上，但空荡的背景传达的意象却是极度冷酷而虚幻的，背景墙面抄录了匈

牙利作曲家鲁兰斯·查理斯那首令无数人自杀的"绝世"之作《黑色星期天》（Gloomy Sunday）的歌词，更加剧了作品这种哀伤和宿命的调性。展览的高潮和核心作品是展览大厅的场景性装置作品《天堂》（图23），它是一个放大版的"绿墙"卧室，四周的绿墙和中央孤立的双人床铺使展览大厅静穆得像间灵堂，低垂至床榻的灯泡和写在地面与床上的无名书信像是天堂与人间的窃窃私语。我认为，这个展览结束了张晓刚的"记忆与失忆"时期，它也像是艺术家为他的"记忆之宫"所建筑的最后一座殿堂。

摆脱绘画固然使对记忆的描述获得了更为自由的空间，但视觉媒介的这种变化，无论是照片图像、电影光影、电视截屏还是

雕塑、装置，似乎都无法真正替代张晓刚熟悉的那种在画布上的"内心独白"，所以，不久之后，张晓刚又重新回到了绘画。2013年，为了准备他在纽约的代理画廊为他主办的一个雕塑个展，他再次将绘画延伸到了雕塑。这组铜制胸像雕塑大多来自《血缘—大家庭》系列和《记忆与失忆》系列中的肖像，作为一种艺术衍生产品，它们本来不应该再次进入我们讲述的记忆故事之中，但张晓刚对这批胸像雕塑的绘画性改造似乎使故事延伸到了另一个有趣的方位。按张晓刚的描述，为雕塑着色的想法几乎来自对这个雕塑展的某种逆反心理，在他看来，雕像抹去了绘画肖像的丰富性，使肖像成为凝固的、没有生命的产品符号，所以，他希望以"破坏"的方式重新改造雕像，以使它恢复肖像原有的生动性和表现力。开始，张晓刚只是企图以单色形式改变雕像的材质底色，最后这种改造衍生成为直接在雕像上进行绘制。在纽约曼哈顿24街的工作室，他发现一些含蜡而且可以凝固的快干颜料，这使他很快找到了在雕像表面进行绘画的感觉。就这样，在不长的时间内他完成了一批几乎与他画面相似的雕像绘画或绘画雕像，它们与他的布

上肖像有着相同的色彩质感、相同的明暗和光影、相同的呆滞眼神，甚至相同的光斑，但在我看来，它们永远都不可能恢复原作品的生动性，更不用说"灵光"，因为它们不仅是不同生产语境中的产物，而且是不同性质的艺术产品，它们之间的差异是独白个性与消费共性的差异，是象征性的意义与表征性的无意义的差异，是内在心性与外在景观的差异，而雕像表面的绘画无法改变这种差异。

## 七、记忆何为

着色雕像根据艺术家的本意也许在于以绘画性挑战雕塑性，以非复制性抵抗复制性，但这组甚至来不及命名的作品在纽约佩斯的个展还未结束时就被订购一空，这是对艺术家创造性实验的奖赏，还是因为它正好契合了纽约中产阶级的古怪趣味，我们不得而知。但有一个可以确认的事实是，艺术已成为我们面前的景观社会的最为有机的部分。现在，艺术家在工作室中为自己作品设定的象征意义和美学态度与它在市场和消费群体中的商品身份毫不相涉，作为商品，它的原始意义已经变得越来越没有意义，甚

至讲述艺术故事、制造艺术家神话的工作也许也只具有实现艺术品市场价值的辅助效应，事实上，我在撰写这篇文章时，就一直在为自己正在扮演这样的角色而忐忑不安。

消费时代对艺术的祛魅功能已使所有作品都成为"刚刚从流水线上下来的"的符号，[20] 旧时代所有关于艺术神圣意义的描述都已变得虚无、空洞和矫情，现在艺术品只有在资本主义的市场神话、时尚神话和传媒神话中才能真正完成它们的正常运转。景观社会最终消弭了艺术品的"灵光"，它也必将最终导致记忆问题的丧失，景观的膨胀容不下记忆和未来，人仿佛丧失了过去和未来而成为悬置着的"当下"，残存的记忆也许只能是一种变异性的、无法粘连的、碎片化的"冷记忆"（鲍德里亚）。当记忆和关于记忆的艺术也变成一种即时性的消费符号，当艺术家必然按照市场逻辑、中产阶层的时尚趣味和大众传媒的舆论导向调整自己的工作方向、修正自己的产品模式和产品数量时，艺术就真正成了一件流水线上的产品，现在，甚至连唯一能够维护艺术"灵光"的力量也来自市场。

这样的场景也正好是张晓刚艺术面临的处境，在市场上的成功不仅改变了他的生活，也使他那些内心独白式的艺术拥有了日益广大的受众，批量化的订件生产直接改变了原来潜藏在图像中的底层意义：那些关于记忆的忧郁绘画现在变成中产阶级广泛欣赏和收藏的时尚图像，它和现代主义的命运一样，孤寂冷傲的品行最终只能被视为一种矫情的消费游戏。

自从 2006 年纽约苏富比拍卖张晓刚作品以突破千万元的价格成交以后，他作品的拍卖纪录一路飙升，下面是张晓刚作品拍卖价不断攀升的两项纪录：

张晓刚《血缘：大家庭 2 号》，1994 年作，成交价：6562 万港元（香港苏富比 2011 年秋拍卖行）。

张晓刚《生生息息之爱》，1988 年作，成交价：7906 万港元（香港苏富比 2011 年春拍卖行）。

在本文行文期间，2014 年 4 月 5 日，中国清明节当晚 21 点 15 分，在香港苏富比举行的"现当代亚洲艺术晚间拍卖"上，张晓刚作品的拍卖纪录再次刷新，1995 年威尼斯双年展的参展作品之一的《血缘—大家庭 3 号》以 5000 万起拍，最终以 8300 万落槌，含佣金成交价为 9420 万港元。机敏的专栏作家俏皮地把这个清明节和这幅画的题材联系起来，称它"现在成为了中国迄今为止最贵的家庭记忆文本"。[21] 这种由景观社会营造的艺术盛宴，也同时预示着张晓刚记忆之宫的没落。当消费逻辑营造的虚幻世界正变成一个巨大得足以吞噬任何个人主义的仿真机器时，张晓刚艺术的价值除了体现为一次次高举的拍卖价格和一件件越来越受到中产阶层趣味追捧的产品，还能体现为什么？在我们这个时代，一座孤独的个人主义迷宫的坍塌命运也许是不可逆的，因为后现代批评家告诉我们：艺术其实不过是一次次的"会面状态"。[22]

现在我们终于可以看到，三十年来张晓刚为自己营造的记忆之宫其实不过是一座封闭、自治和自然状态的现代主义堡垒，它一度复杂而坚固，恪守着艺术至上和个人主义的原则，拒绝各种观念主义的挑战，排斥着一切非艺术形式的干扰，甚至恐惧各种激进的前卫主义实验，用他自己引以为傲的话说，他是一个"内心独白"式的画家，但是，现在消费和信息改变了一切，本雅明寓言中那个被机械复制时代撕裂的伤口越来越大，"灵光"的消失被"灵光"的复制所取代，在这样的时代场景中，张晓刚坚守的象征性美学原则现在不仅无法维系表达记忆这个深度主题所需要的足够的话语空间，也越来越不适应不断变幻的景观性空间，他的艺术和所有现代主义艺术一样，最终都会演变成为一场无法谢幕的悲喜剧，在景观社会的景观中恰如其分地扮演属于自己的角色，这个历史命运的根源是：现代主义根本无法兑现它的任何一项关于进步的历史承诺，所以它干脆放弃这种弥赛亚式的乌托邦神话，而将艺术家抛入时尚和市场的大海，任其沉浮。

张晓刚属于伯瑞奥德笔下"在过往现代性的余波中进行创作的艺术家"，[23] 在由后现代和消费主义重组的艺术世界中，他努力微调着自己的内心与这个世界的巨大差距，以便"学着在这世界中活得好点"。[24] 对我而言，讲述张晓刚的艺术故事也就是检讨现代主义艺术在中国的成功或失败，检讨在一个浓缩和变异版本的现代主义艺术史中，中国人得到了什么，又失去了什么，也许仅此而已。

2014 年 6 月 9 日

**注释:**

[1]原文载黄专主编,《张晓刚:作品、文献与研究 1981—2014》,成都:四川美术出版社,2016 年,第 20—37 页。标题为主编略做改动,原标题为《记忆的迷宫》。——编者注

[2]马丁·海德格尔,《艺术作品的本源》,载《林中路》,孙周兴译,上海:上海译文出版社,2004 年,第 65 页。

[3]当时张晓刚误以为"mistake"兼有"偶然"和"错误"两种含义。

[4]苏珊·桑塔格,《疾病的隐喻》,程巍译,上海:上海译文出版社,2003 年,第 14 页。

[5]张晓刚,《幽灵的自白》,载《艺术家文摘——深度体验与精神批判》,1994 年,第 330 页。

[6]赫伯特·里德,《现代绘画简史》,刘萍君译,上海:上海人民美术出版社,1979 年,第 34 页。

[7]约翰·拉塞尔,《现代艺术的意义》,常宁生译,北京:中国人民大学出版社,2003 年,第 55 页。

[8]赫伯特·里德,《现代绘画简史》,第 73 页。

[9]张晓刚,《张晓刚:作品、文献与研究 1981—2014》,2013 年 9 月 17 日编辑会议记录(未刊稿)。

[10]米兰·昆德拉,《被背叛的遗嘱》,余中先译,上海:上海译文出版社,2003 年,第 40 页。

[11]米兰·昆德拉,《小说的艺术》,董强译,上海:上海译文出版社,2004 年,第 133 页。

[12]马丁·海德格尔,《艺术作品的本源》,第 1—76 页。

[13]米兰·昆德拉,《小说的艺术》,第 166 页。

[14]张晓刚,《张晓刚:作品、文献与研究 1981—2014》,2013 年 9 月 17 日编辑会议记录(未刊稿)。

[15]让-保罗·萨特,《福克纳小说中的时间:〈喧哗与骚动〉》,载《福克纳评论集》,李文俊译,北京:中国社会科学出版社,1980 年,第 64 页。

[16]米兰·昆德拉,《小说的艺术》,第 47 页。

[17]恩斯特·贡布里希,《艺术与人文科学的交汇》,载范景中编选,《艺术与人文科学——贡布里希文选》,杭州:浙江摄影出版社,1989 年,第 2 页。

[18]福柯在《另类空间》中这样定义他的"异托邦"概念:"乌托邦是没有真实场所的地方。这些是同社会的真实空间保持直接或颠倒类似的总的关系的地方。这是完美的社会本身或是社会的反面,但无论如何,这些乌托邦从根本上说是一些不真实的空间。……我认为在乌托邦与这些完全不一样的场所,即异托邦中间,可能存在一种混合的、中间的经验,可能是镜子。镜子毕竟是一个乌托邦,因为这是一个没有场所的场所。在镜子中,我看到自己在那里,而那里却没有我,在一个事实上展于外表后面的不真实的空间中,我在我没有在的那边,一种阴影给我带来了自己的可见性,使我能够在那边看到我自己,而我并非在那边:镜子的乌托邦。但是在镜子确实存在的范围内,在我占据的地方,镜子有一种反作用的范围内,这也是一个异托邦;正是从镜子开始,我发现自己并不在我所在的地方,因为我在那边看到了自己。从这个可以说由镜子另一端的虚拟的空间深处投向我的目光开始,我回到了自己这里,开始把目光投向我自己,并在我身处的地方重新构成自己;镜子像异托邦一样发挥作用,因为当我照镜子时,镜子使我所占据的地方既绝对真实,同围绕该地方的整个空间接触,同时又绝对不真实,因为为了使自己被感觉到,它必须通过这个虚拟的、在那边的空间点。"(福柯:《另类空间》,王喆译,载《世界哲学》,2006 年第 6 期,第 54 页。)张晓刚这一时期的不锈钢镜面绘画就具有这种"异托邦"的典型特征。

[19]冷林,《张晓刚:"16:9"展览画册·序》,2010 年,第 1 页。

[20]让·鲍德里亚,《消费社会》,刘成富、全志钢译,南京:南京大学出版社,2008 年,第 107 页。

[21]孙琳琳,《9420 万港元:清明节最贵的中国家庭记忆》,载《新周刊》,2014 年 4 月 6 日。

[22]尼古拉斯·伯瑞奥德,《关系美学》,黄建宏译,北京:金城出版社,2013 年,第 1—21 页。

[23]同上。

[24]同上。

# 用艺术完成的祭祀 [1]

在生活中, 秦晋是个循规蹈矩的乖女, 她把她的另一面: 叛逆、敏感和激情留给了艺术, 她用火烧毁她母亲留下的衣柜和衣服, 以这种她认为神圣的方式祭奠她母亲的亡灵; 她用熨斗一遍遍熨平自己的衣服直到它变成焦灼枯萎的记忆; 她还喜欢把绘画变成一种时间性的苦役, 无论素描、涂鸦还是行为绘画。但她的艺术探讨得更多的还是危险与安全之间那道微妙的心理边界, 温情而绝望的《婚纱》、杀机四伏的《摇摇椅》、大厦上晃动的《秋千》、"爱丽丝"般神话和噩梦交织的《最后的晚餐》(图1) ……营造不安仿佛是秦晋的最大爱好, 她给几乎所有完整、浪漫、舒适的事和物都赋予了某种暴力、残缺和不安的品性, 仿佛残缺和不安是她理解这个世界最好的心理状态。下面这段贝克特式的对话 [2] 反映了这种焦虑和不安的荒诞本质:

mini1 问: 你是谁? 我不认识你。
mini2 回答: 我是 mini。
mini1 问: 你想怎样?

mini2 回答: 我要了解你。
mini1 问: 你如何了解我?
mini2 回答: 我来找你, 你一个人, 站在广场中间, 不要离开, 有一个人会迎面向你走来……
mini1 问: 现在是什么时间?
mini2 回答: 我不知道。
mini1 问: 我在什么地方?
mini2 回答: 在一个房间里, 有两盏灯开着。
mini1 问: 是夜晚吗?
mini2 回答: 不, 这是一个叫 1623 的酒店空间。

这种时空错乱正是由卡夫卡的小说提示出来的那种现代人的基本感觉, 而现代人的所有不安和焦虑正来源于脱离信仰世界后的混乱、晃荡和失控, 秦晋以她的个人经历描绘过这种不安和焦虑: "没有长大意味着可以有一种特权, 那就是比较散漫地对待所能认识的那部分世界, 现在看来那种散漫应是始于人生观还没有形成……可是随着长大, 随着获得自己掌控自己生活的权力日

图1 《最后的晚餐》，秦晋，2006年，摄影，尺寸可变，图片由艺术家提供

渐增多，这种安全屏障渐渐消失……自我的空间即将这样造筑起来，问题和疑惑也纷纭而至……因为现在这个时代，一切温情都显得那么不合时宜……一个人总是随身携带着死亡来生活，他（才能）活得更坚决、无惧和勇猛。"[3]

如果说体验不安、营造不安只是秦晋认识世界的一种方式，那么绝望地控制不安则为她的艺术带来了更大的心理魅力。深入研究过秦晋的批评家凯伦·史密斯（Karen Smith）曾描述过秦晋作品中营造不安和控制不安的悖论特质："秦晋的很多创作方式，都与控制有关，控制存在和消亡的、控制活的和死掉的……艺术家将物品带到彻底摧毁的边缘，但又施加控制，将它们从毁灭途中救回：这位艺术家——秦晋，是统治领域的大祭司。"[4] 正是控制不安的企图催生了

秦晋艺术的第三个维度：祭祀。祭祀在前理性社会曾是人们在神话和超自然力量控制下寻求安全的一种集体化仪式，它通常是通过仪式化的暴力、血腥场面来释放人对神祇既恐惧又依赖的背反要求，寻求安宁的欲望在现代社会中被赋予了更为复杂的内容，人在被神的世界放逐和抛弃后甚至丧失了通过祭祀获取安宁的心理权力，神留下的巨大虚空现在需要人自我承担，现代人通过重构神灵（本雅明）、追寻记忆（普鲁斯特）、编织迷宫（博尔赫斯）、探索诗性（海德格尔）甚至诅咒历史（后现代）去寻求失去神灵后的安宁，但所有努力似乎都没有使现代人摆脱昆德拉（Milan Kundera）笔下的那种"悲凉感"，或者说"快乐注入悲凉之中"的那种不安感。

秦晋的诸多作品也是现代人寻求安宁

图 2 《白沫》展览现场，2015 年，图片由艺术家提供

努力中的一种，但直到《白沫》（图 2）她才似乎把营造不安和控制不安所需要的所有能量聚集起来，用影像完成了一次对个体生命的完整祭祀。这部长度不足 40 分钟的多屏影像作品耗去了秦晋近三年的时间，不过从最后呈现给我们的效果来看，这个时间似乎是合理的。这部近似自传的作品描述的是一个有关祖孙三代的轮回故事，老人、青年与儿童构成了一个隐喻性的时间结构，它们由一些既密切关联又似乎毫无交结的温情场景和记忆片断构成，除了女儿的旁白表明了这个故事的第一人称外，三代人物间的复杂情感和关系都是通过各种寓言图像和空间符号的组合完成的（如寓意生命无常的海浪、飞蛾和寓意安宁、死亡的床榻）。它的镜像编写方式是反叙事和碎片化的，三位主角的故事以三视频同步方式放映，构成了一种幻影式的时间蒙太奇，也成为这部作品最独特的镜头特技。故事没有开始和结尾，每个镜头单元几乎都是独立的，除了首尾的旁白和最后的音乐，影片节奏缓慢、宁静得像一部默片，当然，它有时也炫技般地用特写刻画皱纹、遗书、飞蛾和泡沫，唯恐拉斐尔前派式的唯美镜头和剧情隐去了它真正的主题。平行或不断闪回、切换的镜头使记忆与失忆的错乱感觉得以呈现，也使作品的空间具有了《去年在马里昂巴德》一样的诡异性。对这部作品而言，"泡沫"这个贯穿作品始终的隐喻意象（海浪、水滴和洗澡液的泡沫）既是唤起记忆的视觉符号，又像是某种灵媒，为这部作品营造了一种无法捉摸、挥之不去的幻灭感。

显然，对时间的非线性描述和对记忆的沉迷并不是这部作品所要讲述的全部故事，它要论证的是一个对艺术家而言更为根本和紧迫的课题，即，什么是真正意义上的控制？记忆、理性、世俗性超越还是某种终极性领悟？作品得出的结论也许有点惊世骇俗，那就是，只有面对衰老和死亡，控制才有可能。与幼年的无知无觉、青春的无惧无畏相比，老年的无欲无求有着更本质的"控制"意义，控制意味着对生命的全部理解和掌握，也意味着一种超越感官和身体的自由，所以，接近死亡也就意味着接近一种根本性的控制，这与孔子"七十而从心所欲不逾矩"的断语不谋而合。也许正是死亡与控制的悖谬关系构成了这部诗性作品的真正主题（事实上，这部作品的英文标题 *When I am Dead* 更直接地点明了这一主题）。秦晋通过讲述这种源于日常性、个人化经验而非神话和宗教的故事，将控制与祭祀这两个一直贯穿她作品的主题有机统一起来，现在，对她而言，艺术就是一种心理性祭祀，它成为引导她进入安宁的唯一真实的途径，一如她自己所言：

> 对迷信的人来说，献祭就是真的。

2015 年 2 月 25 日

注释：

[1] 本文是根据 OCAT 深圳馆于 2014 年 9 月 18 日主办的秦晋与黄专对谈"对迷信的人来说，献祭就是真的：关于秦晋的创作"整理而成，未刊稿。——编者注
[2] mini1 和 mini2 为秦晋。
[3] 秦晋，《创作手记》（未刊稿）。
[4] 凯伦·史密斯，《和你再认识一次》（未刊稿）。

# 苏新平：时间的仪式[1]

关于苏新平艺术的解读已足以积成一部厚重的文集，它几乎涵盖了苏新平的生平、创作和时代，甚至他的每一件作品，这反倒促使我们把这个展览置于艺术最初的位置——对艺术品的观看，因为观看比解释更接近艺术。当然，没有"纯眼"的观看，我们看的同时意味着我们在思，仿佛一个另外的生命通过视觉被活活地植入你的体内并与它发生灵性或生理上的关联，思和看构成了一种既分裂又统一的经验，这是艺术最好或最坏的部分，取决于你从中获得了或失去了什么：它提升了你对世界的理解或是败坏你的艺术品位。这个展览希望通过苏新平的艺术提示一个现代性的图像问题：个人时间与历史时间的关系，即偶然的个人时间与秩序化的历史时间之间的图像张力是如何形成的。这种张力在这个展览中是在时间、象征性和实验性三个维度展开的。

## 一

现代性对人的自然性的剥夺是从时间开始的，恒久的宇宙观念和"日出而作，日落而息"的自然时间随着现代人漂泊不定的世俗生活而消逝，现在与过去、时间与空间处于一种存在论意义上的割裂状态，人被机械时间所驱动，失去了记忆的本能，因此也失去了通过记忆确定自己生存位置和自足性的能力，因此，对个人时间的挽回只有通过追忆来完成，在一个没有时间深度的时代，"记忆可能是现代人的最后一束稻草"。（吴晓东）

苏新平的艺术大多源自关于记忆问题的思考，如果历史是某种整体化的记忆，而记忆不过是大量碎片化的历史，那么苏新平的图像就正好处于两者之间：支撑他作品的基础是那种普遍的、秩序化的公共历史，而他又不断尝试着用个人记忆去冲撞、刺激历史的幽微之处，以抵御吞噬任何个人感知和记忆的巨大的历史黑洞。在苏新平众多人物肖像中我们能看到的只有一种人，即仪式中的人，无论是在某种内在秩序中生活的牧民、牲畜（《眺望》，图 1；《草原人家》，图 2；《无题》之一、之二），还是在物质和资本驱动下躁动的人群（《世纪之塔》）甚至一个祈祷的手势（《肖像》），都被他戏剧化地定格成某种高度紧张的片段，在一个快速的时代里，他尝试着用画面降低这种速度，甚至企图使它们在瞬间凝固起来，就像一种仪式、一个默剧舞台或是一段动态的影像截屏，本雅明曾经谈起艺术品的"灵晕"和仪式的关系："我们知道最早的艺术作品起源于为仪式服务。首先是巫术仪式，其次是宗教仪式。重要的是，同它的灵晕相关的艺术作品的存在从来也不能完全与它的仪式功能分开。换句话说，'本真的'艺术作品的独特价值根植于仪式之中，即根植于它的起源的使用价值之中。"[2] 本雅明还特别强调了"灵晕"是"一种距离的独特现象"。在苏新平的人物或肖像中，我们也可以体会到这种通过凝固时间中的仪式去营造作品"灵晕"的努力（高名潞也曾对苏新平艺术中的"仪式感"进行过深度分析）。最后，这种历史与记忆的冲突被他带入超历史的风景之中，使风景也具有了这种仪式感，在苏新平的画面中，风景既是恒常的又是变动不居的，它们因此具备一种与伯格森心理时间相关的紧

图1 《眺望》，苏新平，1987年，石版，44cm×50.5cm，图片由艺术家提供

图2 《草原人家》，苏新平，1988年，石版，48cm×64cm，图片由艺术家提供

张感。在他的近作中，由素描拼贴组成的巨幅风景尤其体现了这种辩证性，那些由微妙的小幅素描组合而成的巨幅风景是对时间多重性的一种借喻，当然，他也曾经提供这种素描拼贴的另一种方案，即这种拼贴可以是任意和无序的，我们可以将它视为对时间的另一种理解：现代时间的本质是混乱、多维和无法掌控的。

为了给观看苏新平艺术中的这种时间思考提供一个空间，我们有意为展厅营造了一种隧道的意象，它们封闭、幽暗，像一粒时间胶囊，而苏新平的作品则像是在隧道中游走的幽灵，我们有意割裂了作品创作的线性时间，使三十年中苏新平的作品处于某种混合性的时间模式之中，我们希望那些早年的小幅石版画和近期的巨幅风景不仅能给观众带来同样的视觉惊喜，还能让观众像欣赏一部奏鸣曲那样掌握它们的主部、连接部和副部之间的微妙区别，而这种时间中动与静的仪式化运动正是苏新平艺术中最值得我们关注的部分：对万事万物间永恒与瞬间那种辩证性的视觉理解。

## 二

苏新平的艺术也是一种象征性的艺术，他创作的图像世界是对另一个非视觉世界的喻指，普鲁斯特说："没有隐喻就根本没有真正的记忆。"在现代象征主义谱系中，夏凡纳、莫罗、雷东、蒙克创造了一种与古典象征时代完全不同的象征喻体，它不再是与宗教精神匹配的偶像系统，而是梦幻、焦虑、死亡等晦涩的直觉体验相关的意象，这种象征与古典世界象征的根本区别在于，它并不引导我们走进一个意义明确的世界，如希腊诸神、基督或佛的世界，相反，这种象征希望我们的观看走向某种没有明确象征物的世界，一种诡异的心性世界，就像卡夫卡的"城堡"、吴尔芙的"灯塔"或是普鲁斯特的那块"小玛德莱娜蛋糕"。这种象征性内在化的直觉、感性和富于激情，具有某种心理症候的特征，同时，由于这种症候它又具备某种诗性特征。在象征喻体和象征主体间充斥着理性、秩序和与混乱的感知间的张力。象征性艺术在当代的衰落来自神话世界和深度化心性世界的双重消逝，当空间压缩了时间，躁动的欲望世界替代了宁静的超验世界，象征就失去它的二元论基础，借用赫伊津哈对中世纪晚期象征主义艺术所说的那句话，象征现在"已变成一种毫无意义的智力游戏"，而苏新平则坚持将他的艺术图像建立在象征这一古典美学基石之上。

苏新平的隐喻世界是从蒙古草原开始的，对他而言，那本身就是一种寓言和神话，它在想象和现实之间为他提供了一个依靠回忆而构造的稳定的时间秩序。在观看苏新

图3 《宁静的小镇》之二，苏新平，1991 年，石版，52cm×69cm，图片由艺术家提供

图4 《飘动的白云》之一，苏新平，1988 年，石版，52.5cm×65.5cm，图片由艺术家提供

图5 《世纪之塔》，苏新平，1997 年，布面油画，194cm×390cm，图片由艺术家提供

平二十世纪八九十年代早期的石版画时，我们可以体会到一种有力的内在秩序，无论荒芜的房屋、静穆的牧民还是背影的马匹，这种秩序是由那种万物有灵的隐喻神话构成的，在《宁静的小镇》(图3)、《飘动的白云》(图4)、《大荒原》、《行走的男人》、《走向远方的白马》中，这种隐喻通过记忆被再

现出来。而在九十年代中期的作品中，我们能够明显地观察到这种隐喻的失序，随着时间纵深感的消失，思考者再也无法对景观化的表象世界进行深度观察，视觉被一种碎片化的感觉所左右，它意味着一个稳定的隐喻世界的分崩离析，从《回头之马》、《被打碎的镜子》、《漂浮的人》到《欲望之海》、《世

图6 《干杯》34 号，苏新平，2006 年，布面油画，300cm×800cm，图片由艺术家提供

图7 《风景 1》，苏新平，2007 年，布面油画，300cm×1600cm，图片由艺术家提供

纪之塔》（图 5）、《干杯》（图 6），这一失序过程延续了整整八年。在新世纪开始的近期作品中我们则能观察到艺术家克服这种视觉碎片化的努力，为了使深度记忆重新回到艺术家的世界，他开始将喻体转移到风景上，但这时的风景已无法回到早期的宁静，像一种万劫不复的宿命。《风景》（图 7）是一件过渡性作品，像是一个舞台剧的换幕，喧嚣和躁动准备退场，新的剧幕来自被他称为"心象风景"的系列作品中，在延续至今的这个系列中，图像像作品标题一样被高度抽象化，并被赋予一种音乐性的节奏，风景在这里作为一种新的喻体具有另一种启示

性的意义：它们从混沌的火的意象一直到现代人的梦魇幻觉。

我们在展厅中极力营造了一些提示性的意象，以引导观者去窥探画面背后艺术家的心理世界，体会苏新平艺术中的象征特质，在接连四个展厅的通道中我们摘取了艺术家阅读过的一些史诗，如蒙古族史诗《江格尔》、艾略特的《荒原》和吉米·哈利的《万物有灵且美》，这些诗句不是对苏新平艺术的平行解释，而是一种文字性象征意象与图像性象征意象间的相互补充和印证，它们对苏新平艺术的作用就像希腊神话寓言、犹太教的神谕或是保罗·策兰的诗歌对基弗作品

的作用，这个语言的世界与他的图像世界息息相关，它也使苏新平的作品始终处于神话与现实、人文史与自然史、理性与感知世界、语言与图像间的互释状态。

图8 《八个东西3号》，苏新平，2013年，布面油画，300cm×200cm，图片由艺术家提供

## 三

在苏新平的艺术中，个人时间与历史时间的关系不仅体现为内在与外在的抗争，还体现为现在时间中的"我"与过去时间中"我"的循环往复的对话，这种对话赋予苏新平艺术显著的实验特性。《八个东西》（图8）是苏新平"心象风景"的一部分，思考的也是我们开头提到的那个问题：图像如何保存个人记忆与历史深渊之间的张力。在画面上他将这种实验性对话具体为对图像不确定的修订过程，它以"未完成性"来拒绝艺术的成品感和终结概念，对苏新平而言，这一过程是绘画抛弃了所有前提和预设，仅凭感觉和意念的"涂抹"过程，也是现在的"我"与时间的一种对话，它被批评家描述为一种"自动主义"："'东西'是对'对象'和'结果'的一种抽象回答，不能被识别为某种具体之物时，'它'便被命名为'东西'。这'八个

东西'看起来像是前一个阶段风景作品中树木或者烟雾的放大，但它们不是任何实在物，而是'风景'的继续抽象化……《八个东西》变成了没有终点的艺术。这像极了他早年整日埋头在石版工作室创作的情境，只是这一次，连画面上封闭的记忆、远去的白马和自我画像都不复存在，但主体意识却被作为明确的目标而被更加鲜明地提炼出来。"（盛葳）

在第四展厅，我们通过"未完成"的画面、影像、草图甚至绘画过程中遗弃的擦笔纸团来展示这种自动性的实验过程的"痕迹"，

它们不再是时间的"成品",而是时间无法展开的褶皱,因此,在这里,时间也不再作为一种仪式而是作为一种连接过去、现在和未来的"绵延",而这组作品也预示着苏新平艺术不可预知的未来。

在大众图像复制时代,苏新平以绘画顽强地抵御着来自时尚图像的诱惑,远离娱乐和游戏,拒绝平面化、复制性和景观化的图像生产,无论是早期现实主义的人物形象还是近期作品中的半抽象风景,他都极力赋予它们某种心理秩序,他坚持使用象征性手法和"过时"的绘画技术去保存记忆的痕迹,在介于象征主义、表现主义、超现实主义甚至更古老的宗教图像之间,他克服着欲望对思考的挑战,抵抗着历史时间、商品时间对个人时间的吞噬,创造出了一个象征的世界。

2015 年

注释:

[1]原文载黄专主编、汤宇编著,《苏新平:有仪式的风景》,北京:时代华文书局,2016 年;《艺术当代》,2015 年第 10 期,第 50—53 页;《美术大观》,2016 年第 7 期,第 42—47 页。——编者注

[2]本雅明,《机械复制时代的艺术作品》,王才勇译,朱更生校,杭州:浙江摄影出版社,1993 年。——编者注

# 展望：雕塑如何对世界"构形"[1]

在影响我们这个时代的诸多艺术家的作品中，展望的艺术有着以简单材料形态营造复杂问题的特质，他的艺术实验像是一场在感知世界和物理世界间不断寻找平衡的智力游戏，它不断带来惊喜，但却从来不提供清晰的答案，他是少数几位在自己设置的艺术问题中进行独立工作的雕塑家之一。

展望艺术的真正起点是对"太湖石"的思考，但二十年来这个象征母题本身像一个无法确定终点的智力迷宫，理解这个迷宫需要一根阿里阿德涅的线团。《假山石》（图1）是工业复制时代对古典时代的致敬和戏仿，但使用拓制太湖石这种工艺手法本身就不仅仅是一个趣味和形体转换问题，"拓形"也蕴含了一个关于雕塑艺术的更为根本性的思考，即雕塑如何对世界"构形"。正是这个有点形而上学的问题构成了展望艺术的坚实内核，引导他不断剥离出与他个人经验相关的那个逻辑假设：雕塑在当代艺术的形式和本质问题上到底能走多远？他以他的实践发掘着这些问题的各种可能性，但同时又谨慎地使它保持在雕塑这个媒介所能触及的边界之内。

1995年开始的《假山石》带来的是一个悖论性的趣味问题：在工业材料复制的太湖石面前我们面临着双重的视觉挑战，欣赏它和反感它都会令我们感到不安，它以一种我们司空见惯的仿古方式向我们文化的杂种

图1　《假山石125#》，展望，2007年，不锈钢，220cm×150cm×320cm，图片由艺术家提供

图 2　展望在造石，2010 年，图片由艺术家提供

图 3　《我的宇宙》，展望，2011 年，不锈钢、六角度视频，尺寸可变，图片由艺术家提供

图 4　《镜花园——风景》，展望，2004 年，摄影，图片由艺术家提供

性发问，并把它抛给了大众。当《假山石》真的变成了一种收藏趣味并带来无穷的解释时，它的巨大成功反倒促使他回到一个更为基础的问题，即太湖石作为一种石料的物质本质如何被我们理解。2010 年的《素园造石机》将拓石转向造石（图 2），这件作品与其说是对太湖石形成的一种"科技"实验，不如说是一种戏拟性的神话再造，它把时间压缩在空间之中，使亿万年沧桑的造石史变成一种瞬间的事件景观，而在《我的宇宙》（2011 年，图 3）中造石更与洪荒宇宙大爆炸的起源故事联系在了一起，它们像是对石头的一次视觉考古，但这种拟像考古不会给我们带来任何知识上的收获，它提供的只是某种穿越历史的想象力的快感。

如果说造石从《假山石》的物质性历史中发掘了一个虚构的内在事件，那么《镜花园》（2004 年，图 4）则从《假山石》的镜像中发现了另一个表象世界，一个由凸凹的太湖石皱褶通过不锈钢镜面反射而造成的非现实的现实世界，这个世界具备了真实和想象的双重本质，或者像艺术史家巫鸿先生所说，这个镜像构成了某种"转折性介质"，而正是这个转折型介质激发起艺术家另一种造物的欲望，在发现这个镜像十年后，这个欲望以系列仿古雕塑作品《应形》（2014年，图5）表现出来。现在，世界是真实的还是幻觉的这个形而上学的问题在展望这里有了一个造型形式的解答。"应形"的词义来源于中国古代绘画六种原则中的一种："应物象形"，"应物象形"兼用《庄子》"其用心也不劳，其应物也无方"和《肇论》"法身无象，应物以形"之义，指以人的心智观照万物，随机应变，造型象物，这种观照自然的视觉方式塑造了中国艺术中一种特殊的表现主义：它不是对自然物象的模拟式写真，而是对一切有形和无形世界的想象性造像。《应形》以实体雕塑形式复制了不锈钢大理石的扭曲镜像中艺术家本人的身体，从而使这种塑形过程变成了对自然和人体的双重造像，镜像反映的人体和雕塑塑造的人体现在处于一种悖论性的视觉关系之中，它

图 5 《应形 2#》，展望，2014 年，仿石材，250cm×100cm×420cm，图片由艺术家提供

们超越传统象征与艺术家之间的主从结构，而艺术家身体的带入更加重了这一过程亦真亦幻的色彩，艺术家将它描绘成一种没有观念预设的自动过程。

这里没有与社会问题对应的所指，也没有美术史的上下文脉，我知道我不可以先对自己预设一个文化之套、形象之套，再让眼见的东西钻入这个套子，那无异于闭上自己发现的眼睛，用石膏凝固有思想的观念，我必须谦卑地把自己隐藏在形的后面，随形而行，适应形的出现而不是要求形符合我的意愿，要以无形的我面对眼前形形色

图6 《拓地》，展望，2015年，不锈钢，尺寸可变

图7 《幻形》，展望，2015年，不锈钢板、轻质土，尺寸可变

三维的汉白玉石雕）。奇怪的是，当我尝试再次寻找这个形的时候却怎么也找不到了，似乎我的身体也无法再次复制那个动作。这些不断变换的身形以及身体任何器官的形都不会是终点，它只是一个个被临时显现的虚幻瞬间，虽即生即无，却能启示我的现实存在。[2]

"暂时什么都不是"呈现了一种非确定性的思维态度，正是这种思维使作品与"应物象形"的图像观念产生了一种历时性对话，并再次凸显了展望艺术中明确的视觉实验特征。在接下来的工作中，展望使自己的思考陷入一种拓扑学意义上的循环关系之中，它再次改变了艺术家关于构形问题的思维走向。参加2015年"上海浦江华侨城十年公共艺术计划"的两组作品从两个方向上再次挑战了艺术家为自己设置的问题边界。《拓地》（图6）使用了与《假山石》同样的工业材料，但却抽离了"太湖石"这个趣味主体，

色的、我不一定懂的"上帝"，然后不假思索地借助照相设备捕捉所有出现的形。由于它可能不在我的经验意识当中，我必须接受"暂时什么都不是"这个理念，但它的确存在。有一次，我发现一个非常奇特的形蜷伏在某个角落的深渊中，犹如我的灵魂躲在那里，我迅速抓住它并拍下图像（后转化成

由于直接以公共空间作为拓印对象，这就使这种实验具有了公共交流的品质。《幻形》（图 7）是《应形》问题的延伸，这组作品是对那个蜷伏于石头幽微处的灵魂的再次捕捉，它以软质材料对《应形》中艺术家自己的形象进行了造型学意义上的再发现，各种被分解的身体和器官构造出了一个新的形体世界，这种形体世界的构形原理既不是自然主义式的客观模仿，也不是表现主义式的主观重构，更不是波普主义式的拟像复制，它的构形过程是某种关系性的视觉投射，即对镜像母体造型的再造型，展望称之为对《应形》所塑之形的"再拆解"，它的结果是使它所创造出的世界处于某种抽象和具象间的混沌状态，一种"幻形"。

从"拓形""应形"到"幻形"，展望的创造更像是对艺术如何"模仿"世界这一古老命题的一种拓扑学意义上的当代演绎，这种以雕塑为媒体的拓扑研究，探讨有形物体在连续变换的条件下，如何保持它不变的"构形"性质，他始终在他自己预置的这种构形逻辑中工作，这使他的作品有着一种不确定的自足性。他的艺术回避了当代艺术中常见的政治批判和社会批判维度，也力图与过度景观化和反历史化的各类后现代艺术拉开距离，当然，他也不同于一般意义上的形式主义艺术家，他将艺术牢牢地嵌入视觉和心理实验的边界之内，这使他对雕塑"构形"问题的研究始终与材料、形态、身体、心性、观念之间有的有机关系联系在一起，而从视觉意象上看，他的工作又很容易让我们联想到老子对"道"的"形状"的有趣描述：

孔德之容，惟道是从。
道之为物，惟恍惟惚。
惚兮恍兮，其中有象；
恍兮惚兮，其中有物；
窈兮冥兮，其中有精。[3]

2015 年

注释：

[1]原文载黄专主编，《"暂时什么都不是"：展望个展》，2015 年，第 6—11 页。标题为主编略做改动，原标题为《雕塑如何对世界"构形"》。——编者注
[2]展望，"应形"展自述。
[3]《老子》，第二十一章。